RENÉ GIRARD
a conversão da arte

René Girard

tradução Lília Ledon da Silva

Realizações
Editora

Impresso no Brasil,
agosto de 2011

Título original: *La Conversion de l'Art*
Copyright © 2008 by Carnets Nord
Todos os direitos reservados.

Os direitos desta edição pertencem a É Realizações Editora, Livraria e Distribuidora Ltda.
Caixa Postal: 45321
cep: 04010 970 - São Paulo, SP, Brasil
Telefax: (5511) 5572 5363
e@erealizacoes.com.br
www.erealizacoes.com.br

Pré-impressão e impressão
Prol Editora Gráfica

Proibida toda e qualquer reprodução desta edição por qualquer meio ou forma, seja ela eletrônica ou mecânica, fotocópia, gravação ou qualquer outro meio de reprodução, sem permissão expressa do editor.

Editor
Edson Manoel de Oliveira Filho

Coordenador da Biblioteca René Girard
João Cezar de Castro Rocha

Assistentes editoriais
Gabriela Trevisan
Veridiana Schwenck

Revisão
Maiza P. Bernardello
Liliana Cruz

Design Gráfico
Alexandre Wollner
Alexandra Viude
Janeiro/Fevereiro 2011

Diagramação e finalização
Mauricio Nisi Gonçalves
André Cavalcante Gimenez
/Estúdio É

RENÉ GIRARD
a conversão da arte

René Girard

tradução Lília Ledon da Silva

Realizações
Editora

Esta edição teve o apoio da Fundação Imitatio.

INTEGRATING THE HUMAN SCIENCES

Imitatio foi concebida como uma força para levar adiante os resultados das interpretações mais pertinentes de René Girard sobre o comportamento humano e a cultura.

Eis nossos objetivos:

Promover a investigação e a fecundidade da Teoria Mimética nas ciências sociais e nas áreas críticas do comportamento humano.

Dar apoio técnico à educação e ao desenvolvimento das gerações futuras de estudiosos da Teoria Mimética.

Promover a divulgação, a tradução e a publicação de trabalhos fundamentais que dialoguem com a Teoria Mimética.

Textos reunidos por
Benoît Chantre e
Trevor Cribben Merrill

Na edição original, em francês, este livro e o DVD que o acompanha contaram com o apoio da Fundação Imitatio, que organiza a divulgação do pensamento de René Girard e as pesquisas relativas à teoria mimética.

sumário

11
estética e ética
ou: a arte da conversão
João Cezar de Castro Rocha

19
prólogo

39
capítulo 1
a história na obra de Saint-John Perse

53
capítulo 2
o homem e o cosmo em "A Esperança" e "As Nogueiras do Altemburgo" de André Malraux

65
capítulo 3
Valéry e Stendhal

81
capítulo 4
aonde vai o romance?

91
capítulo 5
o humanismo trágico de André Malraux

103
capítulo 6
Proust e o mito do narcisismo

129
capítulo 7
Nietzsche e a contradição

149
capítulo 8
a mitologia e sua desconstrução em "O Anel do Nibelungo"

anexos

185
a conversão romanesca: do herói ao escritor

199
literatura e antropologia

209
o religioso, verdadeira ciência do homem

227
breve explicação

229
cronologia de René Girard

233
bibliografia de René Girard

236
bibliografia selecionada sobre René Girard

242
índice analítico

245
índice onomástico

estética e ética ou: a arte da conversão

João Cezar de Castro Rocha[1]

Um longo argumento

Já se disse que os grandes escritores reescrevem sempre o mesmo texto, como se seus livros fossem variações de um conjunto limitado de temas e de obsessões. Sem dúvida, não se deve generalizar tal intuição crítica, tornando-a um princípio universal. Contudo, no caso de René Girard, a sugestão parece válida. De fato, a elaboração da teoria mimética exigiu um esforço concentrado que, ao longo de praticamente cinco décadas, conduziu o pensador francês ao desenvolvimento de um sistema próprio, articulado pela primeira vez em 1961, com a publicação de *Mensonge Romantique et Vérité Romanesque*,[2] e rematado em 2007, com o aparecimento de *Achever Clausewitz*.[3]

Precisamente aqui reside a felicidade do critério dos organizadores deste livro, Benoît Chantre e Trevor Cribben Merrill. *A Conversão da Arte* reúne ensaios de René Girard na forma de um

---

[1] Professor de Literatura Comparada da Universidade do Estado do Rio de Janeiro (UERJ).
[2] René Girard, *Mentira Romântica e Verdade Romanesca*. Trad. Lília Ledon da Silva. São Paulo, Editora É, 2009.
[3] René Girard, *Rematar Clausewitz: Além Da Guerra*. Trad. Pedro Sette-Câmara. São Paulo, Editora É, 2011. Na apresentação do livro, discuto a noção de *achever* e sua tradução por *rematar*.

panorama completo de sua vasta obra. Afinal, o leitor encontra ensaios escritos antes do surgimento da hipótese do desejo mimético, assim como estudos publicados no momento mesmo em que a intuição-chave do pensamento girardiano começava a se articular. E, claro, textos que foram escritos à luz da teoria mimética plenamente desenvolvida. Vale dizer, o leitor tem o privilégio de acompanhar o "longo argumento do princípio ao fim", que constitui a força do pensamento girardiano.[4] Em alguma medida, antes mesmo do princípio, uma vez que *A Conversão da Arte* colige textos anteriores à noção do desejo mimético. No projeto da Biblioteca René Girard, portanto, este livro ocupa um lugar de destaque.

Além disso, o "longo argumento" permite que se leia a obra girardiana lançando mão do método empregado pelo autor na análise de escritores como Dostoiévksi,[5] Proust[6] e Shakespeare,[7] entre outros.

Explico-me.

Interpretação figural e teoria mimética

René Girard aprimorou um método de leitura da obra de romancistas com base num método comparativo de grande interesse. Tentarei descrevê-lo.[8]

---

[4] Refiro-me, como se sabe, à célebre definição de Charles Darwin: "a *Origem das Espécies* consiste num longo argumento do princípio ao fim". Charles Darwin, *The Autobiography of Charles Darwin: 1809-1882* (1958). Nova York & Londres, W. W. Norton, 1993, p. 140. Edição organizada por Nora Barlow.
[5] René Girard, *Dostoiévski: Do Duplo à Unidade*. Trad. Roberto Mallet. São Paulo, Editora É, 2011.
[6] Ver, neste livro, o ensaio "Proust e o Mito do Narcisismo".
[7] René Girard, *Shakespeare: Teatro da Inveja*. Trad. Pedro Sette-Câmara. São Paulo, Editora É, 2010.
[8] Na apresentação a *Dostoiévski: Do Duplo à Unidade*, volume que também compõe a Biblioteca René Girard, fiz observações iniciais sobre o método crítico girardiano.

A contrapelo da corrente ainda hoje dominante nos estudos literários, Girard nunca se preocupou com a "particularidade irredutível" de determinado autor, pois, em suas análises do romance europeu moderno, pelo contrário, ele identificou a presença de uma estrutura básica na determinação do desejo. De Cervantes a Proust, Girard descobriu um elemento constante na caracterização da triangularidade do desejo. Em outras palavras, na ótica do pensador francês, os grandes autores trazem à cena uma noção perturbadora, cujo corolário é a superação radical da "ilusão de autonomia" de uma subjetividade dona de seu próprio nariz. Aos olhos de Girard, a história do romance moderno põe em cena variações de uma narrativa básica: dois sujeitos somente passam a desejar-se através da mediação de um modelo. Ora, toda relação amorosa, portanto, é sempre triangular, há sempre um *outro* que estimula ou mesmo provoca o desejo de um dos vértices do triângulo.

Por isso, num primeiro momento, Girard compara a obra do autor estudado com o problema comum a muitos escritores e artistas: o desejo mimético e suas consequências. No momento seguinte, contudo, e realizando um movimento no sentido contrário, Girard estuda a presença do tema mais geral – o desejo mimético – na obra específica de um autor determinado. Desse modo, concilia-se o próprio e o alheio, criando-se um método comparativo no qual se confronta as obras de um mesmo autor a partir de sua consciência em relação ao caráter mimético do desejo.

Talvez o exemplo mais acabado desse método encontre-se no ensaio sobre "Proust e o Limite do Narcisismo", aqui coligido. Girard compara *Jean Santeuil* e *La Recherche* em busca de evidências da compreensão progressiva do desejo mimético em Proust. O leitor pode facilmente imaginar a alegria do pensador francês ao descobrir uma estrutura de espelhos invertidos nos dois romances. A citação a seguir é importante para esclarecer o inovador método girardiano:

> Nos dois romances, encontramos uma grande cena no teatro em que o que está principalmente

> em jogo se desenrola não no palco, mas nos camarotes ocupados pelos aristocratas e demais membros da alta sociedade. (...)
>
> Em *Jean Santeuil*, o herói, Jean, encontra-se com a elite no camarote: ele constitui o centro de atenções febris (...). Na obra-prima, o romancista coloca o narrador, isto é, coloca a si mesmo na posição do marginalizado, ele assume a humilhação e a exclusão; o que o narrador de *Jean Santeuil* é incapaz de fazer: a verdade dói demais para que queira enfrentá-la.[9]

Ora, o leitor de *A Conversão da Arte* pode realizar o mesmo exercício crítico com o criador da teoria mimética, pois, assim como no caso de Proust, a plena consciência do desejo mimético e de seus desdobramentos também levou Girard a percorrer um longo caminho. Aliás, ele mesmo adiantou-se, reconhecendo com lhaneza: "A hipótese mimética não se encontra nos estudos sobre Perse e Malraux. Em compensação, ela aparece em minha crítica do 'Eu puro' em Valéry. Rapidamente, contudo, passo a privilegiar a leitura de Stendhal. A hipótese mimética ficará realmente clara em 1961, em meu primeiro livro, *Mentira Romântica e Verdade Romanesca*".[10] Já os ensaios sobre Proust, Nietzsche e Wagner não apenas supõem o pleno desenvolvimento da noção de desejo mimético, mas também de todo o sistema de pensamento girardiano.

Por fim, o método comparativo mimético talvez possa ser iluminado através da técnica hermenêutica conhecida como "interpretação figural", descrita por Erich Auerbach em sua síntese da tradição

---

[9] Ver capítulo 6, adiante, p. 115.
[10] Ver prólogo, adiante, p. 19.

iniciada por Paulo. Como se sabe, a interpretação figural foi decisiva na leitura proposta por Auerbach da cosmovisão de Dante, na qual estética e ética, poética e visão do mundo são duas faces da mesma moeda.[11] Em ensaio posterior, o romanista alemão detalhou sua compreensão do procedimento figural.[12]

Tal procedimento relaciona dois eventos históricos, ou seja, em tese, fatos concretamente ocorridos, numa temporalidade que não supõe a linearidade simples, na qual o primeiro evento é tomado como causa necessária do segundo. Pelo contrário, altera-se radicalmente essa ordem, pois é o segundo evento que esclarece a plenitude de sentido do primeiro. Em termos direitos: apenas se entende a finalidade do primeiro evento quando a ocorrência do segundo ilumina retrospectivamente sua potencialidade. No vocabulário próprio ao procedimento figural, o primeiro evento é *figuratio*, e o segundo, *consumatio*. No exemplo que discuti sobre o método comparativo girardiano, a repetição da cena do teatro em *La Recherche* esclarece a diferença decisiva produzida pela consciência do desejo mimético.

(Espero que o leitor permita uma rápida digressão. Jorge Luis Borges provavelmente pensava nessa estrutura temporal ao escrever um de seus contos-ensaios mais célebres, "*Kafka y sus Precursores*". Na questão controversa das influências, a verdadeira inteligência crítica consistiria em reconhecer que, *após* a leitura de Kafka pela primeira vez, é possível reconhecer a atmosfera propriamente kafkiana de certa família de criadores. Inverte-se, portanto, a relação causal: o autor de *A Metamorfose* não foi influenciado pelos que o antecederam, mas revelou uma chave nova de leitura da própria tradição literária, influenciando

---

[11] Erich Auerbach, *Dante, Poeta do Mundo Secular*. Trad. Raul de Sá Barbosa. Rio de Janeiro, Topbooks, 1997. Livro publicado em 1929.
[12] Erich Auerbach. *Figura*. Trad. Duda Machado. São Paulo, Ática, 1997. Ensaio publicado em 1938. A última seção do ensaio, "4. Arte Figural na Idade Média", é dedicada ao estudo de Dante, ver p. 51-80.

retrospectivamente os seus leitores. Nessa perspectiva, o ato de leitura revela-se criador mesmo na esfera sisuda da história da literatura. Transcrevo a passagem central da intuição borgiana: "*En el vocabulario crítico, la palabra* precursor *es indispensable, pero habría que tratar de purificarla de toda connotación de polémica o de rivalidad. El hecho es que cada escritor* crea *a sus precursores. Su labor modifica nuestra concepción del pasado, como ha de modificar el futuro*".[13])

Na hermenêutica paulina, como argumenta Auerbach, o procedimento figural favoreceu a universalização do cristianismo, pois, ao situar o advento do Cristo como *consumatio*, permitiu a descrição potencial de *todos* os acontecimentos históricos anteriores como *figuratio* do evento-chave: o advento do Cristo.[14] Desse modo, Adão e mesmo Ulisses podem ser vistos como figura de Cristo; a Arca de Noé, figura da Igreja Católica, e assim sucessivamente.

Ora, tudo se passa como se, no método comparativo girardiano, o livro de determinado autor que revelasse plena consciência do desejo mimético representasse uma forma de *consumatio*, ao passo que o conjunto de textos anteriores fosse uma espécie de *figuratio* do evento-chave posterior: mais uma vez, recorde-se o exemplo de *Jean Santeuil*, obra-*figuratio*, e *La Recherche*, obra-*consumatio*. Por isso mesmo, tal método é particularmente visível no notável estudo dedicado a Proust que se encontra neste livro – em sentido amplo, como disse, o mesmo método foi empregado nos livros monográficos dedicados a Dostoiévski e Shakespeare.

Por fim, a interpretação figural conduz à palavra-chave na obra (e na vida) de René Girard: *conversão*.

---

[13] Jorge Luis Borges, "Kafka y sus Precursores". *Otras Inquisiciones. Obras Completas*, Vol. II. Barcelona, Emecé, 1989, p. 89-90.
[14] "Essas passagens das epístolas paulinas que contêm interpretações figurais foram quase todas escritas durante a penosa luta de Paulo no interesse de sua missão entre os gentios (...)". Erich Auerbach, *Figura*. Trad. Duda Machado. São Paulo, Ática, 1997, p. 43-44.

Conversão e estética

Afinal, a obra-*consumatio* implica potencialmente um processo de conversão, ou seja, supõe a *revelação* do caráter mimético do desejo e o reconhecimento de suas consequências. Como tais consequências tendem a produzir a "escalada para os extremos",[15] e essa escalada produz uma espiral de violência crescente, aquela revelação pode traduzir-se numa conversão ética,[16] ou seja, num esforço pessoal para evitar as rivalidades e ressentimentos oriundos do circuito da mímesis. No ensaio "A Conversão Romanesca: do Herói ao Escritor", Girard observa a centralidade desse ato em sua vida e obra: "O que chamei de 'conversão romanesca' está no cerne do meu percurso intelectual e espiritual. (...) Mas foi a literatura que me conduziu ao cristianismo".[17]

Perspectiva que esclarece a força do título *A Conversão da Arte*: a literatura, em particular, e a arte, em geral, podem tornar-se um veículo privilegiado de autoanálise e de autocrítica, implicando assim um modo de conversão ética. Como no exemplo do Dante de Erich Auerbach, estética e ética não se opõem, mas conduzem a um autoconhecimento que de outro modo talvez não seja alcançável.

O DVD que acompanha este livro, fruto de diálogo de René Girard com um de seus mais importantes colaboradores, Benoît Chantre, no âmbito da exposição "Vestígios do Sagrado", realizada em Paris, no Centre Georges Pompidou, aprofunda tal questão de maneira instigante. Girard propõe análises de Hölderlin e Nietzsche com base no grau de autoconsciência deles do desejo mimético que os atormentava. Os dois, embora trilhando caminhos muito diversos, teriam

---

[15] Conceito plenamente discutido em outro livro da Biblioteca René Girard, *Rematar Clausewitz: Além Da Guerra. Diálogos com Benoît Chantre*. Trad. Pedro Sette-Câmara. São Paulo, Editora É, 2011.
[16] Discuti o conceito de conversão na obra girardiana na apresentação ao livro de Gabriel Andrade, *René Girard: Um Retrato Intelectual*. Trad. Carlos Nougué. São Paulo, Editora É, 2011.
[17] Ver anexos, adiante, p. 185.

entendido a dimensão mimética de suas relações afetivas e intelectuais. Hölderlin viu em Goethe e Schiller modelos propriamente inatingíveis, como se não compartilhassem o mesmo mundo, num modelo de "mediação externa" que o poeta levaria adiante em sua relação especial com um cristianismo não ortodoxo. Pelo contrário, Nietzsche estava próximo demais de Wagner: além de dividirem por algum tempo o mesmo espaço, o filósofo gostaria não apenas de ser reconhecido como músico, mas também desejava – qual a surpresa? – a mulher do mestre e amigo, isto é, futuro adversário e rival. No vocabulário girardiano, Nietzsche estava enredado no seio de uma "mediação interna" cuja violência não podia senão acirrar-se.

Nesse horizonte, destaca-se a ideia de conversão. Compreenda-se a perspectiva girardiana: uma vez que se reconhece o caráter mimético do próprio desejo, dispõe-se da opção de evitar suas consequências violentas. Tal ideia pode ou não ser religiosa, mas envolve sempre um elemento ético. É nesse contexto que a afirmação de Girard deve ser lida: "Para finalizar, não gostaria que se tomasse este livro por um mero ensaio de estética. Esse tipo de fruição não me atrai. A arte, com efeito, não me interessa senão à medida que ela intensifica a angústia desta época. Só assim ela cumpre sua função que é a de *revelar*".[18]

Eis por que para René Girard "arte" é mais significativa do ponto de vista ético do que estético. O conceito de *conversão* da arte sugere, pois, a possibilidade de uma *arte* da conversão, na qual a estética desempenha papel de grande importância, pois, muitas vezes, é a *conversão* da arte que abre caminho para a *arte* da conversão – e a redundância se impõe.

Paradoxalmente, então, como é próprio do pensamento girardiano, a declaração de fé nos efeitos éticos da arte constitui acima de tudo um elogio radical à força cognitiva do propriamente estético.

---

[18] Ver prólogo, adiante, p. 37-38.

prólogo

A presente obra reúne oito artigos, que se distribuem entre o início dos anos 1950 e o fim dos anos 1980. Os cinco primeiros são trabalhos de juventude. Constituem testemunhos das questões que me preocupavam à época em que deixei a Europa e os meios pós-surrealistas que então frequentava. Tornara-me um leitor assíduo de Saint-John Perse e de Malraux. A necessidade de publicar, se quisesse sobreviver, como se diz nos Estados Unidos, favoreceu a oportunidade de abordar o sentido da história que faltava na arte e na poesia modernas. Os artigos restantes seguem o fio de minhas reflexões acerca da história do romance, e que para mim coincidiria com a história do desejo. A hipótese mimética não se encontra nos estudos sobre Perse e Malraux. Em compensação, ela aparece em minha crítica do "Eu puro" em Valéry. Rapidamente, contudo, passo a privilegiar a leitura de Stendhal. A hipótese mimética ficará realmente clara em 1961, em meu primeiro livro, *Mentira Romântica e Verdade Romanesca*. A questão do "pseudo-narcisismo", determinante nesses anos de formação, orienta então minha crítica da ilusão de autonomia, que artigos posteriores sobre Freud e Proust (1978) e sobre Nietzsche e Wagner (1986) aprofundarão. Tais estudos constam desta coletânea, seguindo-se aos primeiros e antes do texto de uma conferência a respeito de Wagner, apresentada em 1983 no CREA - o Centro de Pesquisa em Epistemologia Aplicada da Escola Politécnica. Finalmente, o conjunto da coletânea é acompanhado do DVD de um filme

(*O Sentido da História*), no qual discuto com Benoît Chantre acerca de pensadores e artistas dos séculos XIX e XX.

O filme foi realizado no Centro Georges Pompidou por ocasião da exposição *Vestígios do Sagrado*, cujo percurso correspondia ao itinerário que seguimos em nosso livro *Achever Clausewitz*.[1] Sentime alheio às obras exibidas nessa exposição, ao mesmo tempo em que elas revelavam o que pressentira ao deixar a Europa. O que me parecia então óbvio era a correspondência entre a evolução quase contemporânea das formas e da arte em geral – em uma palavra, sua desumanização – e a desumanização do mundo à nossa volta, seu ingresso no jogo da violência absoluta. Era, pois, como testemunha que aceitei a aposta dessa entrevista filmada. Iniciada com Clausewitz, Hegel e Hölderlin, abordando Baudelaire, Dostoiévski, Nietzsche e Wagner, nossa conversa finalizou-se em torno de Nijinski, Proust e Stravinsky.

Qual o fio que mantém coesa esta coletânea de artigos do passado e este filme recente? Uma concepção apocalíptica da história, contanto que se entenda o adjetivo em sua rica ambivalência. *Apocalipse* quer dizer ao mesmo tempo "catástrofe" e "revelação". Os dois últimos séculos viram, por um lado, uma "escalada para os extremos" que, de Waterloo a Stalingrado, destruiu a Europa e, do outro, um florescimento incomparável de gênios: tal é o paradoxo do mundo moderno, que dá mostras de um apagamento das diferenças, para o que der e vier, tanto em sentido positivo quanto negativo. Como o texto dos Salmos, onde são enunciados ao mesmo tempo a morte sacrificial e a verdade que essa morte revela, a escalada do horror terá conhecido um reverso luminoso. *A Sagração da Primavera* (1913), de Stravinsky, esclarece com grande sagacidade a essência do arcaico e de sua revelação cristã. Mas essa abertura foi breve, tendo sido tamanho o escândalo desencadeado, que ela foi abafada, ignorada, despercebida pela arte moderna e pela arte contemporânea. O que eu

---

[1] Paris, Éditions Carnets Nord, 2007. Livro também publicado na Biblioteca René Girard.

chamo com Proust de "conversão romanesca",[2] ou "intuição apocalíptica" em Stravinsky revela-se inteiramente nessa tensão entre o desejo e a renúncia.

O fim do romance

Escrevi os cinco primeiros artigos deste livro numa época em que aquilo que chamo, assim como outros, de teoria mimética não existia. Porém, é claro que por trás de cada um deles delineia-se meu retorno ao cristianismo. Saint-John Perse devolveu-me esse gosto pela história, mesmo que minha escatologia tenha-me levado a travar com ela um relacionamento paradoxal. O historiador elucida o passado com o presente. Em Perse ocorre o inverso: o retorno do passado vem envolver o presente. "A sombra do passado estende-se sobre o poema", cheguei a escrever. Hoje eu diria que é a falsa clareza da história positivista que essa sombra recobre, assinalando assim a persistência do religioso contra as denegações que recebeu. Um exotismo de toda parte e de lugar nenhum, de nunca e de sempre impregna o discurso de Perse. Tudo em que ele toca aparece sob o foco de uma luz do sagrado arcaico ou atemporal, recarrega-se com uma poesia da qual pensávamos que as coisas já haviam sido despojadas pelo que nelas há de moderno. Na verdade, é o olhar que lhes lançamos que as despoetiza.

Há em Perse um lado destrutivo, mas, ao mesmo tempo, a intuição de que não pode haver reconstrução do real fora da dimensão apocalíptica sempre presente nele. Refiro-me com isso à função de

---

[2] René Girard retoma de Proust essa expressão já em seu primeiro livro, *Mentira Romântica e Verdade Romanesca* (1961). Para uma discussão mais ampla, o leitor poderá consultar o artigo "A Conversão Romanesca: do Herói ao Escritor" (1998) que consta dos anexos desta obra. Também nos anexos pode ser encontrada a transcrição de duas entrevistas com René Girard: "Literatura e Antropologia" (1982) e "O Religioso, Verdadeira Ciência do Homem" (2007). (N. E. Carnets Nord)

obscurecimento de suas imagens, aparentemente incompatíveis, e que consiste em enevoar a história positivista, transtornando seus fundamentos. O Ocidente está de fato decaído por entrar no turbilhão das culturas e das civilizações. Perde-se o "sentido" da história, a ideia de que haveria um sentido ocidental dessa história. Assim, eu "jogo" Perse, e o relativismo histórico que seu método implica, contra o progressismo histórico. Tal embaralhamento poético, vinte anos antes de *A Violência e o Sagrado*, leva-me a falar de "indiferenciação". Mas, nessa época, ainda pensava de modo positivo, pois o caos é encoberto pela continuidade do fraseado poético. É como se ocorresse um movimento de neutralização crescente de um com relação ao outro, que é a um só tempo escalada do absurdo e exigência premente de um novo sentido.

Vejo dessa forma aparecer, já em 1953, a necessidade de uma reflexão acerca do sagrado. O modo como formulo essa intuição naquela época é quase heideggeriano: "Por trás (dos "gestos absurdos" dos rituais imaginários do poeta) surge o sagrado, um sagrado que se impõe com força tanto maior quanto mais nos acercamos do nada". No fundo, Heidegger indaga algo bem parecido: como fazer nascer um novo mundo fora do humanismo racionalista e democrático, fora do universo marxista? É a razão da famosa afirmação: "Só um deus ainda pode nos salvar", dirigida a jornalistas do *Spiegel*, em 1966. O que significa isso a não ser que só um deus arcaico ainda pode nos salvar, que o caos vai conduzir a um fenômeno de bode expiatório, o qual vai criar um novo deus e consequentemente uma nova sociedade? André Malraux, sobre quem escrevi dois ensaios – aqui reunidos –, não estava tão distante assim do último Heidegger. Mas eles não compreenderam que esses novos deuses são tão somente o retorno do Deus cristão. Esse Deus não vai reconquistar o mundo como o conquistou da primeira vez, mas ele retorna, de maneira muito mais tensa e paradoxal, para acompanhar o apocalipse em andamento.

Assim, nos cinco primeiros artigos desta coletânea, publicados entre 1953 e 1957, o sagrado ainda aparece confusamente, como um sentido que chega a reboque do absurdo. Algo entretanto já começa a se delinear. Malraux, até certo ponto como Proust abandonado pelos leitores franceses, era tratado naquele tempo com grande desinteresse. *As Vozes do Silêncio* fracassaram na França. A preocupação dos estetas é a mesma dos políticos: voltar para antes da guerra. O surrealismo está para o simbolismo assim como a constituição da IVª República estava para a da IIIª – a mesma coisa, só que para pior. O modo como esses estetas queriam preservar as formas e queriam a todo custo que a arte continuasse como sempre foi, apesar de todas as desordens do mundo, desconsiderava a relação inquietante que Malraux, abandonando o romance, tentava estabelecer entre a arte e a violência do mundo. Esse livro, talvez inábil, porém estranho e fascinante, foi considerado "muito barulho por nada". Julgaram-no ao mesmo tempo enredado, patético e espalhafatoso. Malraux foi literalmente executado: até sua morte, não se falou mais dele nem de sua obra. Não quiseram entender que ele enfocava o problema da arte sob uma perspectiva diferente. Ora, o que me empolgava naquela obra era, entre outras coisas, o paralelo feito entre a Segunda Guerra Mundial *e* os fetiches, a arte primitiva *e* as novas formas do apocalipse. Malraux é o único a entendê-lo. Assim, ele posicionou-se contra a cultura da época, que não queria ouvir falar das ameaças crescentes. Penso numa página que me havia impressionado porque a estética, estranhamente, não tinha mais nada a ver com o que se entende por esse termo. Para Malraux, o "retorno do religioso" significava sobretudo um retorno dos demônios:

> A história – a história que obceca a Europa
> como a interrogação do Buda devastou a Ásia
> – nascera: não mais uma cronologia, mas a
> interrogação ansiosa do passado para descobrir
> o destino do mundo. A civilização ocidental
> começa a questionar-se. Da guerra, demônio
> maior, aos complexos, demônios menores,
> a parte demoníaca presente mais ou menos
> sutilmente em todas as artes bárbaras, voltava

à cena. (...) E quanto mais a Europa via surgir os novos demônios, mais as civilizações que haviam conhecido os antigos traziam ancestrais à sua arte. O diabo – que os filósofos e os jesuítas haviam pretendido excluir, uns por negá-lo, os outros por entenderem que não se devesse mostrá-lo – o diabo, que pinta de preferência usando duas dimensões, é o mais eminente dos artistas desconhecidos de ontem; quase tudo que foi pintado com sua contribuição está retomando vida. Um diálogo subterrâneo tenta estabelecer-se entre os grandes fetiches e o Portal Real (...).Todas as forças são bem-vindas para uma arte que tateia em busca de sua verdade, a fim de acusar as formas que ela sabe estarem mentindo. Nossa Europa das cidades-espectro não está mais devastada do que a ideia sobre o homem. Qual Estado do século XIX teria ousado organizar a tortura? Acocorados como parcas em seus museus em chamas, os fetiches proféticos olham as cidades de um Ocidente que tornou-se fraternal misturando suas derradeiras e tênues fumaças à dos fornos crematórios (...).[3]

Malraux define o presente como "a hora em que morre a ilusão de uma ciência que teria conquistado o mundo sem resgate".[4] É uma frase que parece ter sido escrita hoje e não há sessenta anos.

Eis o que não se quis ver: eis o que o niilismo do pós-guerra esvaziou, substituindo-o por jogos verbais. Ao ler Malraux descobri que era possível, pela palavra, atingir o jogo essencial que ocorre no

---

[3] André Malraux, *Les Voix du Silence, Œuvres Complètes*. Paris, Gallimard, 1996, t. IV, p. 785.
[4] Ibidem.

mundo e em nossa vida. No meu entender, suas frases são portadoras de um sentido verdadeiro. Elas sugerem o horror, mais uma vez incipiente, mas com algo de muito novo, de terrivelmente moderno. Acredito que o fundamental do moderno aí está: o retorno do arcaico e o "supermoderno" são uma coisa só, já que significam a perda do elemento cristão. Em outras palavras, o arcaico volta em forma de fetiches e não na forma dos deuses e da beleza grega. Logo, são esses momentos de síntese que me interessam, quando tudo é retomado, recapturado numa ameaça.

O apocaliptismo de Malraux encontra-se hoje prodigiosamente reforçado pelo fato de que Hitler e Stalin fizeram escola em matéria de genocídio, pelo fato de que o planeta está em perigo, isto é, tanto a vida animal quanto a vida do homem. Tal realidade situa Malraux dentro da verdade no plano científico. A história se abre para alguma coisa que ele não consegue ainda nomear, tampouco eu naquela época: um retorno apocalíptico do sentido, e assim uma nova atualidade do cristianismo. Essa intuição aparece em seu primeiro romance, *O Caminho Real*. Há nele cenas "muito primitivas", espiadas nos "selvagens", breves lampejos, que são muito mais interessantes do que um romance político como *A Esperança*. O caldeirão de *A Condição Humana* fica, desse ponto de vista, quase dantesco. É a volta de Dante com tecnologia. Vê-se perfeitamente que o romance aí já não é o que foi para Proust. Em outras palavras, Proust levou o gênero do romance o mais longe possível e Malraux percebe que outras formas vão firmar-se para pensar o devir assustador do mundo. O romance lhe terá servido para formular, de modo inicial, intuições que demandarão na sequência outra forma. Os franceses não compreenderam esse esforço em *As Vozes do Silêncio*. Ora, o abandono do romance é altamente significativo. Ao relativizar as visões do mundo, Malraux explode deliberadamente a temporalidade, produzindo metáforas surpreendentes. O abandono do mito deve ser pensado junto com o abandono do romance. Isso se vê no nível da própria frase: nela, os mitos contraditórios se anulam uns aos outros. Malraux procura construir uma via que possibilitasse sair das visões particulares do homem, uma via em que finalmente uma resposta fosse dada à pergunta: "O que é o homem?".

É evidente que, lendo Malraux, eu acreditava que só um sagrado de ordem estética nos livraria das contingências e dos horrores da história. O esforço de Malraux para afastar-se do mito, essa tremenda tensão rumo ao universal, prenuncia incontestavelmente a experiência da "conversão romanesca", que constituirá o cerne de *Mentira Romântica* em 1961. Ao esforço solitário do herói para desenraizar-se de seu mundo corresponde o esforço do último Malraux para desenraizar-se de todos os mitos graças ao derradeiro mito da arte. De modo que Malraux, depois de Saint-John Perse e Proust, incontestavelmente me levou a acreditar na literatura. Mas a maioria de seus leitores pertencia à esquerda bem-comportada e o abandonou depois de sua conversão à política do general Charles de Gaulle. É como se, sob todos os ângulos, *As Vozes do Silêncio* estivessem fadadas ao fracasso. A voz de Malraux é uma voz no silêncio. O escritor avança na mais completa sombra. Esse fracasso, para mim, foi um escândalo. Posso até afirmar que o que me encaminhou para meu verdadeiro pensamento foi exatamente o ato de recusar esse aparato burguês, a autossatisfação modernista e a promessa de amanhãs risonhos. Pois tal era o mito dominante.

Chego agora a uma ideia que me é cara, abordada num artigo de 1957, "Aonde Vai o Romance?". André Malraux assim como Jean-Paul Sartre, valeu-se do romance, mas largou-o pela metade. Será esse um ato inevitável? Contra o romance naturalista que suprimiu o sujeito em proveito do objeto, vê-se surgir, depois da Segunda Guerra Mundial na França, um romance metafísico que, pelo contrário, paulatinamente destrói seu objeto. O romance devora a si próprio. Afirmo, nesse artigo, que a superação do romance por Malraux escrevendo *As Vozes do Silêncio*, e por Sartre, comprometido com um subjetivismo demasiadamente racional, não deve nem pode tornar-se uma palavra de ordem. Sem dúvida, ainda defendia o romance proustiano. Hoje em dia, tal problemática não interessa. Interesso-me muito pouco pelo romance, pois ele é mais significativo de uma época cujos perigos, entretanto, não deixou de profetizar. Pensemos na força de *Os Demônios*, de

Dostoiévski, por exemplo. Mas seria possível renovar o romance depois de Proust? Não vejo como.

Benoît Chantre me faz tomar consciência, em nossa conversa filmada, de que a recepção na residência do príncipe de Guermantes tem tudo de um apocalipse. Lembremo-nos de que quando Virginia Woolf leu Proust ficou doente por vários meses. Ela não estava com ciúmes, tinha a impressão de que Proust já dissera, de certa forma, o que procurava dizer. Até certo ponto a história do romance é uma espécie de prolongamento da sabedoria bíblica. Deve haver aí uma necessidade irredutível. Creio que é no romance que se revela a verdade, mas, ao mesmo tempo, acredito na existência de textos canônicos da revelação romanesca.

Orgulho e paixão

Ao escrever meu artigo bastante imperfeito sobre Valéry e Stendhal, em 1954, eu já pensava no meu primeiro livro. No fundo, me defendia de antemão contra o que o pensamento valeriano, ou um certo tipo de intelectual valeriano criticaria em *Mentira Romântica e Verdade Romanesca*. Eu era antivaleriano. Por quê? Porque Valéry acredita que tudo se resolve quando se reduz o problema do desejo e do Outro ao solipsismo. Ele se enquadra no egotismo barresiano, mas este último é mais concreto e mais temível: o egotismo valeriano é vazio. Ele mantém um relacionamento com Mallarmé como modelo de escritor que não escrevia para os outros, que não escrevia para o grande público. Além disso, Valéry pertencia ao seu salão literário. O sr. Teste dá a todos os imbecis a impressão de ser um empregadinho qualquer, mas ele não dá a menor importância a isso.[5] Ele desfruta

---

[5] Referência ao personagem do livro *La Soirée avec Monsier Teste* (1896), de Paul Valéry. O personagem representa uma inteligência pura, que busca testemunhar o funcionamento de sua própria consciência. Aliás, o nome do personagem é derivado do latim *testis*, ou seja, testemunho. (N. T.)

seu Eu puro. Durante um período bastante longo, Valéry acreditou no solipsismo. Para de escrever, literalmente, para provar que ele nem sequer precisa da arte, que pode abrir mão dos outros por completo.

Esse artigo foi para mim a oportunidade de distinguir duas formas de individualismo. O *orgulho* do sr. Teste de um lado, a *paixão* de Stendhal do outro; o tornar-se incomensurável no sr. Teste, o tornar-se "um grande homem" em Stendhal. Valéry busca um Eu puro: o que diz respeito ao Eu inferior é visto com a mais total indiferença. Stendhal, por sua vez, não fica de maneira alguma indiferente aos outros, explorando constantemente o mundo da vaidade. Tomemos o primeiro Stendhal, por exemplo. Em *Do Amor* (que é um texto um tanto medíocre) há uma dualidade entre a paixão e a vaidade. A paixão é a autenticidade, ao passo que a vaidade é alimentada pelo olhar do Outro, o fato de estar constantemente sob sua influência. O que Stendhal revela é que com a Revolução Francesa todo mundo passou para o lado da vaidade, isto é, para o desejo mimético. Sempre se é olhado e se está olhando.

O que Stendhal descobre, na verdade, está muito próximo de Tocqueville. Este último explica *grosso modo* que, no momento em que se dá a Revolução, milhares de jovens pensaram que, ao abater o rei, eliminavam o obstáculo que os impedia de "ser" aquele que havia tomado seu lugar. Eles acreditavam então que todos iam "ser" e não se davam conta de que esse obstáculo único, longínquo, relativamente insignificante, seria substituído por todos os pequenos obstáculos que cada um representaria dali por diante para todos os outros. Trata-se, pois, da passagem do cortesão feliz, que ri e se diverte – visto que, para Stendhal, o Antigo Regime é o riso –, à vaidade triste. A Revolução é o nascimento do mundo balzaquiano, onde cada qual é o rival do outro. Há aí uma descoberta profunda que alimentou todo o meu trabalho.

A realidade do que Proust já chamava de "conversão romanesca" está assim presente nesse artigo onde menciono a passagem, em Stendhal, do finito ao infinito. A conversão romanesca sempre repudia uma obra anterior, cuja mediocridade se descobriu, mas que pode ser retomada, retrabalhada: é o caso da passagem de *Jean Santeuil* para *Em Busca do Tempo Perdido*. Foi também o caso para *O Vermelho e o Negro*. Stendhal terminou seu romance, repudiou-o, em seguida recomeçou-o. Na primeira versão, mostrou-se hostil ao seu herói, é um personagem negativo, um "cura"; na segunda, identifica-se com Julien Sorel, interpretando o mundo à nossa volta. Trata-se aqui de uma visão negra do mundo moderno entregue à ambição mesquinha. O esforço para desvencilhar-se dele consiste em partir para a Itália. Fabrice del Dongo foi pensado como um último rebento da aristocracia italiana, que não se ocupa constantemente de si próprio e da impressão que causa aos outros, que ainda se mostra capaz de viver. A paixão stendhaliana não é um meio de sair do inferno mimético, é um meio de não entrar nele. A França está, consequentemente, perdida para a paixão. Em *A Cartuxa de Parma*, o mundo da vaidade reaparece na corte de Parma, que é uma caricatura da Paris de *O Vermelho e o Negro*. Quanto ao conde Mosca, é o observador maduro, e uma encarnação de Stendhal.

O egotismo stendhaliano é um egotismo do gozo pessoal: as mulheres, a boa comida, a Itália, as conversas aprazíveis. Ele inventa o materialismo espiritualizado à Hemingway. Esse Stendhal específico me possibilitou, na época, enxergar todo o lado ridículo do Absoluto, dessa procura encarniçada que não desemboca senão numa frustração sempre crescente. Valéry desejaria ver-se transformado em aristocrata por força de sua indiferença para com a realidade. Há nele uma espécie de ascetismo verdadeiramente bizarro. Seria possível vê-lo como um místico cristão, salvo pelo fato de ser contra a caridade, que para ele não tem realidade alguma. Valéry seria então uma versão aguada de Stavroguine, esse personagem dostoievskiano de *Os Demônios*. Mas em Stavroguine a indiferença é real, ao passo que em Valéry parece a tentativa de simular alguma coisa. Em compensação, em Stendhal há uma crença na obra de arte, uma espécie de generosidade e espontaneidade de que Valéry se tornou incapaz, pois se encontrava inteiramente imerso na pose. Ele acusa, com toda a razão, Stendhal de assumir essa postura, mas o bom da pose em Stendhal é que nem ele próprio a leva a sério.

Desejo e narcisismo

Quando releio esses estudos fico espantado com sua tonalidade sartriana. Jean-Pierre Dupuy notou acertadamente a importância das análises da má-fé na elaboração da hipótese mimética. Sartre terá sido mais importante para mim que Hegel. O primeiro livro de filosofia que eu entendi foi *O Ser e o Nada*, na minha opinião o melhor livro de Sartre. A má-fé, segundo ele, é basicamente mimética: o garçom do café imita aquele que o antecedeu, ele brinca de ser garçom do café, um pouco como Dom Quixote de ser cavaleiro andante.

O que Sartre chama de "essência" é uma imitação existencial. Estou bem próximo dele nesse ponto, mas ir além de Sartre em suas análises é ver que o Outro é um modelo real: a essência do garçom do café é esse Outro que me ensinou minha profissão, olhei-o desempenhar seu papel: ele serviu de modelo. A essência é o garçom da geração anterior, que perpetua o ser tradicional do garçom. Tudo, em Sartre, expressa-se em termos de existência e essência, e insuficientemente em termos de Eu e Outro. Sartre quer purificar a existência de toda alteridade. Eu afirmo que é absolutamente impossível: a alteridade está inextrincavelmente mesclada a tudo o que eu apreendo como meu, como Eu, mas isso não é motivo suficiente para se desesperar. Foi o quanto subsistiu em Sartre do legado de Paul Valéry.

Sartre é, assim, o pior adepto da crença no pecado original que jamais teria existido, e isso à maneira protestante, tão arisca quanto possível: para ele, não se consegue escapar à má-fé. Eu acho isso ridículo pois, afinal de contas, o garçom do café não pode tomar como modelo Nicolas Sarkozy. Ele é "safado", para Sartre, por ter-se identificado totalmente com um Outro. Mas será mesmo que o garçom tinha escolha? A noção de má-fé cria um dilema moral que não tem verdade alguma. Aquele que desempenha bem sua profissão, que está comprometido com ela, já está condenado de saída. É extremamente injusto. O pecado original está presente no meu trabalho, no que eu chamo de "desejo metafísico" – essa propensão que temos de apropriarmo-nos do *ser* do nosso modelo –, na relação com o Outro, e não na concepção de si.

Na segunda parte de *O Ser e o Nada*, Sartre fala da coquete que se cega prazerosamente acerca de sua coqueteria e que, consequentemente, também demonstra má-fé. Ora, a coqueteria é fundamental para a teoria mimética. Mas não é Sartre que pode ajudar a desmistificar o falso narcisismo da coquete. Um dos escritores que melhor entendeu esse fenômeno é Proust. É o que procurei mostrar num artigo que publiquei em 1978, o ano de *Coisas Ocultas desde a Fundação do Mundo*, e que aqui se encontra reproduzido na íntegra. Afirmo então que Proust, nas partes romanescas de sua obra, ultrapassa Freud. Ele percebe que o narcisismo da coqueteria nunca é verdadeiro, no sentido em que é um *empreendimento*. A própria palavra *coqueteria* faz-se indispensável: ser coquete é agir de uma determinada maneira; não é um ser, mas um fazer. Para conseguir agradar às pessoas, é preciso que a coquete trabalhe para dar a impressão, justamente, de que não trabalha, de que é plenamente superior: sua estratégia reside na ilusão de autonomia que ela tenta produzir.

Freud não enxerga essas astúcias. Ele é sincero demais para tanto. Ele crê num narcisismo substancial. Molière mostra-se mil vezes mais profundo nesse particular ao inventar Celimena.[6] Freud fica boquiaberto de admiração perante a coquete. Um pouco como Valéry faz com o sr. Teste, ele acredita numa indiferença autêntica. E, no final das contas, é sua concepção quantitativa do desejo, sua concepção de um Eu substancial e autônomo, que o impedem de captar a gênese mimética da *miragem* da divindade. Pois o Eu é sempre relativo, ele não pode ser absoluto. O narcisista é aquele que quer que o Outro o creia indiferente, e o humilhado aquele que crê

---

[6] René Girard refere-se à personagem de *O Misantropo*, peça de Molière (1622-1673). Celimena, jovem, bela e vaidosa, não se cansa de admirar a própria beleza. (N. T.)

nessa comédia. Acreditar que a energia libidinal é quantitativa, isto é, limitada – tendência que eu havia detectado em Freud –, é pensar ingenuamente que o desejo não pode aumentar de um lado sem diminuir do outro.

Assim sendo, Freud parece-me incapaz de pensar uma verdadeira escalada do desejo, uma ampliação devida à reciprocidade em si: em outras palavras, ele não vê que a obsessão do Outro e a do Eu crescem juntas. O desejo não sobe de um lado para descer do outro, *ele medra nos dois lados ao mesmo tempo*. Sua natureza é mais mimética do que simplesmente (ou substancialmente) sexual. Quanto mais eu desejo meu modelo, mais ele vai se tornar indiferente, quanto mais eu o amo, mais ele vai se amar. Quanto mais eu me aproximo dele para sair de mim, mais ele vai se voltar para si mesmo, acabando por dar-me as costas. Eu o ajudo a divinizar-se. Eu ainda estava longe de imaginar que essa lei do desejo correspondia exatamente à da "escalada para os extremos", que eu redescobriria trinta anos mais tarde em Clausewitz. Quem teria acreditado, de fato, que sedução e guerra moderna podiam formar um todo? Entretanto trata-se da mesma realidade.

O narcisismo substancial de Freud funciona exatamente como o Eu puro valeriano, só que agora atribuído ao Outro, não ao Eu. É, contudo, sempre a mesma crença na possibilidade de se livrar do Outro de uma vez por todas: não estamos longe das armadilhas do nacionalismo. A verdade é que a coquete, se consegue impressionar o Outro, acaba se convencendo de seu próprio jogo. É uma das provas mais extraordinárias da teoria mimética: o solipsismo, ou seja, a vontade de ser si próprio, autônomo, não pode jamais ser proveniente do Eu, mas deve sempre partir do Outro. Não posso saber se sou um grande ator até o dia em que eu dispuser de um público que me admire e me diga que o sou. Se ganharmos todas as batalhas, não demorará muito para que nos julguemos gênios militares. No princípio Napoleão não pode se tomar por Napoleão. Mas, depois de Austerlitz, ele começa a acreditar. Da mesma forma, quando se quer ganhar dinheiro e prestígio, é para poder acreditar em si mesmo: precisa-se de todo mundo para isso. Stendhal sentiu muito melhor essa verdade que Valéry. *Jean Santeuil* mostra, de modo exemplar, esse pseudonarcisismo. Mas Proust finalmente compreende que a estratégia da coquete, muito embora possibilite o êxito no plano da mundanidade, não é fecunda no plano da verdade nua e crua. Ao aceitar a humilhação implícita na revelação de seu próprio mimetismo pelo escritor, Proust chega então à verdade de *O Tempo Redescoberto*.

Nietzsche e Wagner

Também Nietzsche joga com o pseudonarcisismo, mas de forma muito mais trágica e apocalíptica. É como se fosse um sr. Teste que se julga bem-sucedido – e aí encontra Wagner. O que o atrai para Wagner e o afasta dele é obviamente a indiferença do compositor. Wagner pensava ter sido bom com Nietzsche. Via nele o discipulozinho comportado que escreveria a seu respeito, cuidaria de sua propaganda. Wagner simpatizava com Nietzsche, apreciava falar com esse ser de inteligência raríssima. As noites à beira do lago de Constança devem ter sido deliciosas, pois a presença de Cosima Wagner certamente não prejudicava a situação como um todo. Mas Nietzsche não deixa de ser o "garotinho" que ficava escutando. O pior é que Wagner alegava que o curaria. Uma das razões do ódio de Nietzsche pelo compositor está baseada, em parte, no fato de que este último afirmava que Nietzsche era incapaz de tornar-se um homem de verdade. Wagner tinha razão. Nietzsche nunca o perdoou por isso.

Porém Bayreuth o liquida. Foi a apoteose de Wagner em Bayreuth que suscitou esse escrito esquizofrênico que é *Ecce Homo*. Esse livro demente é a resposta, débil, miserável, e trágica de Nietzsche a Bayreuth: "Eu sou o maior, eu sou o mais belo, eu sou o único artista, Wagner não vale nada". Tornamos a encontrar, cinquenta anos depois, a obsessão de Hölderlin por seus grandes antecessores, especialmente Goethe, a mesma cilada narcisista: quem é o verdadeiro deus da cultura alemã? Não é Wagner, diz Nietzsche, sou eu. Ele sofria, na época, por ser totalmente desconhecido em seu próprio país. Estamos lidando aqui com a escritura romântica do recalque. Pois há uma voz pró-wagneriana em Nietzsche – uma voz que até elogia Wagner por ter alcançado, com *Parsifal*, o âmago do cristianismo. Mas Nietzsche, uma vez consumada a ruptura, vai fazer de tudo, é claro, para dissimular esse primeiro entusiasmo. Será necessário que o Wagner com o qual ele cortou relações seja também aquele *que se tornara cristão*, crime imperdoável. O recalque de sua humilhação antiwagneriana terá sido constitutivo do ódio que ele devotaria mais tarde ao cristianismo. Ao fazer do ressentimento um de seus conceitos centrais, Nietzsche terá feito um diagnóstico implacável de seu próprio mal.

É a tese que eu defendo em "Nietzsche e a Contradição", um artigo publicado em 1986 em que tento mostrar que o egotismo nietzschiano é um recalque romântico da intuição wagneriana da compaixão cristã. Nietzsche recusa-se terminantemente a ouvir essa *outra voz* presente em Wagner. É provavelmente por isso que o filósofo que havia nele perdeu a razão e nunca se fez romancista, no sentido que dou ao termo. Inclino-me cada vez mais a pensar que a única forma de sair dessa bipolaridade mistificadora do louco contra o indiferente permanece sendo o que eu chamo de "síntese católica", síntese entre o arcaico e o cristão tentada por Wagner, e que essa oposição mascara. Wagner é um tanto alemão demais para ser católico no sentido em que Baudelaire e, de certa forma, Germaine de Staël o são. Wagner é católico num sentido muito estético. A realidade de sua inspiração é complexa: Wagner escreveu primeiramente uma obra pagã, em seguida uma obra cristã, depois uma obra pagã e cristã, e para terminar uma obra cristã e pagã. Em sua obra a mitologia constantemente é desconstruída por causa de elementos implicitamente cristãos, e a seguir é reconstruída.
É a tentação *moderna* por excelência. Mas esse vaivém não é um suplício para Wagner, pois ele não se corrói em contradições como Nietzsche – pelo contrário, a oscilação é a felicidade e o segredo de seu gênio inquietante.

Assim, fico feliz que, para encerrar esta coletânea de ensaios comparativos, seja possível publicar o texto de uma conferência proferida acerca de Wagner no CREA, em janeiro de 1983, em Paris. Tal estudo é o único de cunho monográfico na presente coletânea e eu gostaria de esclarecer por quê. Sempre tive paixão pela obra wagneriana, que exigiria um livro inteiro só para si. O leitor terá, pois, de fazer o obséquio de me perdoar o caráter desconexo das observações e reflexões que se sucedem no que de início não passava de uma comunicação improvisada por ocasião de um seminário. O texto não fica, entretanto, fora de propósito depois do artigo que o precede – e que ele vem completar, enfatizando o quanto Wagner revela o que Nietzsche acabou recalcando, isto é, uma vez mais, a misteriosa continuidade e descontinuidade que liga o religioso arcaico ao religioso cristão. Wagner transita com grande naturalidade de uma a outra vertente de sua inspiração, sem que qualquer dos dois polos implique a destruição do outro. Essa desenvoltura é soberba, e nunca foi devidamente notada. A superioridade e a inferioridade de Wagner sobre Nietzsche residem sem dúvida nessa inexistência de dilema.

Enquanto escrevo isto, tenho plena consciência de estar caindo na armadilha dos modernos. Pois sempre afirmei, e torno a dizê-lo em *O Sentido da História*, que é preciso desconfiar de *ambos*, dos wagnerianos *e* dos nietzschianos. Vale dizer que nunca se deve, nessa polêmica, escolher um lado de preferência ao outro, e sim procurar entender a *lógica da relação* que unia os dois homens. Somente os nazistas conseguiram ficar ao mesmo tempo a favor dos dois. É por tentar evitar essa confusão que escolhemos um *contra* o outro. Infelizmente eu não sou uma exceção à regra. Eu poderia dizer, é claro, que escolher Wagner contra Nietzsche faz sentido num livro que trata da arte. Mas isso só resolveria metade dos apuros em que estou. Direi então que o que me empolga nessa obra é aquilo que seu autor põe em prática sem nem sequer estar plenamente consciente do que faz. O gênio um pouco suspeito de Wagner consiste em *desconstruir os mitos*, preservando a possível convivência do arcaico e do cristão. Wagner revela os mecanismos de divinização, o nascimento do sagrado. E, coisa que mal dá para acreditar, que por si só já justifica a montagem desta coletânea: ele começa a máquina pesada que é *O Anel do Nibelungo* por uma cena de coqueteria supermimética!

O anão Alberich está entre três moças, ridicularizado, dominado, louco de desejo. Aqui, a sedução e o desejo do ouro do Reno formam com a guerra uma coisa só. Todo o meu trabalho vê-se aí condensado em alguns minutos de ópera. Wagner nos mostra uma "escalada para os extremos" do desejo, que partindo da sedução vai desembocar no ouro, depois na violência absoluta. Mas o cunho vertiginoso dessa obra está na imensa mitologia que se desconstrói, ao mesmo tempo em que se constrói. Vê-se a Revelação trabalhando às escondidas do próprio compositor. Se Nietzsche aposta no eterno retorno, em *O Nascimento da Tragédia*, fica claro que a dimensão linear e, por conseguinte, apocalíptica do tempo é muito mais sensível em Wagner. Nesse aspecto, a ópera mais reveladora do ponto de vista simbólico continua sendo a que inaugura o período áureo de Wagner: *Tannhäuser*, em que o herói encontra-se ao mesmo tempo ameaçado de linchamento e protegido por Elisabeth. Wagner "sente" muito bem o assassinato fundador, há nele intuições cristãs fulgurantes,

Incontestavelmente há um apocalipse wagneriano. Não posso deixar de lembrar, ao escrever estas linhas, daquele dia de maio de 1945 em que escutei na rádio alemã, ininterruptamente, o comunicado sobre a morte de Hitler, que se repetia ao som da marcha fúnebre do *Crepúsculo dos Deuses*. Desse ponto de vista, não se pode negar que o personagem de Siegfried tem um quê de nazista: a passagem ao homem, longe de arrematar a desconstrução do mito, é a ocasião de uma recaída espetacular na mitologia. O apocalipse wagneriano é uma terrível profecia, um pressentimento extremamente moderno. Entretanto, nunca houve uma grande representação de Wagner que o tenha deixado *realmente* apocalíptico nesse sentido. O apocalipse de Wagner não deu em nada. O autor de *Parsifal* não pode ser nem verdadeiramente cristão nem verdadeiramente apocalíptico, porque ele é esteta em demasia, ao contrário de outros artistas cujas obras não são apocalípticas quanto ao tema, mas o são em profundidade. Refiro-me outra vez a Malraux e a Proust. O *Crepúsculo dos Deuses* deveria ser um apocalipse, mas essa ópera, por demais longa, não corresponde ao seu título. Ela torna a cair na armadilha da mitologia.

Se existe alguma falha na obra de Wagner, ela está aí. Wagner não é realmente apocalíptico por ser excessivamente pangermanista, excessivamente "católico alemão". Eis o motivo pelo qual Baudelaire é muito grande e pelo qual o melhor artigo sobre Wagner, e sobre o que fico tentado a chamar de "catolicidade" wagneriana, foi escrito pelo poeta francês, capaz de autêntica admiração. Wagner incontestavelmente deixa escapar o apocalipse mesmo que pense tê-lo compreendido. Isso não desmerece em nada sua genialidade, é óbvio, mas basta para que não se caia no logro do wagnerismo. O apocalipse está por toda parte e em lugar nenhum nas suas obras todas: não o está nunca *de verdade*. O que Wagner terá deixado escapar totalmente é o sentido do ritual, que outro grande compositor moderno, Stravinsky, redescobriu alguns anos mais tarde. É preciso contrastá-los e equipará-los. Wagner sacralizou a música; logo, ele conserva-se exageradamente romântico. O gênio de Stravinsky e a grandiosidade de *A Sagração da Primavera* se devem ao fato de que o assassinato fundador fica plenamente revelado numa arte inesperada: a dança. Stravinsky alcança aí algo de único. É disso que falamos em *O Sentido da História*.

Este conjunto de artigos, reunido por ocasião da realização de um filme de entrevistas, elucidará a gênese da teoria mimética para os leitores que já me conhecem. Verão aí a confirmação do modo pelo qual meu pensamento apocalíptico estava desde sempre embutido em minha concepção do desejo. Só me resta fazer votos de que os demais tirarão algum proveito dos ensaios que, apesar de suas fraquezas patentes, podem ser lidos enquanto exercícios de admiração – todos eles permeados pela busca da verdade. Para finalizar, não gostaria que se tomasse este livro por um mero ensaio de estética. Esse tipo de fruição não me atrai. A arte, com efeito, não me interessa senão à medida que ela intensifica a angústia desta época. Só assim ela cumpre sua função que é a de *revelar*.

Junho de 2008
René Girard

capítulo 1
a história na obra de Saint-John Perse

Todos os críticos notaram que ao introduzir a história em sua obra Saint-John Perse penetrou num campo há muito desprezado pela poesia. O que há de mais pobre, com efeito, sob sua aparente riqueza, ou até de mais suspeito, do que o fato histórico, aos olhos de poetas contemporâneos que não experimentam senão desdém por tudo que não seja consciência pura, "palácio fechado de espelhos, que fecunda uma lâmpada solitária",[1] ou que, pelo contrário, procuram suas maravilhas no que escapa a essa consciência e permanece aquém do conceito? Será surpreendente ver Paul Valéry e André Breton, essas duas estrelas cujas forças de atração rivais parecem, dessa vez pelo menos, impotentes, se entenderem quando se trata de alardear os méritos de um autor[2] tão indiferente à arte poética do primeiro quanto às palavras de ordem do segundo? Nem todos acolheram Perse de maneira tão favorável. Como lembra Denis de Rougemont, alguns duvidavam de que um "puro deleite" pudesse "entrar na duração".[3] Mas o que uns assinalavam como enigma ou

---

[1] Paul Valéry, *Variété Œuvres Completes*. Paris, Gallimard, 1957, t. I, p. 57.
[2] "'Fico orgulhoso de tê-lo conhecido tão cedo' (...) Saint Léger, Saint-John Perse, é praticamente o único contemporâneo de quem Paul Valéry – que admirava tão raramente – tenha-me falado em semelhantes termos", Herbert Steiner, "Amitié du Prince", *Les Cahiers de la Pléiade*. Paris, Gallimard, verão-outono 1950, p. 31. Quanto a Breton, veja-se o ensaio "Le Donateur" no mesmo número de *Les Cahiers de la Pléiade*, p. 68-70. Esse número integralmente dedicado a Perse será designado a partir de agora pelas iniciais *CP*.
[3] Denis de Rougemont, "Saint-John Perse et l'Amérique", *CP*, p. 136.

curiosidade, o que poderia instigar outros a incriminar Perse por suas tendências, apenas suscitou breves observações. Contudo, fica claro que não se poderá determinar, mesmo que provisoriamente, o lugar que cabe a Perse na poesia contemporânea enquanto não se souber com exata precisão o que se deve entender por "presença da história" quando se fala a seu respeito.

Perse não escreve "poemas históricos". A história não intervém para lhe fornecer um "tema", isto é, um determinado evento histórico acerca do qual escreveria seus poemas. *Anábase* parece constituir uma exceção, pois a obra inteira dá a impressão de estar situada num passado longínquo. Mas a história é sôfrega de minúcias rigorosas e foram em vão os esforços para localizar no tempo e no espaço o universo descrito pelo poeta. As obras do segundo período, que começa com *Exílio*, em 1942, poderiam passar pelas mesmas pesquisas infrutíferas de *Anábase* se os detalhes autobiográficos nelas contidos não dessem a impressão de fornecer pontos de referência seguros. Sabemos então que o "tema" desses poemas está presente do mesmo modo que em *Anábase*. Assim sendo, é a forma, isto é, a essência dessa poesia que fica afetada pela história.

Quando se abre ao acaso um desses poemas do segundo período, constata-se que o passado introduz-se de múltiplas maneiras: emprego de termos e construções arcaicas, e, sobretudo, uso constante de imagens e de metáforas históricas ou legendárias: "E um pássaro de cinza cor-de-rosa, que foi de brasa por todo o verão, ilumina de sopetão as criptas do inverno, como o pássaro do Phasis nos livros do Ano Mil".[4]

O segundo termo da imagem, isto é, seu elemento explicativo, é precisamente aquele que contém a maior proporção de desconhecido; esse primeiro pássaro que uma palavra a mais nos teria dado a possibilidade de identificar é repentinamente comparado a um segundo pássaro sobre o qual nada sabemos. Estávamos relativamente

---

[4] *Neiges*. In: Saint-John Perse, *Œuvres Complètes*. Paris, Gallimard, 1982.

sossegados e eis que surge esse pássaro com a herança de mistério e de angústia associada ao ano mil. A imagem histórica de Perse desempenha assim papel exatamente inverso à imagem do historiador, que tampouco pode abrir mão de imagens. Se sua obra não estiver constelada por elas é porque a maioria encontra-se subentendida. O segundo termo dessas imagens é sempre tomado ao presente, um presente que uma convenção tácita supõe ser perfeitamente transparente e até provedor de uma luz que se pode levar consigo na exploração das zonas obscuras do passado. O historiador assimila sempre a ave medieval à ave moderna, assimilação sem a qual nenhum conhecimento histórico seria possível. O contrário ocorre nos poemas de Perse. Pode-se quase falar em uma "anti-imagem" e em sua "função opaca". A sombra do passado amplia-se sobre o poema.

Será que não se poderia ser ainda mais específico e dizer que a sombra do passado estende-se sobre o presente? Com efeito, sabemos que o tema desses poemas do segundo período é contemporâneo. Esse "pássaro de cinza cor-de-rosa" é uma ave americana. Uma tal formulação não poderia obviamente aplicar-se a *Anábase*, mas nosso desejo de chegar a conclusões válidas para toda a obra não deve nos cegar a respeito das diferenças que o longo espaço de tempo decorrido entre os dois períodos de produção poética de Perse tornam possíveis, para não dizer prováveis. É então sem recorrer a *Anábase* que devemos procurar demonstrar que o papel da história não se limita a aureolar o presente com o passado, a fim de transfigurá-lo. Tomemos, por exemplo, o Canto III de *Chuvas*, particularmente rico em imagens históricas:

> Irmãs dos guerreiros de Assur foram as altas
>   Chuvas em marcha sobre a terra:
> Com capacetes de plumas e saias pelo regaço,
>   com esporas de prata e de cristal,
> Como Dido pisando o marfim às portas de
>   Cartago,
> Como a esposa de Cortez, ébria de argila e pintada, entre suas altas plantas apócrifas...

> Elas avivavam noturnamente o anil na coronha
> de nossas armas,
> Elas povoarão a Primavera derretendo o gelo
> no fundo de nossos quartos espelhados!
> E estou longe de esquecer seu pisoteio na soleira dos quartos de ablução:
> Guerreiras, ó guerreiras pela lança e o ferrão
> até nós afiadas!
> Dançarinas, ó dançarinas pela dança e fascinação no solo multiplicadas!
> São armas às braçadas, são moças às carroçadas, uma distribuição de águias às legiões,
> Um levante de piques nos arrabaldes para os
> mais jovens povos da terra – pencas dissolvidas de virgens dissolutas,
> Ó grandes feixes não ligados! a ceifa ampla e
> viva nos braços dos homens invertida![5]

Apesar de afirmarmos, por uma questão de rigor, que essa não é uma chuva qualquer e que ela nos traz a um presente autenticado pelos poucos detalhes autobiográficos existentes no poema, é preciso convir que esse presente desempenha papel bastante medíocre na longa citação. O que chamamos de "função opaca" da imagem não se exerce aqui sobre a chuva e sobre seu presente hipotético, mas sobre as demais imagens que fazem aparecer meia dúzia de "passados" diferentes: a Assíria, Cartago, o México da conquista espanhola, Roma, talvez a Revolução Francesa... Alguns deles não são identificáveis com certeza absoluta. Só conta o embate desses mundos que não costumamos ver mencionados juntos.

A predominância de certas imagens "geográficas" (tropicais ou orientais) não deve nos desnortear. Dentro da perspectiva pela qual optamos, não é necessário distinguir o que Perse anexa no espaço

---

[5] *Pluies*. In: *Exil*, op. cit., p. 143.

daquilo que ele anexa no tempo. Certamente não é inútil constatar as relações que unem a imagística do poeta à experiência do viajante, mas não é a "oscilação entre o Leste e o Oeste" apontada por André Rolland de Renéville que determina sua arte.[6] É o caráter planetário e universalista dessas imagens que é fundamental. Elas englobam toda a história humana, do "afloramento dos grandes fósseis às marnas que escorrem",[7] no Oeste americano e suas "vastas planícies sem história galgadas por colunas".[8]

Pode-se então compreender porque a etiqueta de "poeta exótico" não calha aqui. O exotismo é sempre um diálogo entre dois universos, o mundo ocidental e o mundo que o nega. Por mais maltratada que esteja, a civilização ocidental ainda ocupa uma posição central na literatura exótica, pois o universo que lhe é contraposto só existe por meio e dentro dessa oposição. O Ocidente, em Perse, está verdadeiramente decaído pois ele entra no turbilhão de culturas e civilizações que as imagens evocam.

Essa mudança de perspectiva, do exotismo *à la* Perse, essa passagem de um dualismo mais ou menos consciente de si próprio a um pluralismo premeditado, não é no âmbito da literatura que obteve seus primeiros triunfos, mas no das ciências humanas. Sabe-se com que consequências. Quando a partir de então negaram-se a estudar as outras civilizações do ponto de vista da nossa, historiadores e antropólogos descobriram que a única coisa que conferia à aventura humana, considerada em seu todo uma aparência de unidade, era precisamente esse ponto de vista. Renunciar a ele é descobrir que o mundo é constituído por fragmentos separados. As civilizações aparecem como mundos que não podem se comunicar. Elas não nascem, vivem e morrem senão para ser substituídas por outras tão efêmeras e isoladas quanto elas próprias. Sabe-se também que reflexões pessimistas

---

[6] André Rolland de Renéville, "D'une Chronique Miraculeuse", *CP*, p. 76.
[7] *Pluies*. In: *Exil*, op. cit., p. 152.
[8] *Neiges*, op. cit., p. 158.

acompanharam essa metamorfose da história. A toda civilização que se julga detentora do segredo do destino humano e se proclama encarregada de cumprir esse destino, contrapõem-se as alegações rivais de civilizações sem conta e todas defuntas. Não há mais absoluto; o homem está condenado ao relativo. O relativismo histórico enquanto temática de desespero recebeu talvez sua mais perfeita expressão literária em *As Nogueiras do Altemburgo,* de André Malraux:

> Se o destino da humanidade é uma História, a morte faz parte da vida; mas se não, a vida faz parte da morte... Se as estruturas mentais desaparecem sem volta como o plesiossauro, se as civilizações em sua sucessão só servem para jogar o homem no poço sem fundo do nada, se a aventura humana só perdura à custa de uma implacável metamorfose, pouco importa que os homens transmitam durante alguns séculos seus conceitos e suas técnicas: pois o homem é um acaso e, quanto ao essencial, o mundo é constituído de esquecimento.[9]

É talvez à luz dessa transformação da história que se deva enfocar a obra de Perse. Sem dúvida, não é uma simples coincidência que reabre ao poeta as portas do passado no momento exato em que tudo que parecia prestes a esclarecer-se, e volta a recobrir-se de trevas, no momento em que desmorona a história hegeliana; história que, de certa forma, colocava o passado a serviço do presente, fornecendo tranquilizadoras certezas de eternidade a este mundo moderno tal como é definido por Jules Monnerot: "uniformemente tranquilizante e raso, estendido extensível, do qual a ciência *presta contas*, que a técnica *aciona*".[10] A nova visão da

---

[9] André Malraux, *Les Noyers de l'Altenburg, Œuvres Completes.* Paris, Gallimard, 1996, t. II, p. 688.
[10] Jules Monnerot, *La Poésie Moderne et le Sacré.* Paris, 1945, p. 152.

história só é pessimista com relação ao mito moderno sem mistério e que a poesia jamais aceitou.

Vê-se então que espécie de aliado o relativismo histórico pode tornar-se para o poeta e para o artista. Ele representa, nas últimas obras de Malraux, o mesmo papel de combate que a psicanálise assumiu outrora nas mãos dos surrealistas. Essa temática que nos é constantemente apresentada como carregada de desespero passa através da obra feito uma brisa anunciando um temporal numa atmosfera sufocante. Um cotejo entre Perse e Malraux seria sem dúvida instrutivo, constatando uma surpreendente concordância de temas e de imagens entre o poeta e o prosador.

Fica agora mais fácil entender como a obra de Perse põe em jogo a cultura científica e histórica de seu autor, sem que a intervenção desses conhecimentos suspeitos para o poeta implique conivência com a visão do mundo que os positivistas queriam impor. Enquanto a maioria dos poetas modernos foge do universo que acreditam não se poder impor ao cientista, é no próprio cerne desse universo que Perse vai buscar suas armas. Se diante de sua obra, como escrevia André Gide, "o mundo ocidental recua, com a consciência e o pavor de sua hedionda vulgaridade"[11] é que, uma vez que tenha sido negada a visão hegeliana da história que lhe prometia a eternidade, esse mundo não passa de um entre tantos outros, reconduzido ao nada por essa confrontação sem dó nem piedade. Como esses, ele aí encontra a beleza das recordações.

Assim, a imagem em Perse só é arbitrária em relação a uma visão do mundo que ela nega. O caos ainda é sua única verdade. Enquanto o arbitrário surrealista investe em todas as direções, pois se trata de desacreditar absolutamente todos os modos de pensar do mundo ocidental, o arbitrário de Perse joga de preferência com a série histórica e antropológica. O surrealismo denuncia a pouca realidade desse mundo. Perse, sua pouca duração.

---

[11] André Gide, "Don d'un Arbre", *CP*, p. 24.

Está fora de cogitação, por sinal, limitar a obra de Perse a essa primeira negação. O poema assume o relativismo histórico, mas não se reduz a ele. Ele constitui apenas o primeiro momento da dialética da imagem.

Ao reler o início do Canto III de *Chuvas*, vemos que o cunho heterogêneo dessas imagens e sua "função opaca" são tão evidentes que se torna possível negá-las. As imagens apresentam-se sempre como "explicações" e acabamos nos perguntando se não é somente nossa ignorância da lei que preside sua escolha e sua sequência que lhes nega esse papel. Na verdade, só a análise permite distinguir os momentos dessa dialética da imagem. Muitos fatores alheios contribuem para que se manifeste instantaneamente a impressão de homogeneidade do mundo de Perse.

Consideradas de um ponto de vista exclusivamente "plástico", as imagens do trecho citado anteriormente não surpreendem por sua estranheza, mas por sua exatidão. A maioria delas adere rigorosamente ao seu objeto. É a chuva caindo que o poeta descreve. Nós a vemos primeiramente castigada pelo vento, "Chuvas (...) com capacetes de plumas e saias pelo regaço, com esporas de prata e de cristal", ouvimos seu "pisoteio", vemos quando cai compacta e vertical como mil pontas aceradas, "guerreiras, ó guerreiras pela lança e o ferrão até nós afiadas", depois, ricochetear em gotículas pelo chão, "dançarinas, ó dançarinas, pela dança e fascinação no solo multiplicadas". Em seguida, o paralelismo desses dardos evoca as imagens de "pencas", de "feixes" e de "ceifa". Apenas o aspecto histórico dessas imagens é desconcertante, pois o que possuem de exato e de marcante no modo descritivo empresta sua autoridade para dar cobertura a esses saltos perpétuos na duração que nada vem justificar.

Ademais, constata-se que, quando um dos termos da imagem é um objeto ou um fenômeno natural, o outro termo é frequentemente tirado das atividades do homem. No exemplo precedente, a chuva não parece chamar senão os gestos do homem ou os objetos por ele fabricados. Em outras partes, Perse associará ao homem objetos naturais e até elementos químicos, onde de bom grado se veria o que há de mais "inumano" na natureza: "O nitro e o natrão são temas do exílio".[12] Essa assimilação permanente da natureza ao homem e do homem à natureza sugere, bem entendido, uma ordem segundo a qual se ordenaria o caos das imagens históricas.

Outro fator de homogeneidade é o aparelhamento lógico, discreto embora suficiente, que parece sustentar o poema. A respeito dessa retórica, Roger Caillois notou que ela se destina "a consolidar as enumerações ou, se preferirem, a garantir insidiosamente que estejam bem fundamentadas".[13] É essa evidentemente a função do "e estou longe de esquecer...", no Canto III de *Chuvas*. Deve-se também notar o emprego de termos disjuntivos e conjuntivos, "e (...), ora (...), mas (...), eis que (...)", sugerindo que, longe de estarem concomitantemente presentes de modo arbitrário, os diversos elementos relacionam-se de maneira lógica. Mais importante ainda é o jogo dos tempos verbais que parece sempre corresponder às exigências da duração própria do poema. No nosso exemplo, a passagem do passado ao futuro é sempre racional em relação a um presente situado em plena estação das chuvas. Esse presente segue o cair da chuva, desde seu início: "O baneane da chuva lavra seu assentamento sobre a cidade" até a volta do tempo bom: "O baneane da chuva perde seu assentamento sobre a cidade". Em todo o poema, reencontra-se essa alternância do passado, do presente e do futuro, sugerindo que o poeta reúne elementos que não quer deixar esparsos no tempo. Mas esse tempo é duração do que se vive, ou algo equivalente, que não tem a menor relação com os saltos prodigiosos estimulados pelas imagens históricas. O leitor é todavia paulatinamente conduzido a não enxergar nada mais a não ser duração vivida em que se inscreveriam com toda a naturalidade até mesmo as imagens históricas.

---

[12] *Exil*. In: *Œuvres Complètes*, op. cit., p. 137.
[13] Roger Caillois, "Une Poésie Encyclopédique", *CP*, p. 98.

Muito importante também, como fator de homogeneidade, é a repetição dos sons em palavras de sentidos diferentes, tão cultivada pelos poetas cuja obra se vincula a uma predicação, a exemplo de Péguy e Claudel. "Guerreiras, ó guerreiras pela lança e o ferrão até nós afiadas! / Dançarinas, ó dançarinas pela dança e fascinação no solo multiplicadas!" Novamente, Roger Caillois viu aqui com toda pertinência que "à extrema diversidade dos sentidos corresponde a extrema semelhança dos sons".[14]

Não seria, pois, de se estranhar se o poema, quando não se apresenta mais por fragmentos quebrados pela análise, mas fica apreendido em sua totalidade estética, não deixa uma impressão de caos, e sim uma impressão de ordem. No caso, a desenvoltura soberana com a qual se passa de um universo ao outro força-nos a contestar a realidade dessa passagem; acreditamos ver a imobilidade por detrás desse movimento perpétuo, o absoluto por detrás de todos esses relativos.

É o aparecimento desse absoluto que permite explicar por que a palavra *rito* é tão seguidamente pronunciada a respeito da obra de Perse.[15] Sejam eles imagens ou representações, a maioria dos gestos humanos descritos pelo poema é oriunda de uma civilização diferente da nossa. Tais gestos só ganham significado quando são reunidos ao absoluto que encarnam. De fato, se cortados deste último, tornam-se absurdos. É forçosamente nesse estado que alcançam a consciência histórica moderna, ou o poema de Perse, já que os valores absolutos de sua civilização não sobreviveram ao confronto com outros valores absolutos de culturas diferentes. Quanto mais esses gestos tornam-se absurdos, tanto mais difícil fica aceitá-los como tais. Esses signos querem significar alguma coisa e a arte do poeta consiste em sugerir uma significação que os englobaria a todos. A marca neles deixada pelo seu sentido primeiro é todavia por demais

---

[14] Ibidem.
[15] Gaëtan Picon, "Le plus Hautainement Libre...", *CP*, p. 73.

profunda para que sua relação com o segundo sentido possa ser outra que não indireta, mágica, encantatória, ritual.

> muitas coisas sobre a terra para ouvir e para ver, coisas viventes entre nós!
> celebrações de festas ao ar livre para aniversários de grandes árvores e cerimônias públicas em honra de um charco; dedicações de pedras negras, perfeitamente redondas, invenções de fontes em lugares mortos, consagrações de tecidos à ponta de varas, nas cercanias dos desfiladeiros e aclamações violentas, ao pé das muralhas, para mutilações de adultos ao sol, para publicações de lençóis nupciais![16]

Fica clara, da mesma maneira, a impressão sugerida pelos poemas de Perse, de um mundo regido por um sistema de castas. Consideradas fora do contexto onde são exercidas, muitas atividades humanas perdem seu sentido. Uma vez mais, é o absurdo que aparece quando se amplia a perspectiva histórica. É ele que nos ameaça quando lemos essas longas listas de "ofícios" a que Perse é tão afeiçoado. Esses são tirados de múltiplas civilizações ou simplesmente imaginados pelo poeta. Porém, à medida que nossa consciência do absurdo vai se aguçando, mais intensa fica nossa necessidade de um universo inteligível. Essas profissões inverossímeis não podem obviamente se organizar num sistema social coerente, isto é, respaldado em realidades políticas ou econômicas imagináveis. Assim sendo, é preciso que o social se ordene em função de algo que esteja fora dele. É exatamente o que ocorre num sistema de castas em que o social é um reflexo do religioso. Eis-nos trazidos de volta a esse absoluto que sempre se perfila atrás do absurdo.

---

[16] Saint-John Perse, *Anábase*. Trad. Bruno Palma. Rio de Janeiro, Nova Fronteira, 1979, p. 73.

Essas observações sobre o rito e a casta nos permitem estender nossas conclusões a *Anábase*, que não oferece o choque perpétuo entre mundos incompatíveis que serviu de base à construção de nossa análise. Pelo contrário, *Anábase* parece apresentar o quadro de uma civilização homogênea. Essa homogeneidade é da mesma ordem que aquela que se encontra nos demais poemas de Perse. Ela situa-se "para além" do heterogêneo. O que é imagem em *Exílio* ou em *Chuvas* vira amiúde representação em *Anábase*. Os gestos absurdos são descritos com paixão como se fossem os únicos possíveis. Por trás deles surge o sagrado, um sagrado que se impõe com força tanto maior quanto mais nos acercamos do nada.

> ha! toda sorte de homens em seus caminhos e maneiras: comedores de insetos, de frutos d'água; portadores de emplastros, de riquezas! o agricultor e o adalingo, o acupuntor e o salineiro; o portageiro, o ferreiro (...) o que encontra seu emprego na contemplação de uma pedra verde; que para seu prazer queima cascas de árvores sobre seu telhado...[17]

Assim, a poesia de Perse só passa para o "positivo" por excesso de "negativo". Isso explica porque foi possível ter havido a seu respeito julgamentos tão variados quanto os de Pierre Jean Jouve: "O fundo permanece um potente estado de vazio em que a pessoa tenta decifrar o mundo; e não se percebe nenhuma presença superior à mágoa do homem".[18] Recorda-se também a opinião de Roger Caillois: "com as imagens sem conta que os séculos reuniram em longas crônicas solitárias, que as distâncias repartiram nos continentes por largos afrescos independentes, ele compõe um mundo pela primeira vez uno".[19] A contradição entre esses dois pareceres é apenas aparente, mas Roger Caillois está errado, a meu ver, em falar de "poesia enciclopédica"; o ser dessa poesia só pode ser captado através do nada;

---

[17] Ibidem, p. 75.
[18] Pierre Jean Jouve, "Exil", op. cit., p. 57.
[19] Roger Caillois, "Une Poésie Encyclopédique", op. cit., p. 98.

ele não é constituído por um simples acúmulo de detalhes; pode-se, de fato, somar entre si unicamente objetos da mesma natureza. Fica claro então que a poesia de Perse não extrapola os limites da poesia contemporânea, mas realiza, pela superabundância, o que outros querem atingir no despojamento. Mais além das aparências e de sua enganosa riqueza, descobre-se "um grande poema nascido de nada, um grande poema feito de nada...".[20]

Esse centro imóvel no meio do movimento, esse intemporal dentro da duração não passa do resultado de uma segunda negação. À negação de um universo cujo sentido nos é fornecido pelos filósofos racionalistas, segue-se a recusa do universo quebrado que nos ficou entre as mãos. O poeta não pode renunciar à busca do sentido do universo. Ele é um dos "grandes aventureiros da alma (...) inquirindo a terra inteira sobre sua zona para conhecer o sentido dessa grandíssima desordem".[21] E não se deve ver nessa recusa uma contradição com o que precede, um simples capricho, uma vontade de evasão para fora do "real", pois a história não pode nos forçar a adotar como nossa sua visão de caos. Ela constitui-se na primeira vítima de seu próprio "rigor científico". Quanto mais tenta penetrar no "fato", mais o homem aparece como prisioneiro de sua civilização. É patente que ela não pode reencontrar na linha de chegada a liberdade humana que tão cuidadosamente eliminara na largada. Porém, com a supressão dessa liberdade, é a própria noção de história que fica ameaçada: "Belos fragmentos de histórias à deriva, sobre pás de hélices, no céu repleto de erros e de errantes premissas, puseram-se a rodar para o deleite do escoliasta".[22]

O poeta restitui a vida com sua liberdade a esse universo inumano do historiador. A serenidade com a qual sobrevoa obstáculos que deveriam ser intransponíveis sugere a existência de poderes divinos, um contato direto com algum absoluto localizado por trás do

---

[20] *Exil*, op. cit., p. 129.
[21] *Vents*, op. cit., p. 227.
[22] *Exil*, op. cit., p. 128.

poema. Só um ponto de apoio fora do mundo parece, com efeito, capaz de ordenar esse caos. Mas causa única que acreditamos identificar para esses efeitos, sempre semelhantes, que constatamos nos materiais da construção do poema, essa faculdade de reatar o que está desamarrado não é, obviamente, nem superior nem exterior ao poema; ela só pode ser definida em termos estéticos. O poema não possui outra "verdade" além dele mesmo. Esse universo só é então uno pela maneira como vemos um disco pleno quando as pás de hélices de que fala o poeta giram suficientemente rápido. É preciso saber impingir-lhes esse movimento que as fará coisas de plenitude e de imobilidade. É aí que reside o segredo de Perse, segredo que as observações anteriores não têm a pretensão de esclarecer. Com toda a certeza não se trata de reduzir essa arte a um processo mecânico ou mesmo dialético. Pode-se, entretanto, isolar alguns dos elementos que ela põe em jogo e constatar que, por mais arbitrárias que pareçam de início, as relações ambíguas que se estabelecem entre eles correspondem com bastante exatidão às hesitações da consciência moderna, para a qual uma história estorvadora parece interditar o acesso a esses valores absolutos de que a consciência moderna tão intensamente precisa.

capítulo 2
o homem e o cosmo em "A Esperança" e "As Nogueiras do Altemburgo" de André Malraux

A Esperança e *As Nogueiras do Altemburgo*, os dois últimos romances de André Malraux, estão escritos num estilo que apresenta diferenças importantes com o das obras anteriores.

O leitor tem a impressão de que o autor alça a voz com frequência, mirando a amplidão onde antes contentava-se com a violência. Gaëtan Picon assinalou que Malraux agora escrevia "grande" e "largo", em maiores proporções do que no passado. Este ensaio tenciona mostrar que, longe de constituir metáforas, essas observações definem o caráter essencial do que se poderia chamar de "estilo cósmico" de Malraux. Em todas as obras que antecedem *A Esperança*, o herói é tão obcecado pelos objetos ameaçadores que o cercam que não consegue escapar-lhes, nem que seja pelo olhar. Tudo é descrito do ponto de vista de um observador posicionado no interior do círculo fatal que se fecha em torno do herói. Daí a impressão de sufocamento tão característica desses romances. Basta lembrar a cena de *O Caminho Real* em que Perken e Vannec são rodeados pelos selvagens móis, ou recordar a morte de Katow e seus companheiros em *A Condição Humana*. Com *A Esperança*, o quadro das descrições se alarga. O *close-up* subsiste, mas é rapidamente substituído por uma visão panorâmica. Malraux escreve do ponto de vista de um observador que se afasta do objeto e esse movimento de fuga, em geral crescente, permite um alargamento progressivo da linha do horizonte, graças ao qual o objeto considerado fica reduzido a proporções insignificantes. Esse ponto de vista é o do aviador que acaba de decolar e ganha altitude:

> Fazia um friozinho nos aviões, porém se via o calor rente ao chão, como se vê o ar quente tremer acima das chaminés. Aqui e ali, os grandes chapéus de palha de alguns camponeses apareciam por entre os trigos. Dos montes de Toledo até os de Estremadura, para aquém da guerra, a terra da cor das colheitas dormia do sono da tarde, de um horizonte ao outro recoberta de paz. (...) Mais além, Badajoz, Mérida (...), Medellin, invisíveis ainda, pontos irrisórios na imensidão da planície que tremia.[1]

Malraux parte do detalhe "rente ao chão" e eleva-se gradativamente até que não haja mais nada sobre o solo a não ser "pontos irrisórios". O movimento de fuga para o alto é aqui real, é o do avião elevando-se; de um modo geral ele é imaginário: "Cada dedo tocava uma romança, lentamente, como se estivesse tocando tão somente para a tristeza infinita das ladeiras semeadas de caminhões demolidos que subiam de Brihuega rumo ao céu desbotado". As palavras *ladeiras*, *subiam*, *céu* criam o movimento ascendente cujo alcance, ao mesmo tempo em que fica qualificada a tristeza, é indicado pela palavra *infinita*. Às vezes o movimento mal fica sugerido. Algumas linhas acima, Malraux escrevera: "Num bom número de ruas, Brihuega não era uma cidade de lama, mas uma cidade de morte atrás de todas as suas fachadas de sesta e de férias, de todas as suas janelas semiabertas sob o céu desconsolado".

---

[1] *L'Espoir*. In: *Œuvres Complètes*. Paris, Gallimard, 1996, t. II, p. 83.

Esse duplo movimento de expansão e de ascensão em direção ao infinito se reflete no ritmo da prosa de Malraux. Quando o movimento tem tempo de se desfraldar amplamente, a frase parece primeiramente fincada no solo por um advérbio, um adjetivo ou um substantivo posto em destaque pela inversão; em torno desse pivô é que parecem voltear os múltiplos incidentes, em círculos cada vez mais largos, até o arranque final em que tudo é arrastado para o infinito. Caminhando de início aos solavancos, a frase encontra enfim seu ritmo de avião que troca os torrões de um terreno mal aplainado pelas camadas de ar sobre as quais ele desliza sem esforço. Por vezes esse movimento se realiza numa frase só: "Nunca, naqueles três meses de combates em comum, Sity e Maringaud (no batalhão franco-belga agora) haviam-se sentindo tão próximos dos espanhóis do que naquela noite gélida de março em que, sob a neve da noite, o exército do povo marchava a passo marcial, com suas alpercatas em farrapos, rumo ao horizonte sacudido pelas granadas". Mais amiúde é o parágrafo – mais curto do que nos primeiros romances – que constitui o que se poderia chamar de unidade lírica da prosa de Malraux:

> Embaixo, enfiados em seus mantos, a cabeça sob o capuz pontudo como o dos marroquinos, os republicanos avançavam. Nos estilhaços em tiras que se desenrolavam diante dos aviões aparecia num segundo uma estrada tremulante, que virava uma coluna motorizada italiana; e, como o vento provinha das bandas das linhas republicanas, Magnin, do Orion, não enxergava mais se a coluna fugia diante dos capuzes, diante dos tanques perdidos nos campos imensos, diante dos aviões, ou se era arrastada pelo vento como as nuvens sem fim e o mundo inteiro.[22]

---

[2] *L'Espoir*, op. cit., t. II, p. 418.

Malraux parece usar tudo como pretexto para voltar-se em direção ao céu e a própria noite. Em *A Esperança*, sobe com frequência maior do que cai: "Na serenidade transparente assentada sobre a Sierra, tão só a linguagem silenciosa da traição preenche a escuridão que sobe". Ele lança mão até de uma ilusão de ótica para evadir-se de um tanque pego numa cilada, tombado pela metade num fosso profundo:

> E o som de sino do capacete, no silêncio, dissipa a pavorosa presença, me faz finalmente descobrir o espelho do episcópio: o tanque erguido olha para o céu onde a Lua acaba de abrir caminho, e o que ilumina assim nossos rostos onde a vida se esgotou é o espelho que reflete o céu lunar e novamente cheio de estrelas...

Contudo, de vez em quando, o movimento de fuga não é ascendente. O essencial, para Malraux, é prever uma via de escape para o infinito, para fora da cena que está descrevendo: "O carnaval descambava para a estação de trem sob as arcadas de tijolos na luz rosa das perspectivas régias". Aviadores que caíram na água, perto da margem, veem-se "defronte da linha sem fim do êxodo". O vento serve também para afastar-se do lugar da ação: "O vento fresco da noite deslizava fielmente rumo à Rússia".

O movimento que leva Malraux do finito em direção ao infinito não fica restrito à categoria do espaço. Elementos temporais vêm repetidamente acrescentar-se às indicações espaciais: "A rua está vazia como que para a eternidade". A mesma estrutura dupla, espaço-tempo, reaparece nas descrições de movimentos de multidões que, tal qual o rio de Heráclito, remetem à irreversibilidade do tempo. Malraux termina um parágrafo sobre o êxodo dos camponeses espanhóis diante do exército de Franco com esta frase: "O mundo inteiro, naquele minuto, corria num só sentido". E a imobilidade de um quadro hierático, *acima* da fuga desvairada de massas humanas, assemelha-se a um símbolo de eternidade: "De novo, acima da corrente do povo em fuga, estendia-se até o Mediterrâneo a terra ocre de Espanha, com suas cabras negras de pé sobre os rochedos".

Malraux dispõe de outros recursos quando é a eternidade que ele quer por pano de fundo e não mais o infinito do espaço. Ocasionalmente, é por meio de um movimento circular e contínuo numa paisagem imóvel que a duração triunfa do instante. Depois de um combate durante o qual um tanque foi destruído e tombado, "o dia levanta-se sobre uma das esteiras que continua girando". Mais frequentemente é um som ritmado que vem substituir barulhos dissonantes: "Um assistente entreabriu a janela cujas venezianas o médico fechara; por cima das ordens, dos chamados telefônicos, do barulho demasiadamente determinado de passos e das constantes sirenes de ambulâncias, entrou no cômodo a vibração regular da esquadrilha fascista".

Também a inversão desempenha um papel de importância capital na prosa de Malraux. Aqui, graças a ela, é evidentemente que o ritmo da morte triunfa sobre os ruídos "demasiadamente determinados". Basta escrever: "a vibração regular (...) entrou no cômodo (...) por cima..." para avaliar adequadamente esse papel. É dela que depende o movimento ascendente, é ela que confere à palavra *vibração* sua posição chave e ao último segmento da sentença essa lentidão solene que contrasta com a enumeração apertada do início. Malraux utiliza da mesma maneira o "martelar" das esteiras do tanque de guerra, "o batimento profundo e cadenciado do canhão", os rufares dos tambores fúnebres, o ritmo da respiração e as batidas do coração humano com a evocação das quais encerra-se *A Esperança*.

Com frequencia ainda maior, é mergulhando-a no silêncio que Malraux afoga no infinito a cena que está descrevendo. Longe de perturbá-lo, o barulho só faz aumentar o silêncio; reina no hospital militar um "silêncio de aquário reforçado pelo zumbido clandestino das moscas". Com o silêncio nos achamos no infinito do espaço. O silêncio é o espaço que se fez silêncio. É por isso que ele pode conter os barulhos e aniquilá-los da mesma forma que a distância elimina os detalhes: "O barulho das charretes retumbava sob a rocha como um rio subterrâneo num silêncio tão alto que havia dominado até os animais". Ele contém inclusive corpos sólidos: "O cavalo desapareceu em alguns segundos no grande silêncio". Fica então concebível que o silêncio possa estar "cheio de raspagens" ou "todo apinhado da passagem de nossos carros de combate". É espacializando o silêncio para fazer dele uma categoria do infinito que Malraux cunhou algumas de suas melhores imagens: "O estranho silêncio da guerra treme como um trem que muda de trilhos".

A arte de Malraux consiste daí para a frente em mergulhar os detalhes, por mais prosaicos que sejam, numa luz de *A Lenda dos Séculos*. Quando se trata de descrever um alto-falante recitando sua propaganda para as tropas inimigas, ele recupera o ritmo que lhe é próprio.

> Quadrangular, parecido com um poço de petróleo deitado, maior que o caminhão que o carregava, ele estava sozinho atrás de uma cortina de floresta, abandonado, mas vivo, já que falava. E esse uivo que era audível a dois quilômetros, essa voz a anunciar o fim do mundo, muito lenta a fim de que se distinguissem suas palavras, gritava na solidão através da noite que caía, das árvores de galhos cortados pelas balas e da inesgotável neve.[3]

É evidentemente pelo lugar que ela ocupa no parágrafo que se deve comentar a expressão "inesgotável neve", que parece acelerar o movimento rumo ao infinito e erguê-lo para o céu. A principal preocupação de Malraux parece ser a de evitar que o parágrafo recaia sobre si mesmo, constituindo um todo fechado. Inclusive nos trechos em que Malraux, em função da própria natureza do assunto

---

[3] *L'Espoir*, op. cit., t. II, p. 377.

tratado – ação rápida, troca de ideias abstratas –, não pode evocar o movimento do finito para o infinito, tem-se a impressão de que ele se recusa a concluir que o parágrafo fica "aberto" ao espaço livre e à duração. O autor prefere terminar seus parágrafos com um pretérito imperfeito, o tempo da duração, mais do que com o passado definido; muitas réplicas de seus diálogos permanecem inacabadas. Não raro, em *As Nogueiras do Altemburgo*, o parágrafo é prolongado por reticências como que deixando atrás de si um rastro luminoso: "No trigo novo, nossos sulcos cintilam sob a Lua...".

Espaço infinito, eternidade, silêncio, esses diversos elementos são tão inseparáveis uns dos outros quanto na famosa frase de Pascal: "O silêncio eterno desses espaços infinitos me apavora". Em Pascal, esses elementos servem sempre para orquestrar uma meditação acerca da miséria do homem sem Deus. Será que o movimento rumo ao infinito do qual há tantos exemplos nos dois romances aqui examinados desempenha um papel semelhante? É o próprio Malraux quem confirma que o movimento – em geral ascendente – de seu estilo está em suas obras associado a reflexões a respeito do lugar do homem no universo quando ele escreve: "Havia guerra demais *ao rés do solo*[4] para a angústia metafísica".

Quando se coloca o homem no infinito do espaço ou quando se mergulha o homem, segundo a observação de Jean-Paul Sartre, "no tempo universal, o tempo das nebulosas e dos planetas, dos dobramentos geológicos do terciário e das espécies animais, como num banho de ácido sulfúrico",[5] todas as suas atividades parecem irrisórias. É desse contraste entre o infinito da natureza e a finitude da condição humana que brota a "consciência do destino" definida por Malraux como "consciência da independência do mundo" em relação ao homem. É essa consciência do destino que é o cerne da obra de Malraux. Eis porque expressões tais como "indiferença

---

[4] Grifo meu. (N. A.)
[5] "À propos de *Le Bruit et la Fureur*. La Temporalité chez Faulkner". In: *Situations I*. Paris, 1947, p. 79.

geológica", "serenidade geológica", "indiferença da noite", "tédio pré-histórico", voltam com tanta frequência para qualificar a natureza em ambos os romances. Até a vida animal e vegetal relembra ao homem o seu nada. O propósito de Malraux fica muito bem evidenciado quando, no céu já "indiferente" de *A Esperança* e de *As Nogueiras do Altemburgo*, ele faz passar revoadas de pássaros migratórios cuja rota a guerra, no auge da violência, mostra-se incapaz de alterar.

O homem de Malraux, como o de Pascal, é um ponto de encontro trágico entre o finito e o infinito. O trágico jorrou primeiro de circunstâncias excepcionais em que se revelava a vaidade da visão humanista de um mundo criado à escala do homem: *Os Conquistadores, O Caminho Real, A Condição Humana*. Com *A Esperança* e *As Nogueiras do Altemburgo*, Malraux vai ficando cada vez menos aprisionado pelos eventos trágicos que coloca em cena. É agora, sobretudo pelo estilo, sendo um de seus aspectos esse confronto com o cosmo junto do qual ele aparenta ser um puro nada, que o homem está mergulhado em seu drama original. As diferenças entre os dois romances, essenciais do ponto de vista da interpretação desse drama, não passam, do ponto de vista do estilo, de diferenças de grau e não de natureza.

O tema central de *A Esperança* é menos uma luta de homens contra outros homens do que um esforço coletivo para ultrapassar a condição humana. O inimigo é apenas um elemento dessas forças cósmicas que esmagam o homem e às quais os heróis lançaram um desafio. Quando a aviação republicana, sobrepujada pela superioridade da aviação franquista, e incapaz de repor seu arsenal, é obrigada a renunciar às missões diurnas, Malraux escreve: "A guerra, daí em diante, eram aparelhos separados até o infinito que partiam para dentro noite". As reflexões estratégicas banham-se também numa luz de epopeia.

> Os italianos contra-atacavam sobre Brihuega:
> se aí passassem, apanhavam pelo flanco e pela

> retaguarda todas as forças republicanas. Era
> Guadalajara novamente ameaçada, o exército
> do Centro cortado de Madri, a cidade pratica-
> mente desprotegida, os batalhões Dimitroff,
> Thaelmann, Garibaldi, André-Marty, 6-de-
> Fevereiro sem linhas para bater em retirada,
> a tomada de Trijueque e de Ibarra invalidada,
> Campesino perdido em sua floresta.

Os pretéritos imperfeitos – "apanhavam (...) e era (...)" –, em vez do modo condicional, já quase levam a esquecer que essa série de catástrofes existe apenas num estado de possibilidades na reflexão do estrategista. A impressão de inevitabilidade aumenta pela avalanche da enumeração, cuja rapidez tenciona primeiro fazer-se passar por uma preocupação com a sobriedade e a objetividade tipicamente militares. Porém "Campesino *perdido* em sua floresta", abertamente lírico, põe fim ao equívoco; desempenhando o mesmo papel que "inesgotável neve" na descrição do alto-falante. É por seu intermédio que se efetua o movimento costumeiro de fuga rumo ao infinito. A enumeração inteira assinala o desmoronamento de projetos humanos devolvidos ao seu nada de origem por uma causalidade cega da qual os italianos não são muito mais do que instrumento passivo.

Mas, já que os heróis de *A Esperança* lançaram um desafio às forças que os esmagam, tudo aquilo que diminui o homem engrandece a audácia desse gesto prometeico. O homem, para Malraux, não é grande pelo que é, mas pelo que faz. E esse desafio não é sempre lançado em vão; em outros termos, os homens podem se salvar dentro da e pela ação. Há, em *A Esperança*, certos momentos privilegiados em que o homem não está mais estraçalhado pela natureza, mas unido a ela num entendimento fugaz. Um desses instantes é a procissão solene dos camponeses espanhóis recolhendo os feridos e o morto em padiolas depois da queda do avião na Sierra: "Não era a morte que, naquele momento, harmonizava-se com as montanhas: era a vontade dos homens".

Em *As Nogueiras do Altemburgo*, as ações não mais sobressaem sobre o fundo de eternidade que constrói o estilo de Malraux; elas se perdem nele. Tudo já não é senão agitação irrisória: não apenas o indivíduo, mas também as civilizações que, recolocadas no tempo geológico, mostram-se quase tão efêmeras quanto ele. O tempo é a única realidade e o presente faz parte do passado, a vida faz parte da morte. É o que impressiona Vincent Berger como uma revelação quando chega em Marselha após uma estada de vários anos no Oriente.

> Jogado a uma margem qualquer de nada ou de infinito, contemplava-lhe o confuso fluir – tão separado dele quanto daqueles que haviam passado, com suas angústias esquecidas e suas histórias perdidas, nas ruas das primeiras dinastias de Bactres e Babilônia, nos oásis dominados pelas Torres do Silêncio.

Malraux faz uso mais frequente e às vezes mais evidente de todos os processos de seu "estilo cósmico" já levantados. Na última parte do romance, o tanque desempenha o papel do avião em *A Esperança*; mas ele já não tem nenhuma arma de guerra: é unicamente a ferramenta do destino e um meio de transporte para fora do mundo presente.

> Apesar do estardalhaço das esteiras, parece-nos que resgatamos o silêncio: os tanques acabam de sair da estrada. Como o bote desencalhado da areia, como o avião que decola, entramos no nosso elemento: nossos músculos retesados pela vibração da blindagem, pela martelação sem fim das esteiras sobre as estrada, soltam-se, sintonizam-se coma paz do luar...

São agora apenas os "músculos" do homem, e não sua vontade de transformar o mundo, que se "sintonizam" com a natureza. Malraux desistiu de encontrar um sentido profundo para a aventura humana e não quer mais dar ouvidos ao chamado da felicidade experimentado por aqueles que escaparam da morte? Isso é terminantemente negado pelo autor numa nota que serve de introdução à edição francesa. Já que a "meditação metafísica" chega sempre à conclusão de que há um divórcio irremediável entre o finito e o infinito, não resta então nada além do *próprio movimento* que conduz o homem rumo a esse infinito inacessível onde poderia se situar o que Malraux chama de "a parte vitoriosa do homem". Esse empenho, sempre fracassado na esfera da ação, sai vencedor na esfera da arte que cria um mundo "em escala humana". Mas isso arrasta Malraux para fora da esfera da ação e do romance que imita sua gesticulação. *As Nogueiras do Altemburgo*, na medida em que fica limitado ao mundo da história, agora rejeitado por Malraux, é somente o negativo de uma *Weltanschauung* de que os ensaios de *Psicologia da Arte* constituem o positivo. O tom descontraído e sereno desse romance só se justifica quando se sabe que há um "alhures" onde Malraux, daí em diante, situa seu espírito. Certos temas da obra que está por vir já ficam, contudo, esboçados nas cenas que se desenrolam no Altemburgo. Walter Berger conta ao sobrinho que ao ouvir Nietzsche enlouquecido cantar seu último poema no trem que o levava ao hospital, descobriu que certas obras-primas resistem à vertigem do nada. E essa vitória da arte é obviamente uma desforra contra esse céu indiferente cuja evocação permitiu a Malraux, com tanta frequência, reduzir à insignificância o minúsculo universo do homem: "Naquele vagão, e algumas vezes posteriormente – estou dizendo só algumas vezes... – os milênios do céu estrelado me pareceram tão apagados pelo homem quanto nossos pobres destinos são apagados pelo céu estrelado".

capítulo 3
Valéry e Stendhal

O prefácio de Paul Valéry ao *Lucien Leuwen*, contido nas obras completas de Stendhal,[1] é demasiadamente rico para que uma primeira leitura consiga abarcá-lo plenamente. No mínimo três serão necessárias. A primeira revela um Stendhal que as confidências de Henry Brulard mal nos deixavam suspeitar.[2] A segunda nos faz depararmos com o Valéry de sempre e seu cortejo de temas favoritos. Por detrás da aparência de serenidade e de distanciamento, consegue-se detectar um outro tom, áspero e intenso, propício para despertar uma curiosidade que acreditava estar satisfeita. Uma terceira leitura faz-se então necessária, caso se queira levantar a questão das relações entre Stendhal e Valéry. As reflexões dela decorrentes estão reunidas no presente ensaio.[3]

O egotismo stendhaliano fundamenta-se na crença em dois tipos de Eu: o primeiro, o Eu social, é uma simples máscara com a qual

---

[1] "Stendhal". In: Œuvres *de Paul Valéry*. Paris, NRF, 1931, *Variété II* (1937), p. 105-43.
[2] René Girard refere-se à autobiografia de Stendhal, escrita entre novembro de 1835 e março de 1836, e deixada inacabada. O livro, póstumo, foi publicado em 1890, com o título *Vie de Henry Brulard*. O título alude ao nome verdadeiro de Stendhal: Marie-Henri Beyle. (N. T.)
[3] O autor não desconhece a existência do artigo de G. Turguet-Milnes, "Valéry and Stendhal", *French Studies*, IV, jan. 1951, p. 45-49. Contudo, o método empregado e o propósito que se colocam os dois estudos são muito diferentes. Por isso, ele não considerou necessário modificar um título que não implica, de maneira alguma, um questionamento dos resultados obtidos pelas pesquisas do sr. Turguet-Milnes.

cobrimos o rosto em nossos relacionamentos com os demais; essa ficção é muito facilmente confundida com o Eu natural, única expressão verídica de uma natureza que, mesmo que se perca todo o seu tempo e talento tentando combatê-la, não se consegue eliminar. Esse Eu natural, afirma Valéry, "não pode ser conhecido senão por aquelas de nossas reações que julgamos ou imaginamos primitivas e verdadeiramente espontâneas". Ele está convencido de que "para distinguir o que é natural do que é convencional, uma convenção é indispensável". Se Valéry estiver certo, as pretensões de Stendhal de revelar o mais íntimo de seu ser são vãs e o que o romancista realista chama de *verdadeiro* deve sempre fundamentar-se numa decisão arbitrária:

> O egotismo literário consiste (...) em trabalhar-se para ser um pouco mais o que se é *ao natural*; um pouco mais si mesmo do que o que se era alguns instantes antes de ter tido essa ideia. Dando aos seus impulsos ou impressões um comparsa conscientemente *maquiavélico* que, de tanto postergar, ficar à espreita de si mesmo, e sobretudo *fazer anotações*, vai se configurando cada vez mais e se *aperfeiçoa* de obra para obra, *segundo o próprio progresso da arte do escritor*, troca-se a si mesmo por um personagem fictício que imperceptivelmente se vai tomando por modelo.

Se Stendhal vira mentiroso por excesso de sinceridade, Valéry acredita-se sincero, pelo menos quanto ao reconhecimento de que a mentira é inevitável. "O verdadeiro, na arte, não é concebível", afirma ele. Se a arte é artifício, fabricação, mentira, é preciso haver, em algum lugar, uma verdade que não lhe seja acessível. Eis aí, de fato, o credo de Valéry. Os dois tipos de Eu que alega terem sido arbitrariamente distinguidos por Stendhal estão, para ele, confundidos no mesmo desprezo. Para além da "personalidade", do Eu "espontâneo" ou "natural", o indivíduo deve procurar no âmago de si próprio, o ser verdadeiro sobre o qual se fundam todas as aparências. O sr. Teste, o herói da juventude de Valéry, fez ir pelos ares as barreiras do Eu natural para atingir o Eu "puro" ou "absoluto". Ele bebe direto da fonte de sua liberdade e de todos os seus pensamentos. Só lhe importa daí para a frente seu próprio "funcionamento". Tudo o que diz respeito ao Eu inferior: paixões, ambições, amores, ódios, a própria arte; tudo de que é constituída, em suma, a existência dos demais homens o deixa na mais completa indiferença.

O prefácio a *Lucien Leuwen* nunca faz menção a esse homem extraordinário, mas não há uma única reflexão proposta por Valéry acerca de Stendhal que não possua uma contrapartida em algum detalhe do retrato do sr. Teste. Muito embora absolutamente nada pareça sugerir uma convergência, nem sequer a etiqueta de "individualista" que só deve recobrir, segundo Valéry, a determinação de tornar-se *único*. Se esse projeto fica discernível em Stendhal, é, ao que parece, em estado embrionário; a *vaidade*, isto é, o desejo de ser maior que os outros, estaria à frente, no teórico do egotismo, do *orgulho*, que se assume como *incomensurável*. O sr. Teste, pelo contrário, é todo orgulho já que ele "recusou-se a ser um grande homem". Logo, ele precisa, para não correr o risco de trair sua essência, não ter nada em comum com quem quer que seja. É necessário certificar-se apenas de que ele não tem nada em comum com Stendhal. Ora, isso é fácil de verificar, já que os dois personagens contestam um ao outro ponto por ponto.

Stendhal se quer original; por seu comportamento, seus modos e sua maneira de se expressar, ele se esforça para chamar sobre si a atenção de seus contemporâneo se da posteridade. O sr. Teste, por seu turno, nunca procura fazer-se notar e apresenta-se sob a aparência de um homem qualquer. Stendhal interessa-se por negócios e política, ao passo que o sr. Teste, fato inusitado para um especulador da bolsa, jamais abre um jornal. Vez por outra Stendhal sente compaixão por seu semelhante oprimido; não há nada no sr. Teste, garante-nos o confessor de sua mulher, "que esteja orientado para a caridade". O erotismo ocupa um lugar importante em Stendhal; sua existência e sua arte são profundamente afetados por suas relações amorosas. Já para o sr. Teste, ao contrário, o amor, nos casos mais favoráveis, não é mais que um passatempo ao qual não se deve dar nada de si. Stendhal se quer "sensível", "apaixonado", vulnerável frente a todos os golpes lançados contra ele; a solidão do sr. Teste mantém-se inviolável já que seu universo interior estende-se tão longe quanto sua visão e seu entendimento. Stendhal fala e escreve sem cessar; procura a salvação pela arte; o sr. Teste conserva-se de bom grado calado, escreve pouco e desconfia da arte. De *O Senhor Teste*[4] ao prefácio a *Lucien Leuwen*, escritos que estão separados por mais de um quarto de século, expressões quase idênticas mostram que Teste e Stendhal não são apenas diferentes, mas também contrários. Valéry descobre um Stendhal que lhe "lembra vagamente Polichinelo"; Teste, por seu lado, "quando falava (...) não erguia nunca o braço nem o dedo: ele havia *matado a marionete*".

Caso se trate aí de provar que esses dois universos intelectuais não apresentam interseções, o objetivo foi alcançado e até mesmo ultrapassado. Estamos convencidos a ponto de ver a partir de agora em Stendhal e no sr. Teste as duas metades simétricas e opostas do objeto *individualismo*. Mas como é que Teste poderia ter a pretensão de ser *incomensurável* se ele possui um oposto, Stendhal, com o qual ele não pode deixar de manter relações das mais estreitas? É dentro de, e por, sua oposição que os dois opostos se assemelham. O sr. Teste é a *antítese* de Stendhal.

Os dois momentos dessa dialética são veiculados por duas grandes correntes do pensamento moderno. O entusiasmo dos psicólogos positivistas, e de Taine, que tanto fez para "ressuscitar" Stendhal, era talvez mais fundamentado mas seu ponto de vista vem a calhar para um Valéry, sempre muito preocupado, ao que parece, em ressaltar as diferenças que o opõem ao seu autor. Ele enfatiza suas "pretensões ao positivo", seu racionalismo, seu respeito pela ciência

---

[4] Título do original francês: *La Soirée avec Monsieur Teste*. (N. T.)

e sua admiração pelo geômetra Lagrange. Quanto a nós, bastará que assinalemos que o Eu natural do egotista, como o dos psicólogos associacionistas, está mergulhado num mundo do qual ele não passa de uma ínfima parcela. Para Valéry, pelo contrário, não é mais o mundo que é primeiro, mas o Eu puro. Fonte de toda luz, que nada pode embaçar, esse Eu não é acessível à ciência, pois não haveria ciência sem ele. De fato, o conhecimento que se pode adquirir a seu respeito é de ordem mística; só se consegue conquistá-lo por uma verdadeira ascese. Esses dois mundos parecem muito diferentes, mas um não passa do avesso do outro. Basta, com efeito, que se mude o termo primeiro para deslocar-se do universo sonhado pela ciência ao solipsismo factual. Ou a natureza totalmente determinada será a única real ou será o pensamento do cientista que penetra nessa natureza de um extremo ao outro. Trata-se cada vez de um universo perfeitamente inteligível. Valéry não admite senão um único traço comum a Stendhal e a Teste, mas sua importância é capital: esse "hábito da mente que consiste em considerar como identicamente nulas as 'coisas vagas'". Esse traço comum é o eixo em torno do qual giram os dois sistemas individualistas. Que o ponto do pensamento seja a consciência ou o mundo, basta que se leve esse preconceito inicial até suas consequências lógicas extremas para eliminar, entre o sujeito, o mundo e os outros, essas relações ambíguas que constituem a verdadeira subjetividade. Entre um Eu social, que pertence a todo mundo, e um Eu natural, que fica difícil de conceber como sendo livre, não dá para ver como orgulho e vaidade podem se satisfazer no egotista. Do mesmo modo, entre seu Eu espontâneo, estupidamente gregário, e seu Eu puro, cuja potência absoluta saberia tolerar essa limitação que lhe imporia a presença de um outro Eu puro, não se sabe *quem* pode usufruir do orgulho de ser único. A pretexto de exaltar a subjetividade, Valéry e Stendhal se fecham em alternativas racionalistas que lhes são fatais.

A presença de todos esses tipos de Eu anônimos só se explica pelo propósito que se coloca o criador do sistema. O individualista não se interessa senão por *uma só* subjetividade, a sua, e é rebaixando todas as demais que ele acredita colocá-la ainda mais alto do que ela já está. O esquema abstrato dos dois tipos de Eu não passa da armadilha onde a subjetividade do outro vem cair.

O Eu inferior é, em ambos os casos, o único de que os outros dispõem. Ninguém, salvo o criador do sistema, goza plenamente de seu Eu superior. É a arma de que ele faz uso para humilhar o Eu inferior. Trata-se de provar a esses outros que eles ignoram a verdadeira existência: as paixões em Stendhal, uma contemplação próxima do êxtase místico em Valéry. O abismo que se cava entre os dois tipos de Eu não é nada além da distância, aliás muito real, que separa de todas as demais a subjetividade do individualista. Ao decidir que ele é o *único* capaz de transpor esse abismo, este último fica com a ilusão de ter rompido a reciprocidade dos relacionamentos entre ele próprio e os outros. Valéry, explicando em "Carta a um Amigo", as regras do jogo a que se dedica aqui, juntou numa mesma fórmula, com a essência comum a todos os sistemas "individualistas", o segredo de seu sucesso e de sua renovação. Falando dessas profissões "intelectuais" cujo "principal instrumento é a opinião que os outros têm de vocês", ele afirmava que aqueles que as exercem "fundam cada qual sua existência sobre a inexistência dos outros, mas a quem deve-se arrancar seu consentimento de que não existem".

O outro fica então reduzido a um Eu inferior que, em sua fraqueza, não pode conhecer o Eu superior que o nega. Logo, os dois tipos de Eu não deveriam jamais estar presentes juntos. O orgulho, entretanto, não pode advir do Eu puro sozinho, que nem sequer desconfia da existência dos outros; esse Eu não é solipsista já que ele é sozinho; ele só pode descobrir-se como único *comparando-se* com o Eu inferior reproduzido em uma infinidade de exemplares. Da mesma forma, a obra em prosa de Valéry não diz respeito apenas ao Eu inferior, já que ela nos fala sem cessar, diretamente ou por alusões, de uma revelação que ultrapassa seus fracos poderes, mas ela tampouco provém do Eu puro sozinho, pois é obrigada a reconhecer a existência do outro a quem ela se dirige. A subjetividade orgulhosa, aquela que descreve as obras de arte solipsistas, escapa ao sistema que ela estabelece, pois exige a presença simultânea de ambos os tipos de Eu, ou melhor, o *deslizamento perpétuo de um para o outro*. É a essa exigência que corresponde, em *O Senhor Teste*, esse personagem do narrador, ainda mais extraordinário que o herói, já que se encontra próximo o bastante da verdadeira luz para reenviar-nos alguns de seus raios, sem contudo estar libertado, a própria obra o comprova, das fúteis preocupações com a comunicação e a obra de arte. A obra de Stendhal manifesta a mesma ambiguidade. O Eu social, por exemplo, nos fala com frequência das relações mundanas do autor ou de seus problemas financeiros. Isso não impede que o Eu natural se escandalize quando descobre que problemas tão irrisórios quanto esses formem a trama da existência de outros. O individualista não vê contradição alguma no fato de ele recusar a todos os demais aquilo que dá a si mesmo. Ninguém, seguramente, pode recusar-lhe o direito de transitar de um Eu ao outro, ou contestar a realidade desse trânsito visto que, para estabelecer esses dois tipos distintos de Eu, *é certamente preciso ter medido a distância que os separa*. Mas o individualista faz jogo duplo e nunca põe obstáculos à salvação do indivíduo sem que os tenha, *a priori*, superado ele próprio. O sistema em seu todo, por mais autêntica que seja a experiência de seu criador, aparece forçosamente como sendo arbitrário aos olhos de um observador de fora. É exatamente aquilo que Valéry, nos trechos do prefácio de *Lucien Leuwen* citados no início deste artigo, tão brilhantemente demonstrava acerca de Stendhal. Só uma convenção que ele próprio definiu pode distinguir no egotista o que está ligado a um ou ao outro Eu.

Valéry talvez pense estar fora do alcance de uma crítica dessa ordem. Os dois tipos de Eu, nele, são fáceis de distinguir, já que entrega tudo, ou quase, ao primeiro e faz do outro um nada. "Tirem tudo para que eu enxergue", escreve em seu *"Log-book"*, um Teste cujo Eu puro se esgueira infinitamente e não se deixará nem ver nem conceber, sendo ele a fonte de toda objetividade. É sobre essa posição que aparenta ser impossível de assumir que Valéry constrói seu dogmatismo. Mas se esse Eu não é senão uma "ausência", essa ausência permanece "divina". Que se faça dela, juntamente com Sartre, um verdadeiro *nada*, que se confunda o ser do homem com seu fazer, e a distinção de Valéry entre ser e parecer revela-se tão arbitrária quanto a de Stendhal entre natureza e cultura. O ponto de vista de Sartre, quaisquer que sejam seus méritos quanto ao restante, garante ao crítico de Valéry uma posição comparável àquela que o próprio Valéry ocupava frente a Stendhal. Trata-se apenas, aqui, de mostrar que as duas doutrinas são igualmente *vulneráveis*, e que ambas o são pelas mesmas razões, pois a segunda é o avesso da primeira. Se o verdadeiro que Stendhal procura tem por base a crença num absoluto acessível à introspecção e transferível à obra de arte, o artificial de Valéry tem por base a crença num absoluto a que a obra de arte deve deixar de ter pretensões. Eliminemos todo e qualquer absoluto, e a pretensão de um em parecer falso se torna tão vã quanto a pretensão do outro em parecer verdadeiro. Se é possível discernir em Stendhal um "certo cálculo", Valéry já não está fora de suspeita. Se o primeiro é "três ou quatro vezes verdadeiro demais", o segundo é três ou quatro vezes fabricado demais. Stendhal mente por excesso de sinceridade, mas Valéry esforça-se em esconder que não pode mentir sempre. Stendhal quer fazer com que se acredite que sua obra reproduz uma verdade que preexiste a ela; Valéry recusa-se a admitir que sua única verdade reside na obra feita. Certas consequências idênticas decorrem dessas duas atitudes. O Eu que Stendhal alcança com tanta facilidade não é livre, pois uma paixão cujos efeitos são passíveis de ser controlados não é mais uma paixão; o Eu que Valéry se mata para alcançar é, pelo contrário, o único livre. Porém, num e noutro caso, ninguém jamais é *responsável*. O individualista bem sabe que ele não pode quebrar a reciprocidade absoluta dos relacionamentos com outros; ele toma suas precauções contra um revide ofensivo: que seja sempre ele mesmo ou não o seja nunca, não dando margem a que um possível adversário o atinja.

A teologia negativa do Eu que Valéry substituiu ao egotismo talvez saia vencedora sobre a fé rival do ponto de vista da sutileza, mas ela não liberta da história, não garante qualquer transição do finito ao infinito. A comparação entre Stendhal e o sr. Teste mostra que a "recusa de ser o que quer que seja" é primeiramente uma recusa de seres bem determinados, tais como Stendhal, e permanece tão determinada quanto esses.

Valéry teria boas respostas para tais objeções. Nossa análise não fica isenta de pressupostos. Ela confere à crítica literária um valor objetivo, recusado pelo autor do prefácio de *Lucien Leuwen*. Mesmo que não se compartilhe dela, deve-se levar em conta uma desconfiança que vai sem dúvida bem além do âmbito da simples constatação. O estudo sobre Stendhal remete constantemente ao sr. Teste, mas a crítica, do ponto de vista de Valéry, não passa de um pretexto para retomar os temas de sempre. Se essa crítica é constituída de oposições brutais, não é que seu autor seja incapaz de certas nuanças, ou que o assunto desenvolvido não as comporte, é antes porque o escritor comentado serve apenas como pretexto. Há, pois, uma grande probabilidade de que o Stendhal que Valéry nos oferece não seja o *verdadeiro*. O criador do sr. Teste, esse inimigo do teatro, fez, de seus ensaios, dramas tão articulados que até o leitor menos atento jamais confundirá os bons e os maus. Os primeiros, Descartes e Da Vinci, assemelham-se tanto ao sr. Teste que ninguém sequer cogita pedir-lhes para serem verdadeiros. Stendhal, assim como Pascal, está entre os segundos, e não é impossível que se o tenha retalhado para que coubesse nesse papel ingrato. Ademais, não esqueçamos que se o verdadeiro Stendhal antecede em meio século o sr. Teste, o do prefácio de *Lucien Leuwen* vem trinta anos depois. Talvez a dialética, cujas etapas reconstituímos, desenrole-se inteiramente no pensamento de Valéry e em sentido contrário ao que lhe impusemos. Consequentemente, o Stendhal de 1926 seria apenas um anti-Teste fabricado em função das exigências do momento, um modelo para não se imitar em prol da formação dos verdadeiros individualistas. Seria ridículo confrontar Valéry e um Stendhal que ele próprio inventou.

O certo é que o crítico toma grandes liberdades com Stendhal; ele o apanha, por exemplo, fora de qualquer contexto histórico. O cenário fica, mas a substância se foi. Vemos Stendhal agitar-se no "tempo das primeiras locomotivas e das últimas diligências", porém, nesse universo, onde o progresso técnico começa a se precipitar, só as ideias, ao que parece, não se transmitem; as de Stendhal serão todas vistas como perfeitamente *originais*. Valéry não recusa ao autor criticado nada do que ele concede a Da Vinci ou ao sr. Teste; também ele não "dependerá senão dele próprio". O sr. Teste, como se sabe, simplesmente rejeitou "as opiniões e os costumes que nascem da vida em comum e de nossas relações com os outros homens". Ele nunca se pergunta se a distinção entre o coletivo e o individual não se baseia numa convenção análoga à que fundamenta a relação entre natureza e cultura, mas pouco importa, é o que se dirá, já que a balança está com os pratos equilibrados. No fundo, a história foi suspensa em cada um dos dois lados: os dois adversários, Stendhal e o sr. Teste, medem-se em campo fechado.

Muito pelo contrário, importa bastante: o que permanece um privilégio no caso do sr. Teste, nosso contemporâneo, ou quase isso, torna-se servidão para um Stendhal que já completou um século de idade. A dívida que o primeiro pode ter com a coletividade passará despercebida para um público que, por definição, partilha "os costumes que nascem da vida em comum". A subjetividade do herói de Valéry incha-se apenas de presente histórico, de valores sem dúvida vivos demais para serem percebidos sem ajuda, mas que seriam defendidos, se fosse o caso, com energia tanto maior que eles garantem essa convicção de *dever tudo de si somente a si próprio* – efeito que torna o leitor parecido com o sr. Teste. Stendhal, em contrapartida, está sobrecarregado com um fardo enorme de valores mortos e preconceitos abolidos. Isso fica bem evidenciado quando Valéry trata de seus sentimentos por Napoleão ou pelo clero. Ele firma com o público uma cumplicidade que parece excluir *só* Stendhal, muito embora nem um único francês da Restauração pudesse ter compreendido o sentido das piscadelas que são prodigalizadas para os leitores atuais.

Valéry e seu universo intelectual estão alheios à mitologia napoleônica. Não o repreenderíamos por assinalá-lo se ele apresentasse as reações de um leitor do século XX frente a um Stendhal que considerasse ultrapassado. Mas Valéry julga, e é no intemporal que se fica mais à vontade para julgar. Por sinal isso não impede de recorrer à história e às suas fatalidades quando corroboram o que se está dizendo. "Beyle felizmente herdara do século em que nascera o inestimável dom da vivacidade (...)". É, decerto, mera retórica, mas é evidentemente para fazer chegar até Stendhal esse caráter de insignificância que, segundo ele, está vinculado a tudo o que pensou e escreveu Voltaire, que Valéry se esforça em associar o autor de *A Cartuxa de Parma* ao de *Candide* e *Zadig*. Eis aí dois sujeitos, parece dizer aos iniciados, que vamos juntar para que fiquem felizes. Simulando aceitar com muito custo um ponto de vista tão diferente do seu, ele enumera as vantagens da aliança que cogita: "Stendhal, amador de ópera bufa, devia adorar os romances curtos de Voltaire, para todo o sempre maravilhas de presteza, atividade e desvairada fantasia". Henry Brulard recusa-se a ser forçado; seu ponto de vista acerca de Voltaire afinal de contas não é tão diferente do de Valéry: "... até onde consigo me lembrar, os escritos de Voltaire sempre me desagradaram soberbamente, pareciam-me criancice. Posso dizer que nada desse grande homem jamais me agradou".[5]

Finalmente, Valéry reduz sua vítima ao silêncio com o esforço de levar sua posteridade a ser tragada nas areias do *vaudeville* e da opereta. A essa altura, o crítico pressente que o leitor está chocado. Ele se engana apenas quanto ao que suscita essa comoção. Não é o atrevimento do demolidor de ídolos literários que a provoca, mas essa confiança de repente devolvida ao pensamento causal que é requerido, entretanto, pela *aparência* – esse escrúpulo é compreensível – do capricho: "As filiações e os parentescos que não são surpreendentes, não são reais".

O Stendhal que tem que enfrentar o sr. Teste em condições tão desfavoráveis nem por isso deixa de estar bem vivo. A golpes de

---

[5] *Vie de Henry Brulard.* Paris, Éditions Honoré Champion, 1913, t. I, p. 34. O mesmo trecho se encontra em *Œuvres Complètes* de Stendhal. Paris, Gallimard, 1982, t. II, p. 553.

observações ferozes, Valéry faz surgir um indivíduo que talvez não seja o *verdadeiro* Stendhal – se é que ele nos é acessível –, mas que não é, entretanto, pura invenção, já que o *reconhecemos*:

> Beyle continha em si uma boa dúzia de personagens, o dândi, o homem calculista e frio, o conhecedor de belas-artes, o soldado de 1812, o amante do amor, o político e o historiador (...). Ele carrega em sua mala, como um ator em turnê, suas perucas, barbas e roupagem, seu *Bombet*, seu *Brulard*, seu *Dominique*, seu mercador de ferragens (...). Em *Memórias de um Turista*, caracterizado como um rico comerciante que viaja a negócios, ele fala como se fala nos meios públicos, faz-se de economista, expõe seus pontos de vista administrativos, critica e reformula o projeto do traçado das futuras estradas de ferro. Ele se diverte assustando-se com a espionagem da polícia, desconfia dos correios, emprega linguagem cifrada e sinais de uma transparência que seria cômica se seus temores não fossem fingidos e propositais.

Esse Stendhal não pode ser o negativo do indivíduo já sem consistência que é o sr. Teste. Valéry não o imaginou, mas topou de frente com ele; é contra ele e, por conseguinte, é em parte por meio dele que criou seu herói. É hora de fazer esse escritor tão hábil cair na cilada de seu próprio talento; uma porta de saída fica-lhe então interditada, mas há uma outra pela qual com certeza ele pensa escapar.

Até agora identificou-se Valéry com Teste sem pedir ao último que apresentasse suas credenciais. Ora, Valéry admite ter mudado desde o tempo em que lia "sofregamente" *Lucien Leuwen*. Fora nos idos de 1894, ano que antecedeu o da publicação de *O Senhor Teste*: "As intrigas, os acontecimentos não me importavam. Eu só me interessava pelo sistema vivo com o qual todo acontecimento está relacionado, a organização e as reações de algum homem". O sistema, é certo que o autor de *O Senhor Teste* devia ter desmontado todos os seus mecanismos para estar habilitado a edificar seu contrário. É praticamente confessar que Stendhal serviu de guia negativo. Não duvidemos de que Valéry foi um desses leitores "não conformistas" que perpetuam o espírito de Stendhal muito melhor do que o beylismo ao mandá-lo "para o diabo".[6] E talvez ele volte agora para o sr. Teste um olhar tão "divertido" quanto aquele com que percorre a *Vida de Henry Brulard*. Nesse desprezo pelas "coisas vagas" que Stendhal partilha com seu herói, o crítico reconhece uma "preciosa, mas temível qualidade". Um exame mais aprofundado de seu ensaio revelaria decerto que ele nunca pensa em renegar um parentesco para o qual chama, claramente, a atenção do leitor. Assim, o sentido desse texto escaparia na própria medida que o autor só faz seguir a linha de nosso próprio pensamento. Certas posições da juventude, longe de ficar confirmadas, desabam talvez sob a condenação impingida a Stendhal. Uma vez que o sr. Teste nunca é mencionado, não dá para saber se Valéry se posiciona na perspectiva da antítese ou na perspectiva da síntese. Ele se declara sempre "encantado" pelas características que deveriam repugnar profundamente seu herói. Seguramente ele zomba de seus leitores, mas resta ainda saber com que finalidade. Será que essa constância de humor é um requisito do gênero prefácio, prescrito pela regras absurdas, mas salutares do exercício literário, ou deve-se, pelo contrário, ver aí uma comprovação de um real desprendimento? Quanto mais se refletir sobre certas formulações, mais hesita-se em definir o campo em que se deve aplicá-las. A burrice não é o forte de Valéry, como bem se sabe, e ele não pode deixar de estar ciente do impulso que injeta nas reflexões do leitor ao escrever: "É uma lei da natureza que só é possível defender-se de uma afetação por uma outra".

---

[6] "Beylisme" foi um movimento, cujos membros eram denominados "Beylistes" ou "Stendhaliens", consagrado à veneração da obra e, sobretudo, da vida de Stendhal. (N. T.)

O sr. Teste permanece, pois, presente, mas não se vê mais com nitidez qual o seu papel ao lado de Stendhal: adversário ou cúmplice, juiz supremo ou acusado como este. Nessa comédia intelectual, um terceiro personagem surgiu, o próprio Valéry, e a questão de suas relações com os dois primeiros parece extraordinariamente complexa.

Notemos, primeiro – o trecho da "Carta a um Amigo" citado anteriormente serve de testemunho –, que Valéry não esperou o prefácio de *Lucien Leuwen* para considerar o sr. Teste com algum recuo e até certa ironia. O sr. Teste empreendeu a tarefa paradoxal de expressar o inexprimível mas o fracasso estava previsto. Esse personagem permanece uma criação literária. A obra de arte não é sempre artificial, mentirosa, unicamente preocupada em seduzir o leitor? Pode-se então confrontar o sr. Teste com Stendhal sem com isso envolver o indivíduo Valéry e tampouco, quem sabe, a essência do valerismo. O prefácio de *Lucien Leuwen* não é nem mais nem menos ambíguo nesse aspecto que o prefácio de *O Senhor Teste*. Sem nunca apartar-se de sua obra, Valéry não deixa de fechar as portas com uma sutil averbação de improcedência àqueles que gostariam de usá-la contra ele. Ele recorda que qualquer aproximação entre Stendhal e ele próprio não pode ser efetivada senão no campo da arte, isto é, do Eu inferior. Pouco lhe importa essa "lei da natureza" que leva o sr. Teste a pegar sempre a contramão de tudo o que faz Henri Beyle. Só lhe interessa o momento em que as leis já não estão em vigor. E é bom não achar que se possa pegá-lo desprevenido ao retornar a Valéry, por parte de Stendhal, esse privilégio de imunidade que exige para si mesmo. Ele adiantou-se; o verdadeiro Stendhal permanece intacto, como o afirma no fim de seu prefácio: "ele é demasiadamente ele mesmo de um modo particular para ser redutível a um escritor".

Mas não será fácil reconhecer esse recinto sagrado que Valéry ergue agora em torno de sua vítima quando, alguns instantes mais cedo, lia-se nas entrelinhas da obra e descobria-se uma "ambição desesperada" por trás de uma "comédia de sinceridade". Estava-se, então, opondo a vaidade ao orgulho, o projeto de ser grande homem ao de ser incomensurável. Pensava-se ingenuamente aprender algo de essencial acerca de Stendhal. É, como se percebe, depois de ter feito uso dele que Valéry questiona o valor de seu instrumental crítico. Queremos de bom grado crer, doravante, que as descobertas "psicológicas" acessíveis à reflexão objetiva sejam verdades de *segundo plano*, mas Valéry é malquisto quando recrimina Stendhal por recorrer a elas como suas provedoras, censurando assim no autor criticado um gosto que sua própria crítica está destinada a satisfazer. São, com efeito, verdades bastante stendhalianas, essa "ambição" e essa "comédia" a que ele se digna a dedicar esse trabalho. A conclusão é inevitável: o Valéry que recrimina Stendhal, por seu gosto pela psicologia, não é o mesmo que o cultiva; aquele que despreza a história, tampouco é o mesmo que a desvia em proveito próprio. Entende-se agora o interesse existente nessas relações ambíguas que Valéry mantém com sua obra. Ele pode trajar-se como o sr. Teste, quando lhe convier, disfarçar-se depois de literato ou de crítico literário. Tal qual Stendhal, ele desempenha vários personagens ao mesmo tempo; é a crítica que perde tempo em revelar um Stendhal mais verdadeiro do que aquele que Henri Beyle colocou na sua obra – o sr. Teste desdenha desses passatempos impuros. Não há nada aí que deva surpreender. Estamos apenas averiguando num caso concreto essa escorregadela permanente de um Eu ao outro pela qual havíamos definido o "individualismo".

Então já não permitiremos que nos desnorteiem. Qualquer que seja a habilidade de suas manobras e a rapidez com que muda de frente, sabemos que Valéry não pode atacar Stendhal sem expor-se, ele próprio, aos golpes, e que não estará pessoalmente resguardado enquanto o inimigo permanecer vulnerável. Ele não pode esconder essa verdade de *segundo plano* de que dois ilustres antecedentes nos autorizam a tomar nota: a passagem de um sistema ao outro, a reviravolta do credo egotista não afetam a essência do individualismo literário. Não se trata aqui de reduzir Stendhal e Valéry a uma fascinação diante de outros que não poderiam dar conta de suas obras, mas de mostrar que os sistemas defensivos suscitados por esse fascínio comum estão muito próximos um do outro quanto ao fato de que não retêm maneiras de pensar opostas senão o que pode servir a um fim idêntico. Valéry sabe-se portador de uma fraternidade secreta com um autor de resto tão diferente dele; sua perspicácia para descobrir os pontos fracos trai a existência daquele que Claude-Edmond Magny tão acertadamente chamou de "compadre" de Stendhal.[7] Valéry mesmo chega a ler o esforço e a dissimulação no amor que Henri Beyle tem por essa pintura que ele próprio considera apenas uma *arte de segundo plano*! É essa exasperante intimidade que transforma Stendhal nesse *outro,* sobre a inexistência do qual Valéry tem que fundar sua própria existência. Dogmática sob sua aparência jovial, profundamente injusta por trás dos elogios exigidos pelo gênero, o prefácio a *Lucien Leuwen* constitui uma destruição simbólica de Stendhal e de sua obra. Não se deve procurar aqui os frutos de uma crítica serena. De fato, é outra coisa que torna esse texto precioso: Valéry joga uma partida difícil com um adversário que não ignora nenhum de seus truques.

---

[7] Claude-Edmond Magny, *Histoire du Roman Français depuis 1918.* Paris, Éditions du Seuil, 1950, p. 175.

capítulo 4
aonde vai o romance?

Ao chegar a um determinado ponto de sua evolução estilística, certos autores, ao que parece, devem enterrar quer o romancista que foram, quer o escritor que se tornaram. Saint-Exupéry, antes de morrer, somente pensava em *A Cidadela*, e Malraux, quando se voltou para *As Vozes do Silêncio*, ambos escolheram a primeira solução. Nesses escritores, não há ruptura entre o romance e o ensaio que lhe sucede. É uma mesma visão, são ideias no mínimo já esboçadas que se livram de sua casca romanesca, expressam-se sistematicamente, sem a mediação de personagens fictícios. O romance morre de morte natural. Por que Malraux inventaria ainda mais cenas de violência, erotismo e morte? Dali por diante, os objetos reais, e singularmente as obras de arte, tomam esse gosto de violência, erotismo e morte que se incorporou em seu estilo.

Jean Giono, em contrapartida, escolheu a segunda solução. Ele renuncia a si próprio, para não renunciar ao romance. Seu primeiro estilo romanesco evoluía rapidamente em direção ao poema em prosa. Giono se suicida estilisticamente. Nos cinco volumes de *Crônicas,* é um escritor novo que fala, um jovem escritor que está à procura de modelos para si e que imita Stendhal. Apesar do sucesso de *O Hussardo no Telhado,* aparentemente há um certo silêncio em torno de sua obra.

Também Sartre deixou o romance para trás. Após *A Náusea*, o fluxo básico de sua obra se desloca para o ensaio filosófico, para o teatro.

Em *O Ser e o Nada*, a visão de Roquentin fica fechada, codificada, sistematizada.[1] Todavia Sartre não desiste nem de si mesmo, nem do romance. Eis aí uma terceira solução. Mas daí em diante o romance sartriano é totalmente fabricado; não corresponde mais a uma exigência pessoal, só a uma preocupação pedagógica.

Ao apoiar-se em personagens às vezes sujeitos, às vezes objetos, nunca ambas as coisas ao mesmo tempo, Sartre não visa à verossimilhança. Ele não formula uma regra das três unidades romanescas. Respeitar a liberdade dos personagens não é deixá-los entregues a si mesmos, o que não quer dizer absolutamente nada, e sim não interrompê-los nunca enquanto eles apresentam seu ponto de vista. O romancista não pode renunciar a ser Deus, já que cria seus personagens, mas ele não será mais esse deus cúmplice que abre a cada leitor as portas de seu paraíso ao associá-lo ao exercício de sua onipotência. Como é que o leitor de Stendhal se reconheceria em Valenod ou em Rénal já que, por mais semelhante que seja a esses personagens, é ele, em suma, que desmonta e remonta, sem a menor dificuldade, seu mecanismo de imbecil ou hipócrita?

Em vez de nos alertar enfaticamente que não se deve simpatizar com eles, Sartre, deus longínquo e jansenista, mostra seus personagens de má-fé, seja do interior, seja do exterior, pelos olhos de outros personagens. É uma cilada que ele arma: nossa própria má-fé vai se pautar pela do herói; quando nos tivermos identificado com este último, o Outro surge em seu lugar, instalado num universo diferente, mas que é igualmente justificado aos seus próprios olhos, tão tranquilizado quanto estávamos há pouco. E nossa má-fé nos será talvez revelada juntamente com a dos personagens. O principal objetivo é a psicanálise existencial do leitor, uma psicanálise por analogia, atrevo-me a dizer.

---

[1] Alusão ao personagem Antoine Roquentin, de *A Náusea* (1938), romance de Jean-Paul Sartre (1905-1980). (N. T.)

Malraux, Saint-Exupéry, Sartre, cada um a seu modo, não estarão dando razão àqueles que têm o romance por um gênero inferior? Um Valéry e, nos dias de hoje, um Cioran, quando manifestam abertamente seu desprezo pelo romance, só estão dando continuidade a uma tradição milenar. O termo em si lembra essa inferioridade: o *romance* é o que se escreve em língua vulgar, esse patoá desdenhado pelos clérigos. É o gênero em que a literatura está o mais afastada possível de sua preciosa essência; ele até pode, na melhor das hipóteses, nos aproximar um pouco dela, como veículo do romancista no caso de um Malraux ou de um Saint-Exupéry, que o abandonam tão logo tenham chegado ao domínio de si e de sua arte. O romance pode ser também veículo do leitor, no caso de Sartre, que se estabelece no nível da recepção para conduzir, paulatinamente, o leitor rumo a uma verdade cuja expressão didática talvez lhe escapasse. Isso também não é novidade. O patoá romance serviu primeiro aos pregadores, cujo rebanho não compreendia mais o latim. Os primeiros romances foram romances de tese.

A distinção entre obra didática e não didática, entre o veículo do autor e o do leitor, por sinal não é muito nítida. Um Marcel Jouhandeau, um Jean Genet, em suas obras da maturidade, defendem muito conscientemente essa ética e essa estética invertidas que apenas ficavam implícitas em seus primeiros romances. O Genet de *Diário de um Ladrão*, por exemplo, respaldado não apenas por seus romances anteriores, mas também pela psicanálise sartriana, sabe perfeitamente que recorre à homossexualidade e ao assalto por arrombamento para subverter o universo moral do leitor. Deve-se falar de romance de tese cada vez que um romancista atinge um certo grau de consciência em sua arte?

Em que momento um escritor deixa de calar-se e passa a fazer romances? Devem ser considerados romances de tese os que defendem ideias organizadas que configuram ideologias? Já conhecemos essas ideias, mas quem pode provar que o autor, por sua vez, não esteja reinventando-as? Alguns veem em *A Peste* de Camus um romance de tese. Mas nesse caso por que poupar *O*

Estrangeiro, cujo conteúdo intelectual reaparece inalterado em *O Mito de Sísifo*?

A distinção fica tanto mais difícil que o herói do romance contemporâneo vive, de certa forma, sempre a mesma aventura. Vale dizer, os detalhes diferem, a estrutura permanece idêntica: é a queda e redenção da qual Raskolnikov, de Dostoiévski, talvez ofereça o exemplo mais claro. Que o romance defenda ideias prontas ou que ele ajude o romancista a aprontá-las, o herói é sempre o código de acesso a uma transcendência, a do próprio romancista, ou a que ele quer sugerir ao seu leitor. Rejeitado pelo mundo, o herói acaba querendo seu exílio, pois o mundo dos homens se revela eticamente e esteticamente falso; o sentido da experiência se inverte quando o herói penetra num mundo mais verdadeiro, mais escondido, que esclarece por contraste o mundo falso, o mundo por demais real das multidões. Esse esquema subsiste mesmo quando o romancista está a serviço de uma ideologia consagrada e triunfante. O romancista joga com a distinção entre a letra e o espírito. Os heróis pecadores de Mauriac e Bernanos testemunham a verdade católica frente a católicos saciados e sossegados que os rejeitam e os condenam.

É quase que exclusivamente nos romances comunistas que a redenção fica acompanhada ou até é substituída por uma reabilitação efetiva aos olhos do mundo. Perseguidos pelos reacionários ou pelos maus comunistas que detêm, mas nunca por muito tempo, as rédeas do poder, os bons militantes acabam sempre indo à desforra. O *happy ending* é de praxe: um Aragon, um Garaudy, um André Stil não querem destruir em seus leitores a crença numa sociedade melhor.

O propósito de Sartre é um pouco parecido, mas o autor de *Os Caminhos da Liberdade* não levou seu herói, Mathieu, até o fim de seu percurso. Sartre interrompe-se no momento em que a redenção esperada vai tornar-se realidade. Será que se deve ver aí alguma incapacidade básica? Eu tenderia mais a ler essa renúncia ao gênero como uma falta de confiança no romance, até mesmo no romance sartriano – por parte de Sartre, está claro. Deem ao leitor um personagem *autêntico* e sua má-fé conseguirá sempre fazer dessa autenticidade um escudo a mais. Um moralista de verdade é sempre pessimista demais para criar personagens virtuosos. Simone de Beauvoir foi mais adiante com a Françoise de *A Convidada* e, sobretudo, com o Blomard de *O Sangue dos Outros*. Contudo, é preciso dizê-lo, é sempre por meio daquilo que constitui um crime para a maioria dos homens que ocorre a transição da má-fé à autêntica moral. Simone de Beauvoir não é particularmente sanguinária, mas faz questão de ressaltar a incompatibilidade existente entre a essência de sua moral e a das morais aceitas, que, segundo ela, são as morais da mentira.

A renúncia de Sartre e as precauções de Simone de Beauvoir revelam a tendência fundamental do romance contemporâneo: a recusa da consciência limpa e da tranquilidade moral. A partir de um determinado grau de tensão ética – de ressentimento, diriam certos críticos maliciosos –, o herói não transforma mais sua desgraça em triunfo *exterior*. Só sua desgraça é um triunfo, invisível aos olhos de um mundo intrinsecamente mau, de um mundo com o qual nenhuma reconciliação, nenhum acordo, é cabível. E, em nossos dias, não é mais só a velha felicidade, mas toda verdade, toda certeza que se tornam mentirosas. O esmagamento é a única forma de salvação; quanto mais completa, mais radical será o repúdio a um mundo e uma condição perfeitamente intoleráveis.

Até onde pode chegar essa ascese? Não se irá muito mais longe do que Samuel Beckett em *O Inominável*. Desprovido dos braços e das pernas, o herói, verdadeiro tronco vivo, é colocado à entrada de um restaurante, num barril de onde apenas os olhos ficam de fora. Chega o frio e a proprietária condoída joga uma lona por cima do barril. Humor, tragédia? A leitura da obra deve levar ao paroxismo da impotência e do medo de que o Inominável, justamente, tem a vivência, a única autêntica aos olhos do autor. Todo o restante é mentira e ilusão. Sorrimos, mas o Inominável é o último elo de uma corrente que passa pela guilhotina de Julien Sorel e sua meditação de prisioneiro, pelo arsênico de Emma Bovary, a epilepsia do príncipe Miuchkine, a morte do Estrangeiro de Camus.

Essa ascese tem ainda um aspecto positivo? É a Maurice Blanchot que a pergunta deve ser dirigida. Os Heróis de *Tomás o Obscuro, Aminadab, Pena de Morte* e *O Altíssimo*[2] são, todos eles, propensos à apreensão da existência "pura", isto é, de uma presença que não é presença de um sujeito determinado, nem uma presença a objetos determinados, mas presença de tudo que está aí, presença que não pode cessar, consciência absoluta que lembra, só que mais fosco, mais cinzento, sem alegria nem vontade, o Eu puro de Valéry.

Se a ausência de verdade pronta constitui, em Sartre, uma nova verdade, o sentimento de existência, em Blanchot, é experimentado como um fato e não pode iluminar o mundo falso dos homens contrapondo-lhe sua verdade. Com o contraste entre mundo falso e mundo verdadeiro conquistado ao primeiro, é toda a profundidade do romance chamado de realista que vai desaparecer. Esse romance novo, que às vezes recebe o nome de metafísico, tende, como observou o crítico Bernard Dort, à *dimensão única*. Significa que a aventura romanesca, sempre renovável como a dos heróis de Kafka, constitui tanto a ascese, que nunca nos livra totalmente do passado, como o esforço sempre vão para reconstruir sobre novas bases. O herói não ganha nada, aqui, por não estar fisicamente paralisado como o está o Inominável. Ele vagueia em corredores de hospitais, antecâmaras de prisões ou de tribunais; perde-se à noite em cidades desertas, mas jamais chega a parte alguma, jamais encontra verdadeiramente alguém.

Essa busca que não chega a nada pode ser encontrada em muitos romancistas provenientes de todos os pontos do horizonte literário, tão diferentes, por vezes, de Blanchot e de Beckett quanto este, com sua truculência desesperada pode sê-lo daquele. Aos procedimentos já mencionados anteriormente, associam-se algumas vezes velhas receitas surrealistas, como nos romances de Julien Gracq, sobretudo em *A Costa das Sirtes*; alguns de seus recursos definem

---

[2] No original: *Thomas l'Obscur, Aminadab, L'Arrêt de Mort* e *Le Très-Haut*. (N. T.)

o que Jean Cayrol, o autor de *Viverei o Amor dos Outros*,[3] chama de "romanesco lazareano"; eles tendem para a alegoria na obra de Noël Delvaux; tingem-se de brutalidade e de erotismo numa quantidade espantosa de obras editadas desde a guerra. Essas obras integrariam um traço ligando, sem solução de continuidade, o romance metafísico às reportagens mais realistas sobre o universo dos campos de concentração.

Se essa forma romanesca é o desfecho lógico de certas tendências do romance clássico, o propósito de levar essas tendências ao seu termo está ligado, bem o vemos, à experiência contemporânea. Em certos romancistas, Blanchot sobretudo, o romance metafísico corresponde a uma tramitação real do espírito e da sensibilidade: o romance, finalmente consciente de ser um veículo, se quer inteiramente veículo; se tem inclinação para a imobilidade, é à força de movimento; se nega toda e qualquer profundidade, é de tanto se aprofundar. Mas esse romance "de uma só dimensão", exatamente por não ter mais profundidade, por não criar distância alguma entre o escritor e sua realidade, por recusar qualquer interpretação, qualquer elaboração, pode virar também o romance da facilidade. Assim como, ao chegar a um determinado grau de frenesi, o maior dos místicos se iguala ao pior dos hereges e o pecado torna a ser amável pela humilhação benéfica que ele proporciona – tema favorito do romancista Jouhandeau –, também a mais intensa ascese romanesca se iguala à ausência total de ascese, à incapacidade de criar profundeza, em uma palavra, à mediocridade. A escritura dita *branca* descarta todos os recursos da língua, empobrece vocabulário e sintaxe; enquanto heroica recusa do estilo, ela se torna rapidamente a máscara ideal da insignificância. É tão fácil de se imitar que já é a mais banal das escrituras.

Consequentemente, o romance metafísico não é viável; não mais do que o romance realista, e pelas mesmas razões. Ele procura destruir

---

[3] No original: *Je Vivrai l'Amour des Autres*. (N. T.)

o objeto ao passo que o naturalismo procurava eliminar o sujeito. Como este último, ele nos parecerá em breve incapaz de atingir a experiência concreta, ao mesmo tempo subjetiva e objetiva, sempre ambígua. Se ela não fosse assim, a experiência seria ou idêntica para todos, ou, pelo contrário, incomunicável, e o ato de escrever não faria sentido algum. Fica-se autorizado a crer que o ato de escrever não faz sentido, mas é impossível fundar uma literatura sobre uma crença dessas.

Não há, pois, por que se espantar com o fato de que os procedimentos das duas escolas, a naturalista e a metafísica, mostrem uma propensão a se equivaler. O mais recente dos romancistas metafísicos, Alain Robbe-Grillet, autor de *As Borrachas*, obra publicada em 1953, e de *O Voyeur*[4] ganhador do grande prêmio da Crítica de 1955, lança mão de uma descrição visual minuciosa, que tem grande semelhança com a descrição naturalista, mas cujo sentido, afirmam os críticos, é o oposto, pois não se trata de vincular o objeto a um mundo significante, mas, pelo contrário, de isolá-lo. É esquecer que o naturalismo, se quer realmente ser fiel aos seus princípios, fracassa, em última instância, nessa vinculação do objeto a um mundo significante. Um passo a mais e os dois extremos ficarão reunidos; nos dois casos, o romance só tem uma dimensão e, no fim das contas, é a mesma: a vida é substituída por uma retórica.

A experiência está quase terminada. Seu malogro, por sinal, não é o dos romancistas que a realizaram, assim como o fiasco do naturalismo não é o de Zola. Nos dois casos, o princípio do erro é o mesmo, é essa condescendência que, desde sempre, manifesta-se pelo romance. Da mesma maneira que a Idade Média quer vê-lo apenas como uma epopeia degradada e o século XVII como uma tragédia corrompida, o naturalismo vê no romance uma certa dose de ciência imperfeita, e nós, de filosofia diluída. Os que desprezam o romance e os que querem "purificá-lo", Valéry de um lado,

[4] No original: *Les Gommes, Le Voyeur*. (N. T.)

Blanchot do outro, assemelham-se num ponto: o caráter concreto do gênero, sua dupla participação no subjetivo e no objetivo, sua falta de rigor lhes parecem escandalosos. Naturalistas e metafísicos, de acordo com suas preferências teóricas, consideram um desses dois polos algo impuro a ser eliminado, a fim de alcançar a essência. Mas eles destroem o dinamismo do romance. Caso o romance seja uma ascese, é preciso dar a essa ascese algo para queimar; caso seja um veículo, é preciso um ponto de partida. O caráter fundamental de toda ascese é o de ser intransmissível; se ir além do romance, em certos autores como Malraux e Sartre, é algo que faz parte de sua evolução de escritores, não se deve concluir a partir de uma experiência sempre individual que haja obrigatoriedade de ultrapassar o gênero em direção a um não romanesco ou em direção a um romanesco inteiramente novo.

Os Caminhos da Liberdade, hoje em dia, é lido unicamente pelo nome do autor. A aventura do herói apenas reproduz a dinâmica de uma experiência que se desenvolve em outra parte. Se Sartre resguarda o romance é basicamente por motivos antirromanescos; no fundo, ele condena como culpada por má-fé toda obra cuja profundidade se encontra em processo de realização. Suas teorias romanescas são inseparáveis de suas teses filosóficas e, sem dúvida, não é para ele que o romance se voltará uma vez que a experiência estiver concluída. Mas há uma obra romanesca, talvez a maior de nosso século, que se situa, cronológica e literalmente, tão longe das experiências naturalistas quanto do romance metafísico: é a obra de Marcel Proust que até agora não teve senão uma influência reduzida sobre os jovens romancistas. Se me permitirem, para terminar, arriscaria uma previsão: o romance recuperará seu equilíbrio e sua profundidade ao descobrir *Em Busca do Tempo Perdido*.

capítulo 5
o humanismo trágico de André Malraux

Há cinquenta anos, os poetas buscavam mitos, e, de mitos não encontrando o menor vestígio, os poetas esvaíam-se num mundo de óbvias verdades. Hoje, há mitos por toda parte. A lucidez é algo raro de se encontrar. Pratica-se a desmistificação em imponentes estudos fenomenológicos, com remessas mensais, quando não semanais. Usa-se e abusa-se a tal ponto do mito que ele virou um cacoete. O perigo das modas desse tipo é que elas acabam desmoralizando o pensamento dos indivíduos que faziam uso correto dessa palavra tão batida.

André Malraux é um dos responsáveis, com alguns de seus contemporâneos e certos autores da geração anterior, por esse modismo. Ele nunca definiu claramente o termo, embora pareça distinguir um "mito" de uma opinião que lhe é contrária. Em virtude da abundância dos mitos em sua obra e do descrédito em que a palavra acabará sem dúvida caindo, é de se recear que os futuros críticos não atentarão para a diferença.

Malraux vê mitos na religião e na filosofia, na literatura e nas ciências, tanto no presente quanto no passado, no marxismo, no fascismo e nas outras ideologias. Foi um dos primeiros a falar de "nosso mito ocidental do amor" e de "nosso mito da felicidade". Chega a encontrar mitos até mesmo em Laclos e define *As Ligações Perigosas* como uma "mitologia da vontade".

O que é o mito? Não é a verdade, pensa ele, nem sequer uma verdade parcial, já que os mitos se contradizem, tornando impossível qualquer síntese, pois não conseguem coexistir uns com os outros. O mito seria uma fábula, uma lenda, um relato evidentemente falso? Não, já que os heróis de *A Esperança* podem falar de seus próprios mitos revolucionários, sem deixar de agir racionalmente pela revolução. Os historiadores positivistas, esses aprendizes de feiticeiro, foram os primeiros a levantar, mesmo que muito de leve, a tampa da caixa de mitos. Eles firmaram a oposição entre a falsidade dos mitos e a verdade da razão. Mas as forças por eles desencadeadas escaparam ao seu controle. A razão positivista está lado a lado com Prometeu e os *nibelungos* no quadro de caça de Malraux. O mito, hoje, não está confrontado a nada exceto a si próprio; para avaliá-lo, falta um padrão métrico que não seja mítico.

"Quer se trate de Deus nas civilizações religiosas, ou da ligação com o cosmos nas anteriores, cada estrutura mental", declara o antropólogo alemão de *As Nogueiras do Altemburgo*, "tem uma absoluta evidência particular que ordena a vida, sem a qual o homem não poderia nem pensar, nem agir".[1] Essa evidência está para os mitos assim como o postulado euclidiano está para a geometria euclidiana. Mas esse tipo de postulado nunca é apreendido como tal. Pelo menos enquanto a cultura permanece viva. A estrutura mítica está para o homem mistificado assim como um pequeno aquário está para o peixe-vermelho.

Em *As Vozes do Silêncio*, Malraux sustenta a posição de que toda cultura nasce de um esforço do homem para esconder de si a terrível verdade de sua condição mortal. A formação do mito seria então da mesma natureza do *divertimento* pascaliano em sua dimensão coletiva? Mas não há Deus, não há pecado original no universo de Malraux. Já que a função do mito é dissimular seus pressupostos arbitrários, poderia ela ser esclarecida por certos conceitos psicanalíticos?

---

[1] André Malraux, op. cit., p. 686.

Mas Malraux não vê serventia alguma na psicanálise. Haveria então semelhanças entre o "mundo" de Heidegger e essa cultura fechada, dominada pelo mito? Mas o misterioso conceito heideggeriano de "Ser" é também estranho a Malraux.

Na verdade, a prodigiosa dilatação do mito em Malraux provém de uma experiência histórica, muito mais do que de uma reflexão teórica. Os diferentes períodos da história sugerem que os critérios de juízo, mesmo os de juízos científicos, são predeterminados. Há um Renascimento para a Idade Clássica, um outro para os românticos, um outro ainda para os eruditos do final do século XIX. Não podemos mais confiar em nossas próprias certezas. O relativismo histórico chegará afinal a um termo? A diversidade da história ensina a nos precaver contra o conhecimento humano, mas essa desconfiança leva em compensação a suspeitar da própria visão histórica. Ao falar da visão moderna – da sua própria visão, na verdade – de um mundo fragmentado em culturas isoladas, dominadas pelo mito, Malraux finalmente observa: "O mito dessas culturas não passa da projeção frenética da alma de nosso próprio tempo sobre o passado".[2] A serpente morde o próprio rabo. A ideia de mito virou mítica.

Parece que não podemos evitar nos resvalar no dogma metafísico. Ou reafirmamos nossa fé no último avatar das ciências humanas e sociais, ou renunciamos inteiramente à objetividade e à ciência. A sombria silhueta do sr. Teste de Valéry se insinua. Tudo o que excede à minha própria experiência, inclusive a alteridade sob todas as suas formas, é duvidoso, improvável, mítico. Um nada basta para que a impotência total reverta-se num solipsismo todo-poderoso. Em sua "Breve Carta sobre os Mitos",[3] Valéry dá mostras de um niilismo tão absoluto que sua elegante correspondente não ficará perturbada, como também não o ficaremos com um som que ultrapasse o limiar da audição humana.

---

[2] Ibidem.
[3] No original: "Petite Lettre sur les Mythes". (N. T.)

Qual dessas soluções Malraux escolhe? Nenhuma. Ele não é positivista, mas tampouco fica tentado pela lógica delirante do Eu puro. Em especial, ele não pode chegar até o ponto de negar todo vínculo entre ciência natural e experiência. O tempo e o espaço do herói não são muito diferentes dos do historiador, nem mesmo dos do astrônomo. É o suficiente para que os críticos existencialistas se sintam como as Catarinas e Madalenas de Molière quando Gorgibus fala em casamento. O homem de Malraux experimenta uma *angústia* intempestiva ao ver-se tão diminuto num imenso universo. Valéry o reconfortaria, como o faz com Pascal: "Por que o espaço infinito deveria me apavorar, já que não é nada mais que um novo mito?".

Para o positivista, Malraux permanece manchado com um subjetivismo herético. Para a tradição valeriana e existencialista, Malraux não é suficientemente subjetivo. Pelo contrário, é visto como um pensador tímido, que não se atreve a abrir a porta da câmara mais secreta do templo do nada. Se o melhor pensador é aquele que concebe o escudo mais seguro contra a experiência concreta, então nenhum grande romancista jamais pensou. Malraux não é uma exceção à regra. Ele não pode resolver o conflito entre o Eu e o Outro dando uma pirueta numa direção ou na outra. É esse conflito a base de seus romances. O que é um romance, senão o drama do Eu esforçando-se por atingir, controlar, compreender algo que é *outro* que ele mesmo?

Os dois polos do conflito estão definidos, mas é mais difícil estabelecer suas respectivas áreas. Há marcos que delimitam o mito, mas onde encontrá-los? Pode-se estar em contato com a alteridade, muito embora se esteja pondo o dedo apenas em seus próprios mitos. Como Valéry, Malraux denuncia constantemente a natureza mítica de juízos pretensamente objetivos. Mas, contrariamente a ele, sua denúncia não visa à objetividade em si. De preferência a pender para o solipsismo, Malraux procura alcançar, para além dos mitos culturais, uma verdade de todos os homens, uma nova definição do homem. Eis a pergunta: "O que é o homem?", e não "Quem sou eu?", a pergunta existencialista, ou "O que é do universo?", a pergunta do cientista. Malraux talvez seja o único autor não cristão e não marxista de nosso tempo a estar realmente tomado pela ambição de uma síntese humanista global.

Devemos excluir dessa preocupação humanista o Malraux dos primeiros escritos e seu fascínio por tudo o que desafia o humanismo ocidental: a violência, os fetiches, a droga e a eterna *luta final* comunista? O primitivismo, em especial, não é um "anti-humanismo"?

É bem verdade que a atenção redobrada conferida ao mundo primitivo contribuiu para o declínio do humanismo ocidental. O ceticismo histórico e a reflexão antropológica tendem para o mesmo fim. Uma compreensão mais profunda do espírito primitivo revelou a relatividade de estruturas mentais, erradamente encaradas no passado, como sendo as leis do universo. Nosso humanismo acreditava que seus valores eram universais. Nisso, porém, ele não diferia de outros mitos culturais.

Os heróis burgueses e ocidentais dos romances de Malraux são encaminhados em direção ao que lhes é culturalmente mais estranho: o mundo primitivo e a revolução. Eis algo para chamarmos de anti-humanismo, se é que acreditamos na perenidade de nosso humanismo hoje bem castigado. Mas isso seria repetir o erro dos críticos que ficavam escandalizados com o elogio de Voltaire à China, ou de seu erro na famosa carta a Rousseau. Repetir o erro de Roger Caillois que, em 1955, acusava novamente Claude Lévi-Strauss em *La Nouvelle Revue Française* de preferir o mundo baixo e sórdido do primitivo à civilização esplêndida que ele próprio propunha.[4] Independentemente dos eventuais méritos da argumentação, essa postura, bem como outras do mesmo naipe, é, das duas, a mais primitiva. O orgulho cultural está presente em todas as culturas. Mas o

---

[4] Ver *La Nouvelle Revue Française*, II (1954), p. 1010-24; III (1955), p. 58-70. Em dez. 1954-jan. 1955, Caillois expõe em "Illusions à Rebours" (publicado em *La NRF*) suas ressalvas à leitura de *Raça e História* de Lévi-Strauss, publicado em 1952. O desentendimento gira em torno da posição das civilizações na história. Lévi-Strauss responderá em *Les Temps Modernes* com artigo intitulado "Diogène Couché". (N. E. Carnets Nord)

interesse pelo primitivo, aliás por qualquer outra cultura, é uma atitude exclusivamente ocidental. No Ocidente mesmo ela é raríssima; limita-se a certos períodos de efervescência intelectual e de abertura a novos horizontes; na maioria das vezes só aparece naqueles que operam essas expansões.

O erro desses críticos é achar que o primitivismo implica uma escolha entre dois modelos culturais, dos quais um seria absolutamente "superior" e, o outro, absolutamente "inferior". Na realidade, os heróis de Malraux são instintivamente guiados em direção a tudo o que possa destruir neles um mundo que se recusa a morrer. Se acreditamos que nosso humanismo desabou sob a pressão do conhecimento antropológico, longe de qualificar os personagens de Malraux de "anti-humanistas", deveríamos reconhecer neles a verdadeira essência do humanismo, enfocado em seu dinamismo. Para conquistar a universalidade autêntica, eles devem dar plena acolhida àquilo que destruiu sua ilusão de universalidade. A alteridade radical característica das estruturas mentais diferentes das nossas pode elucidar o caráter arbitrário de nossos pressupostos culturais, liberando-nos assim de nossos mitos. Desse modo, podemos tomar o lugar desse ponto de apoio, situado fora do fluxo da existência, com que os homens sempre preferirão sonhar, em vez de reconhecer o nada [*le néant*].

Todos os grandes esforços humanistas, desde o Renascimento até hoje, desde os canibais de Montaigne até o bom selvagem das Luzes, recorreram à violência, e não pouca, contra os defensores da ordem vigente. O Renascimento foi injusto com a Idade Média e o século XVIII com o Antigo Regime. A semelhança é particularmente marcante entre os escritores do século XVIII e Malraux, quando se pensa em sua fascinação pelo Oriente e pelo primitivo, seus fantasmas eróticos, sua obsessão, digna de um Micrômegas,[5] pelo tempo e

---

[5] Alusão ao conto filosófico *Micrômegas* (1752), de Voltaire (1694-1778), cujo personagem homônimo, habitante do planeta Sirius, visita a Terra. O conto é considerado um dos precursores do gênero ficção científica. (N. T.)

pelo espaço científicos. Tanto no fundo quanto na forma, *A Tentação do Ocidente*, sua primeira obra importante, é um conto filosófico pertencente à tradição de *As Cartas Persas*, *As Cartas de Amabed* e *Entrevistas Chinesas*.⁶

O conto é um gênero didático. O filósofo tenta combater os preconceitos de seu leitor confrontando um Ocidente, saturado de ideias preconcebidas, e um Oriente totalmente desprovido delas, ou então opondo seus preconceitos respectivos, ou empregando recursos que revelarão a natureza arbitrária das opiniões formadas. Por mais que o preconceito mantenha todos e qualquer um sob seu domínio, o filósofo, de sua parte, está sempre livre dela. Sua própria certeza é o quanto basta. Não se pode mais dizer o mesmo a respeito do mito. Quanto maior a certeza, mais chances terá de ser enganosa. Mas, uma vez que o mito estiver expurgado dos últimos resíduos de idealismo alemão, como é o caso com Malraux, pode-se defini-lo como um preconceito que teria raízes bem mais profundas na *minha* consciência, quer dizer, na de Malraux. Na época de *A Tentação do Ocidente*, o autor ainda não tinha verdadeiramente examinado as consequências dessa definição. Ao passo que o filósofo do século XVIII ajudava *os outros* a integrar Newton, Locke e toda a ciência contemporânea ao humanismo clássico, a tarefa de Malraux é a integração problemática da etnologia ou da mitologia comparativa tanto *por ele mesmo* quanto pelos outros. O filósofo sabe o que é o homem. Malraux é trágico pelo fato de não sabê-lo. Ele nunca sabe se ficou livre dos mitos. Ele nem sequer sabe se a pergunta; "O que é o homem?" obterá jamais uma resposta. Por isso, abandona o conto – que pressupõe o otimismo epistemológico do século XVIII – em benefício do romance e de suas incertezas. A ciência do século XX não é a do século XVIII e, principalmente, as condições espirituais mudaram. Essa mudança toma a forma da diferença entre preconceito

---

⁶ *As Cartas Persas*, de Montesquieu (1689-1755), foram publicadas, anonimamente, em 1721. *As Cartas de Amabed* (1769) e *Entrevistas Chinesas* (1768) são títulos de Voltaire. (N. T.)

e mito. Malraux herdou o problema do filósofo, mas num quadro romântico onde sua própria consciência "infeliz" está implicada.

A confrontação estática com que deparamos no conto entre o Ocidente e as sociedades não ocidentais sofre uma mutação e passa a ser um conflito interno: "Independentemente da nossa raça, sabemos que vivemos em mundos preparados, mas uma espécie de alegria feroz nos arrebata, tanto uns quanto os outros, quando o chamado de nossas necessidades profundas mostra o que elas têm de arbitrário".[7] Os heróis de Malraux talvez não pensem além dessa "alegria selvagem", mas nós agora podemos fazê-lo, mostrando a que ponto eles combatem seus próprios mitos. Os romances de Malraux estão para a consciência de seus heróis, obscurecida pelo mito, assim como o conto está para os preconceitos de seus leitores. O contato violento com a alteridade revela o mito em seu aspecto arbitrário, e o destrói. Enquanto esse processo não for levado a termo, a pergunta-chave – "O que é o homem?" – não pode ser legitimamente colocada.

A hipótese cartesiana do "gênio maligno" parece ter-se tornado realidade. Mas nosso gênio dispensador de mitos é ainda mais maléfico do que Descartes o imaginara. Ele diversifica seus dons e não quer deixar os homens viver na paz das ilusões comuns. É no próprio excesso de sua malevolência que reside nossa única esperança. Não há verdade em nenhum lugar, mas os mitos diferem de acordo com os lugares. Talvez pudéssemos enganar o gênio se, em vez de entregar-nos ao combate, povo contra povo e raça contra raça, como ele nos incita a fazer, levantássemos deuses contra deuses, credo contra credo; se, pelo atrito, por assim dizer, de nossos mitoscontra os dos outros, livrássemos nossas almas dos mesmos mitos.

Vê-se o quão superficial é a opinião que transforma Malraux num espírito "totalitário". Essa opinião tem suas raízes em incidentes

---

[7] André Malraux, *La Tentation de l'Occident*, in *Œuvres Complètes*, op. cit., t. I, p. 75-76.

de sua biografia, em envolvimentos políticos passageiros e numa compreensão equivocada daquilo que a revolução realmente significou para ele. A política é importante na obra de Malraux, mas deve ser realocada no conjunto de seu desenvolvimento dialético, para ser corretamente interpretada. Pode haver uma atitude menos totalitária que a apreensão por parte de Malraux das demais culturas e raças, que não resulta de uma tolerância passiva ou de um entusiasmo histérico, mas do empenho em satisfazer a necessidade mais fundamental do espírito, do seu esforço para escapar aos modelos esclerosados?

Em seus últimos romances, a violência vai se esfumando por perder sua necessidade. *As Nogueiras do Altemburgo* quase não é um romance, porém um derradeiro herói, Vincent Berger, esclarece a razão de ser dos heróis anteriores. Uma frase desvenda a sua relação com eles: "O sangue derramado era forte o suficiente (...) para decompor um instante o estado todo-poderoso de distração que nos possibilita viver".[8] Vincent Berger é o único a tirar uma vantagem do suplício dos que vieram antes dele. Ele não morre: volta do Oriente como um homem mudado, dotado de uma nova visão, liberado da "todo-poderosa distração"; em outras palavras, pelo menos em parte aliviado dos mitos. A Marselha que ele visita poderia muito bem ser "Nínive ou a Babilônia". Essa percepção da verdade não diferencia mais, dali por diante, o universo mítico do visitante daquele dos outros. Berger, num dos capítulos do livro, pode então meditar abertamente sobre a pergunta "O que é o homem?". Ele se libertou do mito e Malraux, do romance, em proveito de um novo tipo de conto filosófico: o ensaio sobre a arte.

A experiência do herói de Malraux é sempre uma forma de desenraizamento intelectual. Por isso, é curioso que os críticos tenham optado por confrontar Malraux e Maurice Barrès, o brilhante inimigo do desenraizamento. O objetivo de Barrès é preservar o universo

---

[8] Idem, *Les Noyers de l'Altenburg*, op. cit., t. II, p. 654.

mítico do loreno e do francês, que Malraux considera obstáculo no caminho de um humanismo novo e expandido.

Se, como o alega o autor de *Os Desenraizados*, uma bolsa de estudos em Paris é fatal para um jovem provinciano, o que não se deveria pensar da educação de Claude nas mãos de Perken, dos grandes feitos de Garine em Cantão, ou de Vincent Berger afirmando que se sente em casa em qualquer lugar onde, acima de sua cabeça, o céu esteja sendo cruzado pelas maiores nuvens?

O esforço solitário desses heróis para desenraizar-se de seu mundo não parece apresentar semelhança com a busca do individualismo presente no Barrès dos primeiros escritos. Um Barrès ou um Gide, em sua "arrebatada procura pela diferença", tentam erradicar o comum e o banal de si mesmos para que a semente da originalidade possa dar frutos. Do ponto de vista de Malraux, tanto os elementos corriqueiros quanto os elementos originais da personalidade barresiana deveriam revelar, no fim das contas, sua natureza mítica. A busca de seus heróis não é a da singularidade, e sim a da universalidade. A visão de Vincent Berger, longe de ser mais "original" que a de um homem comum, na verdade é ainda menos original, pois não está mais determinada por um mito particular. Tal visão está teoricamente acessível a todos aqueles que passarem por um processo de "desmitificação" similar. É essa sede de universalidade que faz de Malraux um humanista num sentido profundo.

Mesmo que não *acreditemos* em Malraux, a dialética do mito continua tendo um grande alcance no nível puramente retórico. *A Luta com o Anjo* é, ao mesmo tempo, uma luta com seus próprios mitos e um combate para a expressão de si mesmo. Não se pode nem se deve fazer uma distinção entre os dois. Dizer que o problema de Malraux é o do humanismo do século XVIII numa ambientação romântica equivale a dizer que ele procura unir o exotismo lírico do moderno à riqueza das relações intelectuais que esse lirismo parece excluir.

Em *As Vozes do Silêncio*, com seu exotismo descentrado, tri, ou até quadridimensional, já que o tempo está nele incorporado, Malraux chega a um exotismo sem ponto de partida nem de chegada, o que está para o antigo exotismo linear do romance histórico, ou para o exotismo no sentido estrito da palavra, assim como o universo de Einstein está para a cosmogonia pré-coperniciana.

Em *A Tentação do Ocidente*, as partes líricas ficam separadas do conteúdo intelectual, que está, ele próprio, fragmentado em vários "pontos de vista". Esses elementos são todos indistintos em *As Vozes do Silêncio*. É no âmbito da própria frase que os mitos contraditórios anulam-se uns aos outros e que a consciência moderna experimenta, dentro do lirismo, sua distância com relação a esses elementos históricos.

À expressão abstrata das ideias, Malraux substituiu o homem que engendrou essas ideias, o templo dos adeptos dessas ideias ou algum outro símbolo concreto apto a evocar o conjunto do universo histórico que gerou todas essas concepções. Quanto mais estrondoso for o choque entre esses dois mundos incompatíveis, maior será a destruição das ideias e sua metamorfose em mitos. À primeira vista, o texto de Malraux dá frequentemente a impressão de magnificência barroca e caótica, que lembra o espólio de uma guerra liderada por um chefe bárbaro. O choque, porém, não visa somente, como o surrealismo, a desfazer nossos modos de pensar costumeiros; ele tem de abrir novos caminhos ainda não explorados. Os objetos permanecem, mas despojados de seu valor simbólico e mítico. Arrancados à cultura à qual pertenciam por esse Gengis Khan da estética, eles ficam entregues portanto a todos os homens enquanto obras de arte.

Seria essa a resposta final de Malraux? Seja qual for seu valor, ela não significa que o romancista de ontem tenha se metamorfoseado em esteta. Fica ainda uma pergunta: "Qual é o sentido da arte cristã fora da cristandade, da arte budista fora do budismo?". Pode-se superar esses mitos? Encontraremos valores que sejam comuns a todos os homens? A obra de Malraux constitui um todo e os escritos sobre a arte empenham-se em responder às questões levantadas em *A Tentação do Ocidente* e *As Nogueiras do Altemburgo* – questões deixadas em suspenso nos demais romances.

Esse "humanismo trágico" é mais estreito de conteúdo do que o humanismo dos séculos XVIII e XIX. Ele deixa nas mãos do *fatum* as ações que formam a base da maioria das vidas humanas. Esse fracasso seria próprio a Malraux ou seria aquele dos homens que fizeram a História tal como ela é? Muitos daqueles que censuram Malraux por seu fatalismo, enterraram o cadáver do humanismo com os ideais ligados a ele, ou descobriram que eles estão agarrados a um corpo sem vida. A palavra "destino" foi empregada pelos gregos, por Diderot, e por muitos outros, que nem por isso deixaram aos mágicos as prerrogativas do espírito pensante. O destino, contrariamente às respostas metafísicas já prontas de nosso tempo, não corta o nó cego da existência. Ela não é nem objetiva, nem subjetiva, mas ambas as coisas. Quando a tensão entre o Eu e o Outro se torna insuportável, quando não consegue mais encontrar alívio na razão, Malraux invoca o destino. A palavra *destino* declara apenas uma trégua armada entre os combatentes. Ela não obriga nenhum dos dois a ceder. A qualquer momento a batalha pode recomeçar.

capítulo 6
Proust e o mito do narcisismo

Em "Introdução ao Narcisismo", Freud define o narcisismo como a atitude de uma pessoa que toma a si própria como objeto do desejo sexual. Ele define igualmente um "narcisismo de objeto" no qual o sujeito dirige sua libido não diretamente para si mesmo, mas para objetos de desejo que se "assemelham" demais a ele, e por isso não são considerados "verdadeiros" objetos. Esses objetos devem ser apreendidos como simples apêndices do sujeito. Em outras palavras, o narcisismo é o estado de um sujeito que prefere não sair nunca de si, mesmo quando dá a impressão oposta.[1]

Freud tem predileção por ver o desejo como uma quantidade determinada de energia libidinal, que pode ser direcionada, de um lado, para si mesmo ou um substituto de si mesmo; do outro lado, para um objeto "real" suficientemente distinto do sujeito. No primeiro caso – o do narcisismo –, a energia libidinal gira em círculo, por assim dizer; fica confinada no sujeito ou volta para ele. De modo que se pode qualificar esse sujeito de independente ou de autossuficiente, ao passo que, no segundo caso (o verdadeiro amor, o "pleno amor de objeto"), a energia libidinal se volta para um objeto exterior. O Eu fica "diminuído", "empobrecido".

---

[1] Sigmund Freud, *Obras Completas – Introdução ao Narcisismo, Ensaios de Metapsicologia e Outros Textos (1914-1916)*. Trad. Paulo César de Souza. São Paulo, Companhia das Letras, v. 12, 2010, p. 13-50.

Ainda segundo a "Introdução ao Narcisismo", é natural que uma criança seja narcisista no mais alto grau; e, em certa medida, até os adultos devem permanecer narcisistas. Pode-se dizer de um adulto excessivamente narcisista que ele é "imaturo". Freud pensa que as mulheres e os artistas são notavelmente predispostos ao narcisismo. Esse conceito tem um papel primordial na teoria freudiana da arte.

No século XIX e na primeira metade do século XX, um grande número de teorias filosóficas e literárias aproximam-se bastante da opinião de Freud quanto à afinidade existente entre os artistas e esse modo de bastar-se a si mesmo que ele batizou de "narcisismo". Contudo, uma diferença importante subsiste: em numerosas declarações de artistas e escritores, o estado descrito pela psicanálise como um narcisismo excessivo e patológico é pintado como um trunfo, ou até um ideal que o escritor deve esforçar-se para atingir, caso ainda não o tenha alcançado. Filósofos como Fichte ou Stirner, poetas românticos ou simbolistas relevantes, um escritor como André Gide na França do século XX, apresentam diferenças profundas de forma muito evidente, porém têm isto em comum: adotam e enaltecem, no todo ou em parte, os caracteres do "narcisismo excessivo". Esses escritores partilham a ideia de que o objeto amado não é poético e desejável a não ser na medida em que ele reflete o Eu do poeta. Assim que deixa de estar banhada com a paixão e com a imaginação do sujeito, a realidade se torna banal, vulgar, decepcionante.

Quando Marcel Proust fala diretamente acerca da psicologia do desejo em vez de passar pelo viés da ficção, ele se insere na ideologia narcisista ou individualista que continuava em voga nos meios intelectual e artístico de seu tempo. Os homens, escreve, gostam de si próprios em primeiro lugar e o que procuram no objeto de seu desejo são eles próprios. Conferem ao objeto desejado um mistério e uma beleza que na verdade irradiam deles próprios. O ser excepcional emite uma energia suficiente para transformar a realidade corriqueira numa imagem do Eu e assim torná-la poética. É só quando a autêntica *alteridade* da realidade externa irrompe que se dá o desencantamento. A realidade não está à altura das esperanças do Eu: é menos bela, menos rica, menos verdadeira, menos substancial do que ele a imagina em seus devaneios solitários.

Em seu primeiro romance, *Jean Santeuil*, que ele não quis que fosse publicado, Proust esboça o retrato de um jovem terrivelmente interessado em si mesmo; e este último quase sempre causa aos outros uma boa impressão. Jean Santeuil experimenta o desejo – ao qual um moço brilhante não haveria de querer furtar-se –, mas esse nunca o leva além dos limites de seu belo mundo interior. Está apaixonado por uma moça que tem os mesmos gostos refinados e leva a mesma vida de esteta; ela frequenta as mesmas pessoas, suas aspirações coincidem com as dele.

Ao ler as declarações teóricas sobre a natureza do Eu e do desejo em *Em Busca do Tempo Perdido*, nota-se que pouco mudaram desde *Jean Santeuil*. Por esse motivo, enquanto fundarmos nosso juízo nas declarações teóricas de Proust, de onde quer que essas provenham, ou sobre sua prática do romance em *Jean Santeuil*, só encontraremos elementos que parecem confirmar a concepção freudiana do narcisismo e sua aplicação preferencial ao artista e à obra de arte.

A única exceção é também a que mais conta do ponto de vista literário: é a prática romanesca de Proust em sua obra-prima. É onde a matéria-prima ficcional é nova: o desejo não corresponde mais ao modelo narcisista. É o desejo de um Eu que se sente extremamente "empobrecido" e até espoliado. A palavra "empobrecimento" é empregada pelo próprio Proust, assim como por Freud em "Introdução ao Narcisismo", associada a termos como *anaclítico* ou *libido de objeto*. Podemos supor, consequentemente, que entre os dois romances, Proust passou do "narcisismo" à "libido do objeto". O que, afinal de contas, não deve surpreender já que o Proust do romance posterior tem mais idade do que o Proust do primeiro. Freud descreve sempre a "libido de objeto" como "mais adulta" que o "desejo narcisista".

Essa ideia parece de início ratificada pelo tipo de objeto que fascina tanto o narrador quanto os demais personagens de *Em Busca do Tempo Perdido*. Os objetos de desejo sempre dão uma impressão de "bem-aventurada autonomia" ou de "autossuficiência". Eles correspondem à ideia freudiana do "narcisismo primário". O narcisismo não está mais situado no lado do sujeito desejante, como no romance anterior, mas no lado do objeto desejado. Isso parece paradoxal mas, voltando à "Introdução ao Narcisismo", percebe-se que o mesmo paradoxo existe em Freud e que é um paradoxo inerente ao desejo "anaclítico" ou ao desejo de objeto:

> Pois parece bem claro que o narcisismo de uma pessoa tem grande fascínio para aquelas que desistiram da dimensão plena de seu próprio narcisismo e estão em busca do amor objetal; a atenção de um bebê se deve em boa parte ao seu narcisismo, sua autossuficiência e inacessibilidade, assim como a atração de alguns bichos que parecem não se importar conosco, como os gatos e os grandes animais de rapina; e mesmo o grande criminoso e o humorista conquistam o nosso interesse, na representação literária, pela coêrencia narcísica com que mantêm afastados de seu Eu tudo o que possa diminuí-lo. É como se os invejássemos pela conservação de um estado psíquico bem-aventurado, uma posição libidinal inatacável, que desde então nós mesmos abandonamos. À grande atração da mulher narcísica não falta o reverso, porém; boa parte da insatisfação do homem apaixonado, a dúvida quanto ao amor da mulher, a queixa quanto aos enigmas do seu ser, tem sua raiz nessa incongruência entre os tipos de escolha de objeto.[2]

[2] Sigmund Freud, idem, p. 34.

Passando agora às grandes descrições do desejo, na *Busca,* encontra-se Proust ainda mais "adulto" e Freud ainda mais penetrante. Aparentemente, nos mínimos detalhes, tudo corresponde a essa "atração extrema" que o "narcisismo de uma pessoa" exerce sobre aqueles que renunciaram a uma parte de seu próprio narcisismo e que estão à procura do amor de objeto.

Tomemos uma célebre passagem de *À Sombra das Raparigas em Flor*: o primeiro encontro entre Marcel, o narrador, e um grupo de moças que ele chama de "o pequeno bando". A cena se passa na estação balneária de Balbec (Cabourg), na Normandia. A atenção de Marcel é imediatamente atraída pelas adolescentes por darem a impressão de estar estreitamente ligadas e por manifestarem um desprezo indiferente em relação a qualquer pessoa fora de seu círculo.

> Individualizadas agora, entretanto, a réplica que se dirigiam uns aos outros seus olhares animados de suficiência e de espírito de companheirismo, e nos quais se reacendiam de instante a instante ora o interesse, ora a insolente indiferença com que cada uma brilhava, conforme se tratasse de uma de suas amigas ou de transeuntes, essa consciência também de se conhecerem entre si de modo íntimo o bastante para passear sempre juntas, formando um "bando à parte", punham entre seus corpos independentes e separados, enquanto eles avançavam lentamente, uma ligação invisível, mas harmoniosa como uma mesma sombra quente, uma mesma atmosfera, fazendo deles um todo exatamente tão homogêneo em suas partes quanto diferente da multidão em meio à qual evoluía lentamente seu cortejo.
>
> Em dado instante, enquanto eu passava ao lado da moça de cabelos castanhos e bochechas cheias

> que empurrava uma bicicleta, cruzei seus olhares oblíquos e risonhos, dirigidos do fundo desse mundo inumano que encerrava a vida dessa pequena tribo, inacessível desconhecido em que a ideia do que eu era certamente não podia nem chegar, nem encontrar lugar.[3]

Palavras como *autonomia* e *autossuficiência* voltam várias vezes no decorrer da descrição, que se prolonga por mais de dez páginas. Não há um só elemento do primeiro autor que não encontre seu par no segundo. Bem entendido: as moças não são nem "grandes criminosas", nem "humoristas", porém seu comportamento beira às vezes a delinquência juvenil, e Marcel supõe de imediato que elas não são "virtuosas". Imagina-lhes múltiplas aventuras, nas quais são sempre dominadoras: nunca acabam abandonadas. Segundo essas suposições, elas devem também ser dotadas de um aguçado espírito satírico, e ele teme que zombem dele quando se derem conta de sua existência – algo que ao mesmo tempo receia e deseja ardentemente.

Depois que uma das jovens sobe no tablado à sombra do qual está sentado um velho banqueiro, ela pula por cima dele, assustando sua vítima senil, cuja impotência fica ainda mais marcada pela ausência momentânea da esposa, que queria lhe dar uma certa ilusão de independência. Marcel também fora temporariamente liberado da supervisão e da proteção da avó, e se identifica visivelmente com o velhinho. O medo é indispensável ao seu desejo, inflamado por esse misto de juventude arrogante e inocente crueldade. Ele acredita que as adolescentes são o seu exato oposto, invulneráveis às vicissitudes da existência, e precisamente tão invencíveis em tudo o que empreendem quanto ele próprio se sente vulnerável e desajeitado, doente e azarado.

Por toda a sua extensão, a descrição enfatiza o caráter juvenil e desumano desse nó apertado que o grupinho forma. Tal como em

---

[3] Marcel Proust, *À la Recherche du Temps Perdu*. Paris, Gallimard, 1988, t. II, p. 151.

Freud, os narcisistas adorados são comparados a animais não apenas graciosos e cruéis, mas também, acima de tudo, absolutamente indiferentes aos seres humanos. Em Freud, eles são "os gatos e os grandes animais de rapina". Em Proust são gaivotas, como é natural num episódio que se desenrola na praia. A metáfora é mais elaborada, mas o sentido permanece exatamente o mesmo:

> (...) vi aproximarem-se cinco ou seis menininhas, tão diferentes, pelo aspecto e pelos modos, de todas as pessoas às quais se estava acostumado em Balbec, quanto poderia ter sido, desembarcado não se sabe de onde, um bando de gaivotas que realiza, passo a passo, na praia – os retardatários esvoaçando para alcançar os outros – um passeio cujo fim parece tão obscuro aos banhistas quanto claramente definido para seu espírito de pássaros.[4]

As semelhanças entre Proust e Freud são impressionantes. Entretanto, um observador minucioso notará uma pequena diferença que, se pensarmos bem, revela-se crucial. Freud afirma implicitamente que os indivíduos que renunciaram a uma parte de seu narcisismo o fizeram deliberadamente, não porque seja agradável, pois de fato não o é, mas porque se sentiam na obrigação de fazê-lo. Decidiram tornar-se "adultos" e "viris". São homens de bem: em outras palavras, são os que optam pelo caminho reto.

Em Proust, não há nada que se relacione à renúncia proposital. O narrador jamais renunciou por vontade própria à "bem-aventurada autonomia" e à "autossuficiência", já que não estava capacitado para fazê-lo. Até onde pudesse se lembrar, seu destino sempre havia sido o de um "empobrecimento" comparável ao mais extremo despojamento, decerto doloroso demais para ser livremente assumido.

[4] Ibidem, p. 146.

De que posse o narrador se sente privado? Obviamente da "bem-aventurada autonomia", que o Outro que ele deseja parece possuir. Isso fica claríssimo no caso do pequeno bando. Não é uma das meninas em especial que o narrador deseja, mas todas simultaneamente, pelo menos a maior parte do tempo. É a própria coerência do grupo, seu caráter de estreita ligação, que lhe confere essa aparência de autossuficiência de que o narrador gostaria de se apoderar. Em outras palavras, que provoca seu desejo.

O que Freud denomina "narcisismo primário" é o objeto principal, ou até o único objeto de desejo no romance proustiano. Já que o "narcisismo primário" define a perfeita autossuficiência e que a autossuficiência é o que o sujeito do desejo não possui, mas gostaria de possuir, não há nada de "incoerente" na escolha do "narcisismo primário" como objeto de desejo.

Em Proust, o desejo pode assim estar ao mesmo tempo voltado para o Eu e voltado para o outro: o principal "negócio" do ser empobrecido ou até mesmo inexistente é adquirir o Eu mais rico de que ele está desprovido ou, se preferirem, de se tornar "autossuficiente" à custa do Eu, ou do mesmo modo que o Eu que ele deseja: um Eu que já é ou parece ser "autossuficiente".

Por conseguinte, não há nada de mais lógico do que a conjunção, aparentemente paradoxal, das obsessões do Eu e do Outro. Freud por um triz não acerta nessa conclusão, ou então a rejeita por querer ver a qualquer custo naquilo que ele chama de "desejo de objeto" um gesto de abnegação, um sacrifício deliberado e virtuoso da "autossuficiência". Não percebe que existe também um fascínio por uma "autossuficiência" exterior, uma alienação que fica imposta aos seres humanos pelo estado de profundo e involuntário despojamento em que podem se encontrar no tocante ao seu desejo. Entretanto, a possibilidade dessa solução não lhe deve escapar completamente, pois ele mesmo nota "a atração extrema" que "o narcisismo de uma pessoa exerce (...) para aqueles que renunciaram a ele (...)". A solução proustiana está quase ao seu alcance, contudo Freud não a enxerga claramente e julga "a atração extrema" uma incongruência.

O desejo proustiano pode realmente ser "narcisista" em termos freudianos, que esteja focado sobre objetos "similares demais" ao sujeito, semelhantes demais a reflexos para merecer a etiqueta de "pleno amor de objeto"? As linhas seguintes não confirmam nem sequer minimamente essa hipótese:

> E, sem dúvida, que não houvesse entre nós hábito algum – assim como ideia alguma – em comum, devia dificultar-me travar relações com elas e agradar-lhes. Mas talvez também fosse graças a essas diferenças, e à consciência de que não entrava na composição da natureza e das ações dessas garotas, um único elemento que eu conhecesse ou possuísse, que acabava, em mim, de suceder à saciedade, a sede, parecida àquela que queima a terra sedenta, de uma vida que minha alma, porque jamais havia dela recebido até então sequer a menor gota, absorveria com tanto maior sofreguidão, a largos tragos, na mais perfeita absorção.[5]

Esse desejo não tem nada a ver com o desejo pretensamente narcisista de Freud, já que não é a semelhança que é procurada, e sim uma diferença absoluta. E essa diferença absoluta equivale, em última instância, à "autossuficiência" que o outro parece sempre possuir e que o ego não possui nunca. Essa visão sombria do desejo é tão distante do narcisismo "à Freud" quanto dos chavões reconfortantes do individualismo literário e filosófico dos séculos XIX e XX; entretanto, volto a repeti-lo, Proust tende a retomar esses

---

[5] Ibidem, p. 153.

lugares-comuns e algo que, de pronto, assemelha-se, e muito, ao "narcisismo", quando ele fala do desejo em termos abstratos.

Existe uma outra diferença entre Proust e Freud. No primeiro, a "bem-aventurada autonomia" e a "autossuficiência" do objeto desejado são falaciosas. Ninguém jamais teve delas uma experiência efetiva. São uma miragem do desejo, que as atribui erroneamente ao objeto desejado.

Pouco tempo depois de haver cruzado com o pequeno bando pela primeira vez, Marcel fica conhecendo as jovens e seu prestígio sobre-humano se dissolve. Elas não se parecem mais com as deusas soberbamente indiferentes que ele primeiro imaginara. Nem mesmo Albertine. Se ele se apega a essa moça de forma duradoura e obsessiva, é porque a supõe infiel. Uma Abertine pérfida fica novamente coroada de uma aura de independência inacessível que, inicialmente, irradiava do grupo por inteiro. A sede da miragem do *ser* desperta em Marcel. Ele retorna à indiferença quando consegue convencer-se de que Albertine é fiel. Infelizmente, ainda existem novas ou velhas razões para suspeitar de uma traição e, cada vez que uma delas vem à tona, o doloroso desejo ressuscita, mesmo que ele já não creia na "bem-aventurada autonomia" e na "autossuficiência" de Albertine. Em outros termos, para Proust não existe narcisismo "real" ou objetivo. O narcisismo, e sobretudo o narcisismo "primário", é uma projeção do desejo. Ninguém pode ser conscientemente narcisista para si mesmo.

Dizer que ninguém é narcisista para si e que todo mundo quer ser narcisista é afirmar que o Eu não existe no sentido substancial que Freud dá ao termo em "Introdução ao Narcisismo". Mas todo mundo se esforça para adquirir esse Eu essencial: todos acreditam, mais ou menos como Freud, num Eu substancial que ninguém nunca possui.

Se o Eu substancial não existe, como é que se pode acreditar em sua existência? Já se conhece a resposta proustiana à pergunta. Todo mundo acredita que um outro bem-aventurado possui o Eu que ele quer adquirir. É por isso que cada qual vivencia a experiência do desejo.

O esnobismo, em Proust, funciona exatamente como o desejo erótico; é até mesmo difícil distingui-los. Um salão somente se torna desejável quando parece bastar-se, bem-aventuradamente, a si mesmo. E só parecerá ser assim se for *exclusivo* o bastante, se excluir um número suficiente de candidatos em potencial, cujo anseio assinala sua insignificância. Um salão é como um Eu coletivo, pelo menos para aqueles que não são lá recebidos e que desejam sê-lo. Não se pode, contudo, concluir a partir daí que o Eu seja uma pura ilusão subjetiva. É uma ilusão da qual todos efetivamente tomam parte e que é por todos partilhada. Já que todo desejo procura a autossuficiência, ninguém a possui realmente, e mostrar abertamente seu desejo equivale a confessar seu próprio vazio. Um reconhecimento de fracasso como esse põe a pessoa despreparada e ingênua que fez a confissão numa posição de inferioridade. Ela fica então incapaz de atrair o desejo de outro, é antes exposta a seu desprezo indiferente e, por isso mesmo, ao seu poder de atração.

O desejo, no universo proustiano, é uma via de mão única que leva, não de um Eu objetivamente mais pobre a um Eu objetivamente mais rico, mas do Eu, qualquer que ele seja, que, ao ser o primeiro a revelar sua vacuidade fundamental, permite ao Outro continuar a fingir sua indiferença por mais algum tempo – e esse espetáculo, imediatamente, vira uma realidade para o primeiro Eu.

Eis porque quase todos os encontros se apresentam como exibições hostis. Quando homens como Charlus encontram alguns de seus semelhantes, tem-se praticamente a impressão de dois pássaros machos que ostentam sua plumagem, esforçando-se por tomar ares tão imponentes e sedutores quanto possível, pois cada um deles quer suscitar no outro o doloroso desejo de que será então poupado.

Não se deve crer que, nesse jogo, os enganadores fiquem nitidamente separados dos enganados, que o mundo esteja claramente dividido entre calculistas frios e tolos inocentes. Há um pouco de cada em todos nós; é preciso ser vítima de sua própria comédia para desempenhar seu papel com convicção. A visão satânica e romântica do calculista frio, do manipulador inteiramente lúcido que controla os desejos de outro, é uma versão mais sofisticada da ilusão narcisista.

Essas considerações possibilitam fornecer uma leitura proustiana do caminho trilhado pelo próprio Proust desde *Jean Santeuil* até a *Busca*. No primeiro romance, como estamos lembrados, o herói parece possuir a "bem-aventurada autonomia" que faria dele um narcisista aos olhos de Freud. Na maior parte do tempo, esse herói consegue ver apenas a si mesmo, como se já tivesse alcançado a satisfação de seu desejo, como se já tivesse atingido a bela autossuficiência à qual ele aspira.

Esse herói é também um retrato fiel dos diversos modelos em voga naquela época. *Jean Santeuil* é um romance muito mais preso ao seu tempo do que a *Busca*. O interesse histórico que ele desperta, tanto quanto seu herói aparentemente são e bem ajustado, fizeram dele um romance muito apreciado na ocasião de sua primeira publicação, nos anos 1950. Certos críticos adiantaram a opinião de que seria o mais bem-sucedido dos dois romances de Proust. Entretanto essa opinião não vingou. O primeiro romance, na verdade, fracassa lamentavelmente no ponto em que o segundo alcança grande êxito: a descrição do desejo. *Jean Santeuil* simplesmente não dá conta da experiência subjetiva do desejo.

É patente que o motivo desse fracasso reside na autossuficiência do herói. Onde há autossuficiência, não há desejo; a ideia de um desejo narcisista ou autossuficiente é uma contradição nos termos. A deficiência de *Jean Santeuil* no tocante à evocação do desejo sugere que a única concepção do desejo esteticamente válida é a concepção oposta, ou seja, a concepção de *Em Busca do Tempo Perdido*.

Isso então significaria que o autor de *Jean Santeuil* ignorava a espécie de desejo que o da *Busca* pinta com tanta eficácia?

Quando adotamos o ponto de vista do Proust tardio, percebemos que o inverso é verdadeiro. Ora, isso implica que o autor estava ainda tomado demais pelo desejo, mesmo enquanto escrevia seu romance, para abandonar a pose em parte calculada, em parte sincera de autossuficiência que esse desejo exigia. Era-lhe necessário mostrar que todas as situações estavam sob seu controle, que já desfrutava da posição que sentimos estar prestes a obter pela satisfação de nossos desejos, mas que, na realidade, não pertence nunca, ou melhor, parece não pertencer senão ao ser desejado.

Assim, o narcisismo parece um conceito sólido, no caso de *Jean Santeuil*, apenas porque o romance é falso, porque ele é um prolongamento estratégico do desejo, um simples reflexo e não uma revelação desse desejo.

Nos dois romances, encontramos uma grande cena no teatro em que o que está principalmente em jogo se desenrola não no palco, mas nos camarotes ocupados pelos aristocratas e demais membros da alta sociedade. As duas cenas são próximas o suficiente para serem comparadas, apesar de diferirem radicalmente. A diferença esclarecerá minha hipótese.

Em *Jean Santeuil*, o herói, Jean, encontra-se com a elite no camarote: ele constitui o centro de atenções febris; um rei decaído, mas ainda famoso, o ajuda a arrumar o nó da gravata; todas as damas se agitam, cheias de admiração, ao seu redor como numa propaganda de loção pós-barba. Na *Busca*, o narrador está fora do camarote, com os olhos repletos de desespero fixos sobre a duquesa de Guermantes, sentindo-se a milhares de anos-luz dessa divindade. O recinto do camarote simboliza uma autonomia e uma autossuficiência que pertencem tão somente ao objeto do desejo, na medida em que esse objeto permanece inacessível. A diferença entre o romance que representa o desejo e aquele que não o representa fica bem evidenciada nesses dois dispositivos. Transformar isso num mero detalhe de técnica narrativa, como o faria nos dias de hoje a maioria dos críticos, seria deixar escapar o essencial. Na obra-prima, o romancista coloca o narrador, isto é, coloca a si mesmo na posição do marginalizado, ele assume a humilhação e a exclusão; o que o narrador de *Jean Santeuil* é incapaz de fazer: a verdade dói demais para que queira enfrentá-la.

O que encontramos em *Jean Santeuil* é obviamente apenas um dos inumeráveis meios de que o escritor medíocre dispõe para escapar do conhecimento de seu próprio desejo, o conhecimento prático que Proust só vai adquirir mais tarde, e que alimenta, não somente a grandiosidade de *Em Busca do Tempo Perdido*, como também a das poucas obras literárias que possam ter a intenção de se igualar a ela quanto à descrição do desejo.

Assim, a inferioridade de *Jean Santeuil* em relação à *Busca* reside na incapacidade de seu autor reconhecer que a "bem-aventurada autonomia" não existe em parte alguma, nem mesmo no objeto desejado. O que impede o primeiro Proust de estar à altura de sua genialidade fica muito próximo, se é que não é semelhante, da fé que Freud deposita no "narcisismo primário".

Isso leva a pensar que essa crítica de *Jean Santeuil*, na perspectiva do Proust tardio, vale também no caso de "Introdução ao Narcisismo". Voltando ao trecho citado mais acima, se verá que esse texto exige alguns esclarecimentos. Ele tem um ar de autojustificação moralizante. Freud se toma, obviamente, por um dentre os indivíduos de visão elevada que "renunciaram em parte a seu narcisismo" para "buscar a libido de objeto". Essa renúncia era necessária, assim nos é dado a entender, para inventar a psicanálise. Era preciso fazê-lo pelo bem da humanidade, embora o caminho não fosse fácil.

Logo, Freud deve ser uma dessas pessoas que se sentem atraídas pelo "narcisismo primário" da coquete. Ele fala dessa atração como sendo uma "incongruência", o que é sem dúvida um tanto estranho: esse ponto é por demais importante para que deixe de mencioná-lo, mas não o suficiente para merecer uma pesquisa aprofundada. Ele não diz o que desencadeia essa atração, exceto, talvez, nesta observação marcante: "É como se os invejássemos pela conservação de um estado psíquico bem-aventurado...".[6]

---

[6] Freud, op. cit., p. 34.

Essa inveja não pode ser realmente sentida porque a renúncia de Freud à posição narcisista é deliberada. Sendo assim, se coloca a seguinte pergunta: como proceder para renunciar livremente à posição libidinal intangível do narcisismo? Freud não dá a resposta. Se a renúncia não fosse voluntária, se a falta de "bem-aventurada autonomia" fosse um problema psíquico fundamental, uma provação tão insuperável quanto o é para Proust, entenderíamos que o desejo não possa ser senão um esforço perpétuo para escapar dessa situação, e não acharíamos nem um pouco "incongruente" a escolha de objetos que parecem desfrutar dessa beatitude. Compreenderíamos, juntamente com Proust, que assim é a lei universal do desejo.

O homem responsável que renuncia por vontade própria ao narcisismo é uma ilusão. O impecável e feliz *playboy* de *Jean Santeuil* também é uma ilusão. Mas não se trata do mesmo fenômeno. O homem que se entrega com paixão ao narcisismo não é o que renuncia a ele com virtude. Porém, a diferença não é tão considerável quanto aparenta ser, já que o narcisismo, abraçado num caso e rechaçado no outro, *não existe de fato*. Ao inventar o narcisismo, do qual ele mesmo é desprovido, Freud vai mais longe na exploração da abjeção essencial do desejo do que o Proust *mundano*, mas não tão longe quanto o Proust que renunciou à sua *mundanidade*. Não é de maneira alguma a mesma coisa renunciar a um narcisismo que não nos diz pessoalmente respeito. Freud, ao que parece, nunca deixou de acreditar no narcisismo dos outros, no "narcisismo de objeto".

Para ir mais além do puritanismo desse trecho, deve-se reconhecer que o que necessariamente está em jogo é um desejo análogo ao que é suscitado no narrador pelo encontro com *o pequeno bando*. E o conceito de *narcisismo* é uma projeção desse desejo. Freud vê a "bem-aventurada autonomia" do *narcisismo primário* não como sua experiência pessoal, claro, mas como a experiência efetiva de outros, mulheres levianas, artistas boêmios e assim por diante. Contrariamente ao narrador que compreende, ao cabo de algum tempo, que a autossuficiência do pequeno bando não é nada mais que a velha miragem do desejo, que um contato aprofundado dissipará, Freud se mantém até o fim uma vítima da ilusão. A natureza mítica do objeto, pelo qual ele experimenta uma atração tão forte, escapa-lhe. O resultado dessa ilusão persistente é a invenção do *narcisismo*, construção teórica que a psicanálise apresenta como verdade científica, mas que na realidade se funda no mito. Creio, quanto a mim, que as descrições do desejo em *Em Busca do Tempo Perdido*, e em mais algumas poucas obras literárias, correspondem a uma crítica decisiva do narcisismo, muito mais "científica" do que tudo que a psicanálise tem a propor sobre o assunto. É com toda a certeza uma lástima que tal crítica permaneça não teorizada, e os escritores que chegam até aí retornam a uma concepção mais banal, equivalente à teoria do narcisismo, quando se lançam em especulações abstratas. Eis o motivo pelo qual não dá para se contentar com suas declarações teóricas sobre o assunto: é preciso ampliar a análise até o cerne de sua obra.

A objeção que poderia ser feita é que a conciliação da obsessão de si e da obsessão dos outros que aparece em Proust, não apenas é possível em Freud, mas também constitui uma regra geral, pois ninguém pode ser inteiramente narcisista e obcecado pelo amor de si, ou inteiramente altruísta e obcecado pela libido de objeto. Mesmo uma personalidade "normal" deve preservar uma parte de narcisismo. Assim, um pouco de narcisismo infantil subsistirá até no homem que consegue se elevar à libido de objeto e vice-versa.

Isso é inegável, mas Freud chega apesar de tudo a um resultado muito diferente do de Proust, e isso porque seus modelos permanecem mecânicos. A energia libidinal pode se dividir em diferentes proporções entre o Eu e o Outro, porém sua quantidade permanece fixa; de modo que a parte de um não pode aumentar sem que a do outro diminua, e vice-versa. Essa concepção não dá espaço ao paradoxo fundamental do desejo humano que afirma que quanto mais o egocentrismo de um indivíduo se torna patológico, mais sua obsessão pelos outros se reforça simultaneamente.

O Eu substancial e a concepção quantitativa da libido são obstáculos fundamentais para a compreensão do desejo. Eles forçam a não levar em consideração aspectos que a concepção proustiana deixa perfeitamente inteligíveis. É hábito suspeitar das falhas do modelo freudiano; aquilo de que não damos conta, em compensação, é que sua crença persistente na realidade da autossuficiência, levando-o a crer num Eu substancial, obriga Proust a optar por modelos similares. Essas crenças lembram a concepção primitiva do *maná*, ou energia sagrada. O Eu substancial é uma cristalização de *maná*. É por isso que toda energia libidinal que se "despende" no exterior e não volta ao Eu, como no esquema circular do narcisismo, constitui para o Eu um "empobrecimento".

É também o caso numa grande quantidade de religiões polinésias: quando se gasta demais seu *maná*, pode-se esgotar suas reservas. Nesse tipo de sistema, é dotado de um "narcisismo primário" todo aquele que, por qualquer razão, consegue estocar melhor que os demais a substância de que são feitos os deuses. Não é de se espantar que ele pareça mais desejável do que qualquer outro. Ele está mais próximo dos deuses. Assim, o homem dotado de um "narcisismo empobrecido", como era o caso de Freud, gostaria acima de tudo de fazer parte desse círculo, de se tornar um deles, mas ele os crê demasiado divinos para serem acessíveis. A divindade do deus primitivo é semelhante à "bem-aventurada autonomia" do narcisismo freudiano, ou à *schöne Totalität* (bela totalidade) do idealismo alemão:

> E, entretanto, a suposição de que eu pudesse um dia ser o amigo de uma dessas moças, de que esses olhos cujos olhares desconhecidos me atingiam às vezes brincando em cima de mim sem se dar conta, como a luz do sol sobre um muro, pudessem jamais por uma alquimia milagrosa deixar penetrar por entre suas parcelas inefáveis a ideia de minha existência, alguma amizade por minha pessoa, de que eu

> mesmo pudesse um dia tomar lugar entre elas,
> na teoria que elas desenrolavam ao longo do
> mar – essa suposição me parecia encerrar uma
> contradição tão insolúvel quanto se, diante de
> algum friso ático ou algum afresco represen-
> tando um cortejo, eu tivesse acreditado possível
> que eu, espectador, tomasse lugar, amado por
> elas, entre as divinas processionárias.[7]

Com sua aparência científica, o modelo freudiano, que põe energias em jogo, quer expressar exatamente a mesma coisa que as metáforas literárias. A única diferença é que o romancista não acredita em suas metáforas: elas revelam um processo de transfiguração aparentado ao sagrado primitivo e encarado como tal pelo romancista, ao passo que em "Introdução ao Narcisismo", a ilusão fica dissimulada atrás do mito de um narcisismo realmente autossuficiente.

Proust analisa o desejo de maneira mais radical e, não podemos mais evitar esta palavra, mais verídica que Freud. Ele vê melhor que Freud a pobreza do desejo, seu extremado despojamento, o caráter absoluto de seu fracasso. Fica evidente que Freud é um poeta maior e Proust um analista superior a "especialistas" das respectivas áreas da poesia e da análise. O aspecto mais característico de um dom "poético" é o de ir mais longe e mais fundo do que o pensamento conceitual pelo recurso às metáforas e outras figuras de estilo. Proust aproxima-se certamente muito mais que Freud da verdade conceitual de suas próprias metáforas. As metáforas são, na verdade, as mesmas em ambos os autores, e murmuram com frequência, no texto freudiano, a verdade que Proust faz indiscutivelmente aflorar. Vale dizer, a verdade, ou melhor: o caráter mentiroso do narcisismo, a impossibilidade de um narcisismo consciente que permaneceria "bem-aventuradamente autônomo".

---

[7] Marcel Proust, op. cit., p. 153.

Todos os seres que Freud associa ao "narcisismo primário", os recém-nascidos e os animais, são desprovidos de uma consciência humana plena. Essas metáforas sugerem que existe entre o narcisismo e a consciência do homem uma incompatibilidade que beira a impossibilidade.

Se o narcisismo é o reflexo de um desejo ainda por demais intenso para admitir suas próprias quimeras, o sucesso desse conceito teórico na psicologia atual, bem como na sociologia e na crítica literária, não deve surpreender. O próprio Freud diz que só os conceitos mentirosos, os que se apoiam nas ilusões de nossos desejos, são suscetíveis de serem adotados maciçamente.

Não é o caráter inefável da obra de arte que invalida o narcisismo como instrumento de análise: é seu caráter mítico. Como é que o conceito de narcisismo poderia ajudar a compreender *Em Busca do Tempo Perdido*, se o grau de reflexão que está na origem do conceito é inferior ao dos melhores trechos do romance?

O espírito moderno se deixa facilmente seduzir pelo prestígio dos termos técnicos. Mesmo nos leitores que conhecem Proust e Freud e que não têm preconceitos contra a literatura, a balança penderá fortemente a favor de Freud. Só ele nos fornece os nomes em torno dos quais nossas intuições nascentes e informes podem se cristalizar. Assim que a palavra "narcisismo" nos vem à mente, percebemos que corresponde a certos elementos que estão efetivamente presentes no texto do romance e concluímos quase que inevitavelmente que aí está a solução. Como poderia Freud estar errado se é o inventor do termo do qual Proust nunca ouvira falar?

O conceito de *narcisismo* é na verdade um obstáculo; ele para a reflexão no ponto em que o próprio Freud parou; ele confirma nossa tendência natural. Ou seja, a tendência partilhada por todo desejo, de achar que a obsessão do Eu e a obsessão do outro são polos separados, que podem se tornar dominantes em indivíduos diferentes. Nossa intuição só pode continuar incompleta e enviesada, e além de tudo, enganosa. A superioridade do grande romancista, que consiste em ver a identidade da obsessão do Eu e da obsessão dos outros, não será notada, ou então não passará de um aspecto "paradoxal" e, terminantemente, desprezível, do *talento* literário.

Freud alega em seus escritos, e com razão, ter sido o primeiro a se lançar numa investigação sistemática das relações que, anteriormente, eram o monopólio dos autores de ficção. Não se pode, pois, excluir *a priori* a possibilidade de que escritores tenham feito um trabalho tão bom quanto o de Freud – se não melhor que o dele. Examinar essa eventualidade não remete de modo algum a um culto místico da literatura ou a uma rejeição cega da psicanálise. Não significa que Freud não seja um grande homem. Como dissemos anteriormente, Proust tende a regredir rumo a uma intuição bem mais superficial que a de Freud, assim que procura se teorizar.

Surpreendentemente, os críticos literários não demonstram muito interesse pela perspectiva que estou tentando esboçar. Um momento de reflexão revelará que essa falta de interesse é praticamente inevitável. Os críticos literários, desde Freud, são freudianos ou antifreudianos. Se forem freudianos, não colocarão nunca o texto literário no mesmo nível que o texto de Freud. Mesmo os mais sutis, os que prudentemente tomam cuidado para não praticar uma *psicanálise selvagem* dos textos literários, ainda não chegaram a ponto de compreender textos literários como fonte de intuições teóricas.

Se os críticos estiverem contra Freud, percebem o fracasso da aplicação da psicanálise à literatura, mas atribuem-no em geral a alguma *literariedade* divina ou vazia, que se localizaria para além das verdades mais ou menos "sórdidas" propostas por seus colegas freudianos. Na prática, isso quer dizer que eles abandonaram tacitamente a seus adversários o tema do desejo tal como é desenvolvido nos textos literários. Durante anos, tentaram se convencer de que o setor comum a Proust e Freud interessa muito pouco, ou mesmo nada, à pura essência da literatura e, hoje em dia, sua meta foi alcançada. A maioria dos críticos proustianos se dedica a qualquer assunto e o esgota, a fim de não correr o risco de literalmente tratar do único assunto que cativa Proust a maior parte do tempo: o desejo. Os vestidos da sra. de Guermantes, a textura da pele de Albertine, a essência platônica do broto de espinheiro, a pura consciência, a natureza "indecidível" do signo, a frequência do emprego do subjuntivo no pretérito imperfeito, o divórcio entre as palavras e as coisas, qualquer tema serve, contanto que se afaste do mecanismo implacável e rigoroso do desejo, que persiste a todo momento como o principal foco de preocupação do romancista.

Todos os demais temas despertam igualmente interesse, é claro, mas sua significação real fica subordinada ao desejo e somente pode ser apreendida nesse contexto. Não é a natureza "inefável" ou, no outro extremo, puramente "retórica" da obra de arte que invalida o narcisismo como ferramenta crítica; é o caráter falho e enganador do conceito. Esse instrumento ainda sem acabamento nos conforta tendo em vista a tendência que temos de não reconhecer devidamente o gênio que nos ultrapassa, a lucidez paradoxal que choca nosso próprio desejo.

Uma lei tácita divide os textos em duas categorias: os que se encarregam da interpretação e os que aí estão sobretudo para serem interpretados, como *Em Busca do Tempo Perdido*. Nossas grandes revoluções críticas ainda não conseguiram revogar essa lei, ou pelo menos fazer com que passasse por uma séria revisão, provavelmente porque nossa identidade como críticos literários depende dela.

Longe de colocar em questão esse derradeiro tabu, que é a justificativa para nossa atividade profissional, nossas manias e modismos mais recentes enfatizaram a pretensa especificidade da linguagem literária e a diferença existente entre ela e a linguagem do "verdadeiro" saber.

Acredito que a especificidade linguística da literatura e das ciências sociais é proporcional à mediocridade da língua. Os maus autores de ficção, assim como os maus pesquisadores, devem recorrer a sinais visíveis de "especificidade" à medida que vão perdendo confiança em sua competência pessoal na área que escolheram explorar. Quanto menos se tem a dizer, mais se recorre ao jargão.

Não é o caso para gente como Proust e Freud. O texto de "Introdução ao Narcisismo" mostra que Freud não é menos poeta que Proust e Proust certamente não é pior analista que Freud. Há contudo uma diferença: Proust não forjou um vocabulário especializado, que teria ficado fora de lugar num "romance", e Freud em geral não recorreu ao tipo de transposição que liberta o romancista das imposições da autobiografia.

Entre as intuições e os limites de uma teoria psicanalítica e de uma grande obra literária, há um hiato a ser preenchido. A literatura e a psicanálise, no melhor sentido do termo, precisam uma da outra. Não é minha intenção engrandecer Proust à custa de Freud, e menos ainda a literatura à custa da psicanálise, e sim facilitar o diálogo entre ambos os setores, um diálogo entre pares que até agora nunca ocorreu e isso, no fundo, por culpa tanto dos críticos literários quanto dos psicanalistas. Até mesmo os maiores dentre os textos literários não inspiram confiança suficiente à maioria dos críticos para levá-los a ouvir e desvendar a voz teórica que os informa.

A relação entre os textos, o papel ativo de intérpretes (ou passivo, de interpretados) que eles têm de desempenhar uns para os outros deveria depender, não de uma decisão *a priori* que consistiria em batizar um de "teórico" e o outro de "literário", mas desse diálogo entre pares que acabo de mencionar. Vale dizer, só um encontro com armas iguais pode revelar a potência relativa de cada texto frente ao outro.

Parece-me que uma confrontação equitativa entre "Introdução ao Narcisismo" e *Em Busca do Tempo Perdido* deve revelar que a teoria do narcisismo por inteiro é uma das pedras de escândalo da psicanálise. Fomos irresistivelmente arrastados a abraçar a visão do

Proust tardio, embora não seus enfoques teóricos. Essa visão basta para tornar inteligível a trajetória do escritor: da relativa mediocridade do primeiro romance à genialidade do segundo. Uma carreira de escritor pode ser uma experiência intelectual primordial, uma verdadeira conquista do espírito, que invariavelmente escapa às leituras freudianas, mesmo as mais perspicazes.

Pode-se concluir que, pelo menos, a visão proustiana pelo menos confere ao texto freudiano o mesmo gênero de acesso privilegiado que a psicanálise se gaba de conferir no caso da obra literária – mas sem o conseguir. Assim, após inumeráveis leituras freudianas de Proust, podemos propor, para variar, uma leitura proustiana de Freud. Isso poderia ser visto como um capricho, mas creio que se pode provar que a *Busca* não é a única obra literária apta a fornecer um ponto de partida para uma crítica do narcisismo. Resultados comparáveis poderiam ser obtidos com as obras de Cervantes, Shakespeare, Dostoiévski, bem como de Virginia Woolf, para citar uma romancista contemporânea de Freud e de Proust.

Não cabe aqui tratar dessas obras, mas Proust é suficiente para ilustrar o caso de um grande escritor capaz de desvendar os mecanismos de defesa subjacentes ao tom um tanto moralizador do mesmo homem que, curiosamente, descobriu o papel fundamental dos mesmos mecanismos.

Pode-se encontrar uma reminiscência marcante do trecho citado de "Introdução ao Narcisismo" na atitude de Swann com a coquete Odette de Crécy, que consiste em racionalizar constantemente o ciúme, do qual ele também faz, à sua maneira, um "comprometimento maduro com a libido de objeto". Swann faz parte dessa galeria de personagens que se surpreende ao ver os mais amáveis dos seres humanos se apaixonar por pessoas da mais corrosiva reputação. Tanto quanto Freud, ele julga que sua irresistível atração por Odette é uma "incongruência" inexplicável. E não procura entrar nos detalhes da questão. É por demais educado para tomar tal direção:

ele é por demais cortês – e, talvez, secretamente, tenha medo do que poderia descobrir.

A ironia proustiana fica evidente no trecho todo, tanto quanto na exclamação que conclui "Um Amor de Swann", o admirável grito vindo do coração do homem que permanece na ilusão até o fim, e continua a definir o objeto de seu amor em termos de um narcisismo completamente alheio, segundo ele, ao seu temperamento e até às suas inclinações eróticas: "E pensar que desperdicei anos da minha vida, que quis morrer, que o meu grande amor foi por uma mulher que não me agradava, que não fazia o meu tipo!".[8]

Na qualidade de personalidade fictícia, Swann não se parece com Freud senão remotamente, é claro, e está desprovido do sabor que

---

[8] Ibidem, op. cit., t. I, p. 375. O teórico do narcisismo está sempre, como Swann, mas não como Proust, na posição de sujeito desejante, *porque não tem consciência disso*. Para confirmar esta hipótese, citarei as frases de "Introdução ao Narcisismo" que precedem e seguem imediatamente a passagem analisada anteriormente. Elas falam por si: "De outro modo se configura o desenvolvimento no tipo mais frequente e provavelmente mais puro e genuíno de mulher. Com a puberdade, a maturação dos órgãos sexuais femininos até então latentes parece trazer um aumento do narcisismo original, que não é propício à constituição de um regular amor objetal com superestimação sexual. Em particular quando se torna bela, produz-se na mulher uma autossuficiência que para ela compensa a pouca liberdade que a sociedade lhe impõe na escolha de objeto. A rigor, tais mulheres amam apenas a si mesmas com intensidade semelhante à que são amadas pelo homem. Sua necessidade não reside tanto em amar quanto em serem amadas, e o homem que lhes agrada é o que preenche tal condição. A importância desse tipo de mulher para a vida amorosa dos seres humanos é bastante elevada. Tais mulheres exercem a maior atração sobre os homens, não apenas por razões estéticas, porque são normalmente as mais belas, mas também devido a interessantes constelações psicológicas. (...) Talvez não seja supérfluo garantir que esse quadro da vida amorosa feminina não implica nenhuma tendência a depreciar a mulher. Sem contar que a tendenciosidade me é alheia, sei também que esses desenvolvimentos em direções várias correspondem à diferenciação de funções num contexto biológico altamente complicado; além disso, disponho-me a admitir que muitas mulheres amam segundo o modelo masculino e exibem a superestimação sexual própria desse tipo". (Freud, op. cit., p. 34-35.)
É nesse tipo de texto, de preferência ao mito mais exótico e menos nocivo do *Penisneid*, que a crítica feminina de Freud deveria apoiar-se. A posição de Freud em relação às mulheres é, *grosso modo*, a mesma que a posição sadomasoquista do objeto homossexual em Proust. Uma vez mais, a única diferença é que Proust tem consciência disso, e Freud, não.

dá ao texto de "Introdução ao Narcisismo" seu charme como objeto literário, um ar de *Herr Professor* com um toque de *O Anjo Azul*. Não se trata, pois, de meras semelhanças de caráter. O que Proust gentilmente ironiza é uma ilusão extremamente difundida: aliás, a mítica entidade psíquica conhecida sob o nome de narcisismo deve a essa ilusão sua existência e sua persistente popularidade.

capítulo 7
Nietzsche e a contradição

As diversas interpretações de Nietzsche, filosóficas em sua maioria, têm um ponto em comum: seu antiwagnerianismo, que parece estar solidamente assentado nos ataques veementes do último Nietzsche. Wagner é o bode expiatório indispensável de todos os nietzschianos honrados, assim como Nietzsche é o bode expiatório indispensável de todo wagneriano que se preze. Curiosamente, os nazistas são os únicos que conseguem ser a favor dos dois ao mesmo tempo.

Em *Nietzsche contra Wagner*, Nietzsche republica, quase sem alterações, numerosos textos sobre Wagner, datados do período posterior à ruptura com o músico. Um deles, inicialmente publicado em *A Gaia Ciência* (370), sob o título "O que é o Romantismo?", reaparece aqui numa versão abreviada que põe Wagner em questão de modo mais direto. Nietzsche começa dizendo que, em seus anos de juventude, ele abordava o mundo moderno com esperanças e ilusões na mesma proporção: "(...) eu interpretava a música de Wagner como a expressão de uma potência dionisíaca da alma (...). Vê-se o que eu desconhecia, vê-se também o que eu *creditava* a Wagner e a Schopenhauer – eu próprio...".[1]

---

[1] Friedrich Nietzsche, *Nietzsche contre Wagner*. Trad. Éric Blondel. *Œuvres*. Paris, Flammarion, 1992, p. 1311.

E prossegue enunciando a oposição fundamental entre o dionisíaco e o cristão, sem formulá-la explicitamente, mas sugerindo-a de maneira bastante clara:

> Toda arte, toda filosofia podem ser consideradas remédios e socorros da vida ascendente e da vida declinante: elas deixam sempre supor que há sofrimentos e sofredores. Ora, há duas espécies de sofredores: de um lado, os que sofrem da *superabundância* de vida, que querem uma arte dionisíaca e até uma visão trágica da vida – e, em seguida, os que sofrem de *empobrecimento* da vida, os que exigem da arte e da filosofia a paz, a tranquilidade, o marem calmaria, *ou então*, pelo contrário, a embriaguez, as convulsões, o entorpecimento, a vingança contra a própria vida –, a mais voluptuosa espécie de embriaguez para empobrecidos como esses! (...)
>
> O que corresponde à dupla necessidade destes, é tanto Wagner quanto Schopenhauer – eles negam a vida, eles a caluniam, e, com isso, são meus antípodas. – O mais rico em plenitude de vida, o deus e o homem dionisíaco, pode conceder-se não apenas o espetáculo do terrível e do duvidoso, mas também a ação terrível e esse luxo de destruição, de decomposição, de negação – nele o mal, o absurdo e o feio parecem, por assim dizer, permitidos, como parece permitido na natureza, em decorrência de um excedente de forças procriadoras e restauradoras –, ela que pode fazer de todo deserto um país de abundância fértil. Inversamente, o homem mais sofredor, o mais pobre de vida teria necessidade sobretudo de doçura, de tranquilidade e de bondade – o que se chama hoje

> sentimento de humanidade – tanto em pensamento quanto em ação e, se possível, de um deus que fosse verdadeiramente um deus para doentes, um *Salvador*(...).²

Nietzsche nos revela que sua paixão insensata por Wagner resultava de um mal-entendido legítimo. Ele confundia um tipo de sofrimento com outro, pois mesmo que esses dois sofrimentos sejam radicalmente opostos e estejam situados nos antípodas um do outro, os dois tipos de homens sofredores, Wagner e ele, estão ao mesmo tempo muito próximos, a tal ponto que já não se pode distingui-los. Será fácil de entender que um rapaz um tanto quanto ingênuo tenha podido confundi-los e não se deverá ver nisso, por parte dele, o menor sinal de inclinação ao cristianismo que, sorrateiramente, já invadira a arte de Wagner. O erro era admissível e seria um engano deduzir daí que Nietzsche tenha podido sentir-se atraído, por um instante ao menos, pelos elementos cristãos que há em Wagner.

Eis porque, no texto que acabo de citar, Nietzsche reconhece a presença desses elementos cristãos no primeiro Wagner, porém alegando que estavam mais ou menos escondidos. É no mínimo dar mostras de má-fé.

Uma grande quantidade de elementos cristãos ficam implícitos em Wagner. A Brünhilde de *A Valquíria* nos dá um bom exemplo disso. Em vez de se juntar ao grupo dos matadores de Siegmund, como ela tem de fazer, como sempre faz, ela tenta salvá-lo. Tal qual Antígona, Brünhilde ameaça o poder de Wotan rompendo a unanimidade do círculo homicida, o que a coloca, por sua vez, em posição de vítima. É a quintessência do cristianismo, tanto quanto a intervenção de Elisabeth para salvar Tannhäuser quando os cavaleiros formam ao seu redor um círculo para matá-lo.

---

² Ibidem.

Por outro lado, muitos elementos cristãos estão bastante explícitos no primeiro Wagner. Não é necessário ir muito longe para vê-los, em *Tannhäuser* ou em *Lohengrin*. Esses elementos atravessam a obra e disso, desde o início, Nietzsche teve plena consciência, porém não quer reconhecê-lo, pois seria tocar no ponto fraco, o do relacionamento que ele manteve com um Wagner já fascinado pelo cristianismo. Nietzsche não é inteiramente sincero nessa versão de seu relacionamento com Wagner; mas existe uma outra versão das coisas, ainda mais mentirosa.

Nessa segunda versão, ele deforma ainda mais as primeiras obras de Wagner. Sem se contentar com a afirmação de que neste último todos os elementos cristãos estavam somente subentendidos antes de *Parsifal*, ele chega até o ponto de negar sua existência e posiciona resolutamente o primeiro Wagner do lado da tragédia pagã tomada no sentido nietzschiano, isto é, do seu próprio lado, que alega ser "dionisíaco".

Por que tal distorção? Porque não está satisfeito com a interpretação que deu do wagnerianismo em *A Gaia Ciência*. De fato há duas possibilidades: ou ele confundiu uma forma qualquer de sofrimento cristão com o sofrimento trágico que tomou como seu – o que, de certa forma, não o torna muito inteligente –, ou com isso a distinção entre os dois tipos de sofrimento se apaga. É talvez por perceber a ambiguidade do argumento que ele inventa o mito de um primeiro período wagneriano totalmente dionisíaco.

Para tornar sua tese convincente, Nietzsche vê-se obrigado a exagerar o contraste entre *Parsifal* e as obras anteriores, a fim de nos persuadir, e a ele mesmo, que *Parsifal* não é simplesmente *mais* cristã que as obras anteriores, mas que é a única obra de Wagner a conter elementos cristãos, que é a obra cristã *por excelência*. Nietzsche renega qualquer responsabilidade em sua relação com Wagner. Ele nunca se enganou. Ele quer justificar, do ponto de vista que chama "dionisíaco", ao mesmo tempo sua admiração inicial por Wagner e a posterior hostilidade.

Parsifal vê-se incumbida de um papel da maior importância nessa demonstração. É a única obra de Wagner posterior à ruptura entre Nietzsche e seu ídolo caído. Nietzsche exagera, então, o fosso existente entre esta última obra e as anteriores. Afirma ter ficado horrorizado ao ver Wagner entregar-se servilmente ao cristianismo em *Parsifal*. De acordo com esse raciocínio, Wagner deu uma guinada de cento e oitenta graus no momento exato em que Nietzsche, por sua vez, reforçava sua oposição duradoura e resoluta contra tudo o que se refere ao cristianismo. Era natural e lógico para um Nietzsche já dionisíaco ficar atraído por um Wagner que ainda o era. Da mesma forma, era natural romper definitivamente com um Wagner que traía o ideal de ambos, esbaldando-se de modo repugnante no cristianismo. Wagner é culpado por uma forma de apostasia: renunciou aos seus ideais.

O que diferencia essas duas versões da crítica nietzschiana a Wagner é que a primeira assevera que não se acha qualquer vestígio de uma autêntica dimensão trágica, pagã e dionisíaca nas obras do músico – nem sequer em seu primeiro período –, e que a segunda quer nos fazer crer que houve, apesar de tudo, um Wagner autenticamente trágico e dionisíaco, mas que uma brusca reviravolta ocorreu em *Parsifal*, que firma sua conversão à pior forma possível de cristianismo: o catolicismo.

Eis um texto que ilustra a segunda versão das coisas. Foi primeiro publicado em *A Genealogia da Moral*. Contudo, em *Nietzsche contra Wagner,* Nietzsche dá à conclusão um tom mais virulento:

> (...) seria desejável que o *Parsifal* de Wagner fosse concebido na direção do bom humor, por assim dizer como que um *finale* ou um drama satírico pelo qual o autor trágico Wagner quis devidamente, e de uma maneira digna dele, despedir-se de nós, assim como de si próprio e sobretudo *da tragédia* (...). *Parsifal* é verdadeiramente, *por excelência,* um tema de opereta

(...). Será que o *Parsifal* de Wagner é seu riso às escondidas de superioridade sobre si mesmo, o triunfo de sua derradeira liberdade suprema de artista, de seu "para além" de artista – Wagner, aquele que sabe rir de si?... Poderia, como acabo de dizer, desejá-lo: pois quem seria Parsifal *levado a sério*? Será mesmo preciso ver nele (...) "o produto de um ódio que se tornou frenético pelo conhecimento, pelo espírito e pela sensualidade"? Uma maldição dos sentidos e do espírito num mesmo *ódio* e de um sopro só? Uma apostasia e uma conversão a ideais cristãos – mórbidos e obscurantistas? E até, finalmente, uma negação de si mesmo, uma rasura de si por parte de um artista que até então tinha estado à procura do contrário, da espiritualização e da sensualização supremas de sua arte? E não somente da arte, mas também da vida? Lembrem com que entusiasmo Wagner seguiu outrora os passos do filósofo Feuerbach. A fórmula de Feuerbach sobre a "saudável sensualidade" – nos anos trinta e quarenta, ela ressoou aos ouvidos de Wagner como aos de muitos alemães – eles se intitulavam os *Jovens Alemães* – como a fórmula redentora. Será que afinal de contas ele *mudou de ideia* nesse ponto? (...) O *ódio pela vida* saiu vitorioso, como aconteceu com Flaubert? (...) Pois *Parsifal* é uma obra da falsidade, do rancor, do envenenamento secreto contra as condições da vida, uma obra *maldosa*. – A predicação da castidade permanece uma incitação ao contranatural: eu desprezo qualquer um que não sinta em *Parsifal* um atentado contra os costumes.[3]

[3] Ibidem, p. 1316-17.

O Anticristo contra Parsifal. Dionísio contra o Crucificado. As duas oposições são equivalentes. Como num filme hollywoodiano, o fim revela quem você é de fato. Wagner cai cada vez mais fundo na abjeção, enquanto Nietzsche, elevando-se cada vez mais alto rumo aos cumes dionisíacos, liberta-se do cristianismo. O combate de Nietzsche contra Wagner toma ares de conto de fadas, um conto no qual Nietzsche quis fazer com que todo mundo acreditasse, inclusive ele mesmo.

O núcleo sólido da posição antiwagneriana é *Parsifal*. Nietzsche afirma com frequência que aí reside a principal razão de seu rompimento com Wagner. A hostilidade instintiva que Nietzsche nutre por essa ópera parece fundamental, pois mesmo que esteja exagerando sua singularidade, nem por isso ela deixa de ser a mais religiosa de todas as óperas de Wagner: é quase a encarnação perfeita daquilo que Nietzsche julga insuportável no músico, ou seja, sua atração complexa e ambivalente pelos temas cristãos.

Os textos de Nietzsche sempre citados a respeito de *Parsifal,* têm o mesmo teor: todos são extremamente negativos, até mesmo insultantes. Isso vale também para a maioria dos fragmentos não publicados, onde ele retoma *ad nauseam* a mesma ladainha sobre o assunto, às vezes numa linguagem ainda mais crua, condenando por toda parte o que chama de capitulação senil e desprezível de Wagner perante o Deus cristão.

É certo que essa insistência em torno de *Parsifal* é até certo ponto estratégica, pelo menos se essa obra tiver o sentido que o filósofo lhe empresta. Se, de fato, for a única obra cristã de Wagner, o primeiro Nietzsche fica inocentado de qualquer cumplicidade com as inspirações cristãs do compositor.

Mas essa insistência sobre *Parsifal* não parece exclusivamente estratégica. Nietzsche está verdadeiramente obcecado por essa ópera. Seus argumentos podem ocasionalmente revestir-se de racionalidade e imparcialidade; mas seu menosprezo vai às vezes a tais extremos que confina com o ódio. A menor alusão a *Parsifal* suscita nele os sentimentos mais violentos. E a força de sua indignação é tão convincente que se toma tudo por moeda corrente. Tornou-se um chavão da crítica nietzschiana: todos os admiradores de Nietzsche podem se identificar com seu ídolo e comungar juntos na difamação de *Parsifal*, pois se trata de um gesto de expulsão sobre o qual estão todos de acordo. E, fato excepcional, até os nazistas podem se juntar ao coro. Se há uma obra de Wagner sobre a qual mantêm certa reserva, é *Parsifal*, e seus motivos são os mesmos que os de Nietzsche e de todos os nietzschianos: a obra é de um cristianismo insustentável.

Sugerir que esse notável consenso é ilusório e poderia ser quebrado parece um grande atrevimento. Se eu alegar que isso é possível, suspeitarão provavelmente de que estou, por minha vez, sacrificando minha objetividade como pesquisador em proveito de meus preconceitos religiosos.

A linha oficial do partido nietzschiano com respeito a Wagner, e a *Parsifal* sobretudo, parece inatacável. Contudo, sempre tive a sensação de estar diante de uma meia verdade. Há alguns anos interpretei a relação entre Wagner e Nietzsche em termos de rivalidade mimética.[4] Mantenho essa interpretação. Wagner é o deus que Nietzsche gostaria de ser. A história do relacionamento entre eles corresponde perfeitamente às etapas sucessivas do processo mimético. Inicialmente, Wagner é o modelo explicitamente confesso, a divindade abertamente adorada que Nietzsche quer se tornar. Depois Wagner se torna obstáculo e rival, sem nunca deixar de ser um modelo.

O último Wagner é considerado como desprezível e Nietzsche passa bastante tempo tentando prová-lo – tempo demais para ser

---

[4] Trata-se do ensaio publicado, primeiro em inglês, em dez. 1976 na revista *MLN*, 91 (p. 1161–85) e retomado em *La Voix Méconnue du Réel*. Trad. Bee Formentelli. Paris, Grasset, 2002, p. 107-48, sob o título "Le Surhomme dans le Souterrain. Les Stratégies de la Folie: Nietzsche, Wagner et Dostoiévski".

plenamente convincente. Mesmo nos textos mais antiwagnerianos, encontra-se uma grande quantidade de indícios mostrando que a obsessão de Nietzsche não pode ser uma pura e simples hostilidade – hostilidade que, aliás, nossa vanguarda não tomaria por moeda corrente se Nietzsche não fosse seu ídolo intocável. Wagner encarna um modo de ser do qual Nietzsche tenta desesperadamente escapar.

A hostilidade com Wagner, com sua música, ideias e pretensa conversão ao cristianismo é uma paixão das mais sinceras, quanto a isso não resta dúvida, mas é uma paixão dividida. Só ouvimos em Nietzsche a voz que fala contra Wagner. Porém *há uma outra voz*, que intercede a favor de Wagner e que é forçada a falar cada vez mais alto no fim da vida de Nietzsche, tendo em vista que a voz oficial fala também mais alto, como num esforço desesperado de silenciar a voz favorável a Wagner.

Minha hipótese seria, sem dúvida, mais persuasiva, se para comprová-lo, dispusesse de algo escrito de próprio punho por Nietzsche. Para abalar o consenso universal que se estabeleceu, seria preciso algo sensacional, um texto que viesse ao encontro da tese dominante sobre *Parsifal*. Parece muito pouco provável que se possa pôr as mãos em tal texto. Se existisse, nossos grandes especialistas o levariam em conta e os teóricos seriam mais prudentes ao tratarem de *Parsifal*, de Wagner e de Dionísio contra o Crucificado.

Quando escrevi meus primeiros ensaios sobre Nietzsche, nunca procurei a prova concreta tão ativamente como deveria. Não tinha certeza de que tal texto jamais tivesse sido escrito. Contrariamente a Dostoiévski, Nietzsche nunca conseguiu abrir um espaço real para sua segunda voz. Eis provavelmente o motivo pelo qual o filósofo perdeu a razão e nunca se tornou romancista. Nietzsche é, fundamentalmente, o que eu chamaria de escritor "romântico" e a escritura para ele é um meio de recalque. Ele próprio reconhece que, durante muito tempo, foi difícil distinguir o que provinha de Wagner e o que propriamente lhe pertencia. Através da escrita ele tenta proceder a essa distinção: nesse aspecto, tal experiência tem muito a ver com a pretensa "vontade de potência" e pouquíssimo com a confissão do subterrâneo com a qual Nietzsche tanto se deleitara ao descobrir em Dostoiévski, mas que ele próprio jamais pôs em prática.

Antes da edição de Colli e Montinari, nosso conhecimento sobre o último Nietzsche se fundamentava sobretudo em *A Vontade de Potência* – obra hoje votada à desonra pública. Em outras palavras, estamos limitados aos trechos manipulados e mutilados por sua irmã. Então, não encontrei nada, ou praticamente nada, em suas obras publicadas que pudesse corroborar minhas hipóteses; nada que permitisse transformar a imagem convencional de um Nietzsche denegrindo essa ópera; nada que contradissesse sua raiva obstinada contra *Parsifal*.

Até pouco tempo, eu só repetira alguns poucos elogios comedidos do prelúdio de *Parsifal*, o que não é muito significativo, já que esse prelúdio é exclusivamente musical. A ausência de confirmação através dos textos não abalou em nada minha convicção de que Nietzsche adorava *Parsifal* pelo menos tanto quanto a odiava – e pelo mesmo motivo: por seu conteúdo cristão, contra o qual ele nunca deixou de se pronunciar. Não era minha convicção que ficava com isso debilitada, mas minha argumentação.

Tenho hoje o prazer de revelar que encontrei essa prova concreta. Há alguns dias, enquanto preparava esta contribuição, estava procurando alguma coisa no volume XII da nova edição francesa, volume que contém os fragmentos não publicados que Nietzsche escreveu entre o verão de 1886 e o outono de 1887. Na página duzentos, embaixo do quinto cabeçalho (41), deparei com o seguinte trecho:

> Prelúdio de *Parsifal*, o maior bem que me tenha sido feito desde há muito. A potência e o rigor do sentimento, indescritível, não conheço nada

> que capte o cristianismo em tal profundeza e
> que leve tão asperamente à compaixão. Total-
> mente sublimado e emocionado – pintor algum
> soube expressar como Wagner uma *visão* tão
> indescritivelmente melancólica e terna.
>
> A grandiosidade na apreensão de uma terrível
> certeza, de onde brota algo como a compaixão:
> a maior obra-prima do sublime que eu conhe-
> ça, a potência e o rigor na apreensão de uma
> terrível certeza, uma indescritível expressão de
> grandiosidade *dentro* da compaixão em relação
> a ela: pintor algum soube expressar como
> Wagner na última parte do prelúdio uma visão
> tão sombria e melancólica. Nem mesmo Dante,
> nem mesmo Leonardo.
>
> Como se, depois de numerosos anos, alguém
> finalmente me falasse dos problemas que me
> inquietam, mas, naturalmente, não para dar-
> lhes justamente as respostas que eu já tenho
> prontas comigo, e sim as respostas cristãs – que
> foram, afinal de contas, a resposta de almas
> mais fortes do que as que os dois últimos sé-
> culos produziram. Com efeito, à audição dessa
> música, descarta-se o protestante como um
> mal-entendido...[5]

Será fácil admitir que esse texto surpreendente contém tudo o que eu buscava. Ele contradiz tudo o que o último Nietzsche costuma declarar, não apenas sobre *Parsifal* e Wagner, mas sobretudo acerca da vontade de potência, do *ressentimento* e do cristianismo; tudo o

---

[5] Friedrich Nietzsche, *Œuvres Philosophiques Complètes*, XII, *Fragments*. Outono 1885-outono 1887. Paris, Gallimard, 1978, p. 200.

que se torna para ele um dogma incontestável. Espero que aqueles que estimam o talento com o qual Nietzsche contradiz a si próprio reconheçam a importância desse texto. Espero que encarem a frase de Nietzsche sobre "as respostas cristãs que foram afinal de contas a resposta de almas mais fortes do que as que os dois últimos séculos produziram". Será a oportunidade de mostrar que o elogio da contradição não excetua o cristianismo.

De todas as obras de Wagner, repito, *Parsifal* foi a que Nietzsche desprezou mais sistemática e violentamente. O que ele escreveu na mesma série de fragmentos – pouco antes e pouco depois desse texto – a respeito de *Parsifal* e do cristianismo está em total coerência com sua ideologia habitual: essa ópera é considerada a derradeira fase da degradação do músico, o vergonhoso produto de sua senilidade.

A inversão com relação a tudo o que se viu em *Nietzsche contra Wagner* é tão radical que parece impossível que o mesmo autor tenha podido escrever fragmento que acabei de citar e o que ele escreve habitualmente a esse respeito. Contudo, estamos efetivamente tratando de um mesmo e único autor.

Muitos elementos ligam o texto que acabo de citar às inúmeras *Verneinungen*[6] que se encontram nos escritos publicados. Um grande número de críticos musicais tenta adequar *Parsifal* ao gosto do público moderno insistindo na singularidade de sua doutrina. Eis, basicamente, o que dizem: "Vocês não têm motivos para preocupações: essa ópera não é verdadeiramente católica, não é nem mesmo cristã".

Nietzsche já estivera muito próximo de Wagner e era extremamente, até mesmo histericamente, sensível ao que se poderia denominar de intensa nostalgia católica, da qual estão impregnadas não apenas

---

[6] "Negações" – em alemão no texto. (N. T.)

Parsifal, mas também muitas outras obras. Os ataques mais virulentos de Wagner contra o catolicismo não bastam, aos olhos de Nietzsche, para eliminar a suspeita de traição que pesava sobre ele. Traição a quê? A tudo que, segundo Nietzsche, Wagner e ele próprio defendiam por ocasião de suas longas conversas em Tribschen.

O verdadeiro traidor do dionisíaco é o próprio Nietzsche, pelo menos o Nietzsche desse texto em particular, traidor de seu próprio sistema.

Algumas páginas antes, Nietzsche conta que uma ruptura assim exigiu um grande esforço de "autossuperação" – imagino que o termo alemão seja *Selbstüberwindung*: foi para mim um longo e penoso percurso, escreve, o de chegar a distinguir o que pertencia a Wagner do que pertencia só a mim, Friedrich Nietzsche. Nosso texto pouco ortodoxo poderia ser definido, desse ponto de vista específico, como uma recaída na fusão primitiva. Tudo ocorre, de fato, como se Nietzsche aí escrevesse sob o domínio dessa confusão entre Wagner e si mesmo, como se, de repente, fosse-lhe forçoso imitar o último Wagner, como se ele não conseguisse diferenciar-se do autor de *Parsifal*. Como o próprio Wagner, ele está possuído por *Parsifal*.

Aqui, tal como ocorre em outros escritos, quando Nietzsche tece elogios a essa ópera, ele está elogiando o prelúdio. Se se estiver familiarizado com os impropérios costumeiros contra *Parsifal*, que são um tanto repetitivos, deve-se ficar alerta: o prelúdio em geral é poupado. Nietzsche sempre reconheceu que o apreciava. Mas, quase sempre, ele para por aí. Confessa gostar da música, contanto que fique separada das falas e da odiosa mensagem contida na ópera.

Duas perguntas permanecem em aberto:

1. Por que os nietzschianos nunca mencionam esse texto? A resposta é simples: ignoram sua existência. A irmã de Nietzsche não o incluiu em *A Vontade de Potência*. E essa lacuna possibilita que todos os nietzschianos continuem a crer que, por mais ambivalente

que Nietzsche possa ser, em relação ao homem Wagner, seu desprezo por *Parsifal* e, principalmente, pelo cristianismo nunca esmorece.

Se sua irmã tivesse publicado esse texto em *A Vontade de Potência*, teria sido assustador. Muitas das perguntas a que os nietzschianos sempre conseguiram se furtar seriam então inevitáveis. Será que Nietzsche já estava louco ao escrever esse texto ou será que estava louco quando escrevia o contrário?

O objetivo de sua irmã é claro. Contava promover a filosofia do irmão, não minar seus alicerces. Tinha então que descartar esse texto – que ela acabou assim mesmo publicando. Depois na nova edição francesa de que disponho, ela afirma tratar-se de uma carta pessoal que seu irmão lhe teria enviado. Esse foi um lance de gênio. Bem entendido, ela nada tinha contra Wagner; deplorava a atitude do irmão e, por isso, desejava vivamente publicar qualquer opinião favorável que Nietzsche tivesse podido manifestar acerca do músico e de sua obra. Ao apresentar esta como uma confidência à cara irmã, ela tornou menos visível a contradição com a raivosa agitação antiwagneriana do último Nietzsche. Os amantes de Wagner pensariam assim que Nietzsche reservava a manifestação de seus verdadeiros sentimentos para a irmã. O inimigos da irmã poderiam dizer o oposto, afirmando que Nietzsche com toda a certeza mentia já que desprezava Elisabeth. Num futuro próximo, não duvido de que algum nietzschiano ortodoxo tente provar que esse texto constituía realmente uma carta à irmã e que, por conseguinte, não se deve absolutamente levá-lo em consideração para estabelecer qual era o verdadeiro pensamento de Nietzsche.

A irmã de Nietzsche, ao que parece, foi de grande ajuda para todo mundo, inclusive para os nietzschianos contemporâneos que minimizam sistematicamente a importância da problemática religiosa no último Nietzsche.

2. A segunda pergunta que devo tentar responder de maneira breve é a seguinte: qual é o sentido dos pontos que levantei? De certa

forma, ele é evidente. As respostas prontas de Nietzsche, as que estão ao seu dispor, e que foram evocadas mais acima, são as que veem em *Parsifal* e no cristianismo o fruto da doença e do *ressentimento*, o produto que Deleuze prefere chamar de vontade de potência "reativa"[7] – expressão que Nietzsche também emprega.

No texto que citei, Nietzsche faz da compaixão o sentimento cristão por excelência; em todos os demais escritos, ele a denuncia como impostura, disfarce transparente de que se revestem o *ressentimento* ou a "vontade de potência reativa". A desmistificação, que é tão importante para o filósofo no restante da obra, é varrida de um sopro, incapaz de alcançar a essência real do cristianismo, ou de minar o que Nietzsche chama aqui de "terrível certeza" de onde brota essa compaixão.

Deve-se concluir dessa reviravolta radical que não se pode levar Nietzsche a sério, que ele oscila como um demente entre duas opiniões pouco pertinentes, e que tudo se resume na rivalidade mimética que o contrapõe a Wagner num nível pessoal? É certo que não; ou melhor, pode-se medir aqui a distância que separa a perspectiva mimética de uma perspectiva redutora de ordem psicológica, talvez psicanalítica.

Quando Nietzsche escreve sobre *Parsifal* como o faz habitualmente, depois quando o faz dessa forma incrível, não há dúvida de que já está bem adiantado no caminho que leva à loucura. Contudo, essa ameaça e seu gênio são uma só coisa, já que sua genialidade se situa nessa contradição aparente, ou seja, nesse movimento pendular entre os dois pensamentos antitéticos que procuramos deixar claro.

Para além da relação pessoal de Nietzsche com Wagner, a oscilação do pró ao contra *Parsifal* põe em jogo a questão nietzschiana por excelência, que diz respeito à diferença entre o dionisíaco e o

---

[7] Gilles Deleuze, *Nietzsche et la Philosophie*. Paris, PUF, 2005.

cristão. Para mim, a questão da vontade de potência, ativa e reativa, está subordinada a esta, que vem a ser, em definitivo, uma questão mimética, tanto quanto a rivalidade com Wagner: é a questão mimética das origens religiosas. Para compreendê-la, temos de ler um último texto, situado num plano mais recuado do que aqueles em que Nietzsche fala frontalmente do drama original de *Dionísio contra o Crucificado*. É a mesma morte coletiva, e a última consideração de Nietzsche acerca dessa identidade.

Não há religião sacrificial que não possua um drama em seu núcleo e, quanto mais de perto o observamos, mais notamos que as características comuns à morte de Dionísio e à de Jesus são também comuns a outros cultos no mundo inteiro. Essa identidade possibilita a Nietzsche recorrer a um único símbolo, Dionísio, para subsumir um sem-número de cultos mitológicos. Dizer, como Heidegger, que Dionísio representa uma espécie de monoteísmo não bíblico constitui, na minha opinião, um completo disparate. Quando os antropólogos do século XIX descobriram todos esses cultos centrados no mesmo drama coletivo, eles se sentiram autorizados a formular conclusões definitivas, sem ter a menor ideia da razão pela qual tantos cultos religiosos pareciam enraizar-se no mesmo tipo de drama. Viram que os fatos eram os mesmos e, como bons positivistas, supuseram imediatamente que todas as religiões eram equivalentes. Na época, todo livro de antropologia que se prezasse tinha por obrigação demonstrar que o judaísmo e o cristianismo eram idênticos a qualquer outra religião cuja origem fosse sacrificial. Apenas Nietzsche rejeitava essa conclusão, muito embora apreciasse sua perspicácia quanto à apreensão dos fatos. Ele, sim, bem sabia que os "fatos" são importantes, mas que não significam nada antes de ser interpretados.

> *Dionísio contra o "Crucificado"*: ei-la indiscutivelmente, a oposição. *Não* é uma diferença quanto ao martírio – porém esse tem um sentido diferente. A vida mesma, sua eterna fecundidade, seu eterno retorno, determina o tormento, a destruição, a vontade de

aniquilar. No outro caso, o sofrimento, o "crucificado" enquanto o "inocente", serve de argumento contra essa vida, de fórmula de sua condenação.[8]

No caso de Dionísio, a ênfase é primeiro dada à *inocência* dos matadores, depois à culpabilidade da vítima, nem que se trate do próprio Deus. No caso de Jesus, a ênfase é posta na *inocência* da vítima, logo, na culpa de seus assassinos.

Reencontra-se aqui os dois tipos de sofrimento. O tipo pagão reivindica o sofrimento mais agudo, como diz Nietzsche. Já a Paixão fica do lado das vítimas, denunciando como mentiroso o outro tipo de religião. O filósofo via claramente que Jesus não morrera como vítima sacrificial do tipo dionisíaco, mas *contra* todos os sacrifícios desse gênero. É por isso que acusava toda a dramaturgia cristã de ser um ato dissimulado de ressentimento: ela revela a injustiça de todo sacrifício religioso e o absurdo de todas as turbas dionisíacas.

A Paixão é interpretada como uma objeção contra a vida ou como uma fórmula cuja meta é condená-la, pois ela rejeita e condena tudo aquilo em que as antigas religiões pagãs estavam fundamentadas. E, segundo a estimativa habitual de Nietzsche, todas as sociedades humanas dignas desse nome, sociedades onde os fracos e vencidos não impediam "os fortes e vitoriosos" de gozar os frutos de sua superioridade.

A Paixão Cristã calunia o paganismo, lançando uma luz negativa sobre a antiga violência religiosa e incita seus autores a se sentirem culpados de havê-la perpetrado, ou simplesmente de haver consentido com ela. Visto que toda cultura humana se funda nessa violência coletiva, a raça humana como um todo é declarada culpada do assassínio de Deus. A vida, ela própria, é

---

[8] Friedrich Nietzsche, op. cit., p. 63.

caluniada, pois não pode se organizar e perpetuar a si mesma sem exercer esse tipo de violência.

O ponto comum a todas as leituras que se fazem de Nietzsche, a todas as variedades de cultos que lhe votam os nietzschianos, é que elas sistematicamente não levam em conta o papel crucial que a contradição desempenha no cerne dessa obra. Ao contrário de Heidegger, eu não creio que a vontade de potência seja o conceito cardeal do pensamento nietzschiano, pois ela só adquire sua significação pela *diferença* entre Dionísio e o Crucificado, ou seja, entre Nietzsche e Wagner – e o mergulho na loucura representa a confusão final na qual essa diferença se refunde, a deriva de "Dionísio *versus* o Crucificado" para "Dionísio *e* o Crucificado". Quando essa diferença desaba, Nietzsche enlouquece.

Essa confusão final, na qual ele naufraga, não nasceu do nada; ela não está desvinculada de sua vida intelectual anterior. A presença mesmo que de um só fragmento no qual ele se manifesta a favor de *Parsifal* e da compaixão confirma que seu pensamento é como um pêndulo que oscila loucamente não apenas entre Wagner e Nietzsche, mas também entre Dionísio e o Crucificado. A oscilação entre esses dois extremos é frenética ao longo de toda a sua carreira, muito embora Nietzsche persista no esforço de reprimi-la, e seus escritos, como ferramentas para essa repressão, registram os sobressaltos quase constantes de uma agulha emperrada sempre do mesmo lado.

A função do escritor em Nietzsche é a de convencer a si próprio, e também a nós, de que as opiniões que o opõem aos defensores de *Parsifal* são as únicas que sustentou. O vestígio escrito que registra pelo menos uma oscilação em direção ao polo oposto exige uma reinterpretação em profundidade da obra de Nietzsche. A loucura é parte intrínseca da aventura nietzschiana; o pensador reverte o pêndulo de seus próprios pensamentos, a fim de evitar maiores oscilações e o insuportável sofrimento que as acompanha. Para não se render a Wagner ou ao cristianismo, Nietzsche sabota seu pensamento. O texto que se pôde ler aqui elucida a gênese da derrocada final, que não se encontra tão afastada da vida intelectual e espiritual do escritor quanto a maioria dos nietzschianos gostaria de nos fazer crer. Essa censura à sua loucura, ou a ideia de que ela não está intrinsecamente ligada ao seu pensamento, faz parte do mito filosófico que sempre dominou a interpretação de Nietzsche.

No futuro, qualquer leitura de Nietzsche deveria, sem dúvida, levar em consideração a contradição que descobrimos no tocante a seu juízo sobre *Parsifal*. Tais interpretações futuras deverão abordar o trágico e o religioso mais do que a filosofia. Não deverão repetir os mitos nos quais o próprio Nietzsche não acreditava, mesmo que os tenha lançado, mas reconhecer a existência de uma inspiração radicalmente *outra* que sua inspiração antiwagneriana e antirreligiosa, uma inspiração favorável a Wagner e ao cristianismo, balbuciante e intermitente, com toda a certeza, mas por isso mesmo de grande importância. Seu recalque por parte do nietzschianismo unânime tem algo de assombroso e de extremamente óbvio – além de definir muito bem a época contemporânea.

capítulo 8
a mitologia e sua desconstrução em "O Anel do Nibelungo"

Proponho-me a expor a gênese da mitologia e sua desconstrução em *O Anel do Nibelungo*.[1]

O Anel do Nibelungo tem, ele próprio, obviamente, a forma de um anel, de um ciclo mitológico. Ele começa e termina nas águas do Reno. *O Ouro do Reno* não passa de um prelúdio. Wagner não o considerava um dos três dramas musicais. Diz-se *A Tetralogia*, mas, para Wagner, trata-se de uma trilogia cujo prólogo é *O Ouro do Reno*.

No fundo, *O Ouro do Reno* é a gênese da mitologia. E essa gênese começa nas águas do rio, por esse acorde perfeito em mi bemol maior, sustentado durante 136 compassos, que simboliza as águas, ou o caldo primordial, pois é de onde toda a vida vai sair e é para onde, no fim, toda a vida vai retornar, depois do fogo que destrói os deuses em sua morada - o Walhalla. Um transbordamento do rio será o fecho da destruição, enquanto as três filhas do Reno, depois de terem recuperado o ouro de que eram as guardiãs desde o início,

---

[1] *O Anel do Nibelungo*, festival cênico em um prólogo e três jornadas (*Der Ring des Nibelungen*) é chamado na França *La Tétralogie* ou *Le Ring*. Essa obra imensa, composta por Wagner ao longo de aproximadamente trinta anos, é inspirada na mitologia germânica e nórdica e muito marcada pelo teatro grego. Eis a razão pela qual ela comporta quatro grandes partes: um prelúdio (*O Ouro do Reno*) e três grandes jornadas: *A Valquíria* (em três atos), *Siegfried* (em três atos) e *O Crepúsculo dos Deuses* (em um prólogo e três atos). A famosa *Marcha Fúnebre* é o interlúdio orquestral da terceira jornada. (N. E. Carnets Nord)

regressam às profundezas. Nesse prelúdio de *O Ouro do Reno*, as filhas do Reno têm seu tesouro furtado pelo tenebroso Alberich, o anão ousado que, graças a esse roubo, põe toda a tribo de seus irmãos, os Nibelungos, em trabalho forçado e se torna seu chefe.

A definição circular é, pois, uma evidência primeira e, tal como todas as evidências desse tipo, esta aqui é um tanto duvidosa. Será que estamos numa história verdadeiramente cíclica ou estamos numa história aberta, de liberdade e responsabilidade? O que é destruído no fim do *Crepúsculo dos Deuses*? É uma pergunta a ser feita, e a resposta pode gerar equívocos; aliás, esclarecendo o poder simbólico da obra.

No princípio, pois, assiste-se à gênese da mitologia. É uma mitologia em ação, em que seres se desejam e se odeiam, opõem-se e enfrentam-se, transgridem e defendem as leis. A bem dizer, trata-se aqui de muito mais do que temas ou símbolos imóveis: o que o wagnerianismo tradicional fez disso, foram as molas de uma gênese e de um crepúsculo dos deuses, isto é, da composição e decomposição de certo tipo de ordem cultural. Quando posta à prova, a organização mitológica se desarticula e se desfaz, pois sua lógica é deficiente. Wagner percebe os paradoxos da transcendência social, mas não se conforma. Percebe neles um absurdo que se torna flagrante e que, provocando uma divisão do universo mitológico em duas metades antagônicas, condena-o à autodestruição.

O famoso prólogo é a partida para as águas primordiais e os que estão familiarizados com a gênese da ordem pela desordem, da diferença pelo indiferenciado, não ficarão surpresos. Mas essa gênese tem algo de espantoso, se pensarmos melhor na visão quase vulgar de Wagner. Isso não tem nada a ver nem com os trovões beethovenianos, nem com o Michelângelo dos românticos ou o Victor Hugo de *A Lenda dos Séculos*. No âmago do indiferenciado primordial, primeiro só se consegue distinguir vagas flutuações, não ondas verdadeiras ainda, nada de linhas melódicas de fato, mas apenas um arrastado delinear-se, que se prolonga sem motivo plausível (por tempo demais, dizem os antiwagnerianos), até o instante em que, do seio das águas, surgem três ondinas, as três filhas do Reno.

E aí é que está a surpresa, segundo a ideia que se tem de Wagner, porque se espera alguma coisa grande, majestosa, potente ou colossal, ou melhor: pomposa – "bem alemã", dizia-se por ocasião da primeira grande reação antiwagneriana –, o Walhalla, para acabar de vez com a espera! E não é nada disso: as três ondinas se divertem nas águas, sereias esguias e não dondocas rechonchudas como foram perpetuadas pela imagem antiwagneriana. A grande tática de uma certa forma de antiwagnerismo é prolongar a iconografia de 1870 a 1900 e associar Wagner para sempre, por assim dizer, ao que essa iconografia tem de ridículo, pois ela se situa nessa zona onde o desejo não é mais o nosso, mas onde ainda é reconhecível, zona perigosa, zona do ridículo por excelência. Hoje em dia, esses clichês estão desaparecendo. Servem-nos filhas do Reno esqueléticas e anoréxicas, como exige a moda atualmente, que ficará tão ridícula daqui a cinquenta anos quanto a de 1870 o é hoje.

Essas três donzelas provocam Alberich. Elas o excitam, depois, de súbito, desvencilham-se dando risadas. Só o tomam nos braços para soltar-se mais facilmente: "Achega-te a mim", diz a primeira, Woglinde, antes de se afastar. "Estou perto o bastante de ti?", sussurra a segunda, Wellgunde, que lhe escorrega em seguida entre os dedos, como uma espécie de truta cintilante. A terceira, Flosshilde, a princípio a mais comportada, leva a audácia ainda mais longe, já que se deixa abraçar, despreocupada com um perigo tanto mais ilusório quanto mais próximo parece. O pobre Alberich, o anão assustador, está de quatro sobre os rochedos, rasga-se em suas arestas, achata-se sobre as curvas dessas rochas, geme, resfolega, sangra. Ele acha que conseguiu segurar uma das moças e eis que dá com o nariz nos pedregulhos, acaba sempre estreitando contra si apenas rochas.

Essas três cenas, pode-se dizer assim, têm a mesma forma. A segunda retoma a primeira, depois a terceira e cada uma é um pouco mais longa, um pouco mais insistente. Elas se alongam, se estiram, se inflam como três ondas sucessivas, cada qual mais alta que a anterior, e essas três vagas prolongam e incham o marulho que as antecede. Jorram do prólogo por um processo de diferenciação que mal fica sensível e que é engrenado bem antes da palavra, depois de alguns compassos apenas, mas sem uma verdadeira descontinuidade, sem que o canto provoque uma verdadeira ruptura, embora se costume dizer o contrário.

As três filhas do Reno são, pois, geradas pelo rio. Vênus multiforme surgindo das águas. Mas essa Vênus específica, por sinal, não é a Vênus da tradição ocidental. Não é a *Vênus* de Rubens ou de Ticiano, não é a Vênus cheia e bem assentada, não é a mulher entregue, a esposa ou a amante sempre disponível. Não é tampouco a *Vênus* de Botticelli, nem a puta cobrada pelo academicismo invertido do nosso tempo, mais acadêmico do que nunca. A puta satisfaz um desejo atiçado por outras mulheres, ao passo que as filhas do Reno são exatamente o inverso: despertam o desejo sem contentá-lo. São acendedoras, inclusive do incêndio do Walhalla, já que, afinal de contas, tudo gira em torno desse jogo inicial. Brincam com o pobre Alberich, brincam com seu desejo para fazer dele uma espécie de espelho, a fim de contemplar seus encantos que ficam acrescidos de todas as recusas que elas opõem a esse amante presumido. Ele, em contraposição, vai ficando cada vez mais feio. Poderia-se dizer que a feiura de Alberich e a beleza das filhas do Reno são geradas pela música de Wagner.

Depois de ter sido enrolado nas ondas do Reno pelas três irmãs, Alberich chega ao ápice do desejo. As ondas do rio evidentemente representam esse desejo. Alberich está cego de raiva, que é fisicamente vertiginosa. Ele próprio nos diz: "A raiva e o desejo selvagem e potente fazem minha cabeça girar". E, um instante depois, sem verdadeira quebra, o sol, a Dama Sol, põe-se a brilhar.

Algo parece brilhar no fundo das águas lampejantes. "Do que se trata?" pergunta Alberich. As três ondinas celebram, então, dessa vez todas juntas, a beleza misteriosa do ouro no fundo das águas. E o desejo de Alberich se orienta em direção a esse ouro. Ele não muda apenas de objeto, nos diz o wagnerianismo tradicional e o próprio Wagner, ele também muda de natureza. Haveria dois desejos inteiramente distintos nessa primeira cena: de um lado, o desejo amoroso, natural e louvável; do outro, a sede maléfica do ouro, o desejo dos malvados capitalistas. Para passar de um ao outro, Alberich tem de abjurar o amor e possuímos, aliás, um motivo para a renúncia ao amor. Tendo o caçador de mulheres sucumbido à sede terrível de ouro, ele aparece retrospectivamente como um personagem até simpático, bonachão, rabelaisiano. Graças a seu ouro, Alberich poderá pagar por toda espécie de mulheres.

Apesar de inscrita na obra, por conseguinte indiscutivelmente wagneriana, essa leitura, do meu ponto de vista, contradiz o movimento real do conjunto. Em outras palavras, há mais continuidade aqui do que Wagner colocou, tematicamente falando. A música o comprova: do início do prólogo até a subida à morada dos deuses, tudo ocorre em meio às águas. Quanto às cenas com as filhas do Reno, quer se trate de seu corpo como objeto do desejo ou do ouro do Reno, no fundo, é uma coisa só. Não se deve hesitar em dizer que tudo está interligado. É bem verdade que existe o tema teórico da renúncia ao amor, que fica incontestável ao se ler o texto. A princípio, a ruptura está aí, mas se escutarmos a música sem nos incomodar com as falas, ouviremos apenas o formidável crescendo de um único e mesmo desejo que começa pelas donzelas e prossegue com o ouro. Sua intensidade, certamente sempre maior, metamorfoseia esse desejo, torna-o monstruoso, mas tudo diz respeito a uma única e mesma gênese. Não há nada mais errado do que separar esses dois desejos um do outro, dois desejos que se oporiam como o dia e a noite, o positivo e o negativo. O próprio Wagner, no fundo, sucumbe aos clichês românticos, demagógicos da sexualidade alegre que protegeria os amantes da avareza sórdida e da ambição. E, para mostrar que não é algo tipicamente wagneriano, basta mudar de ópera, e se transportar em espírito, pelo ouvido, ao início de *Tannhäuser*.

Tannhäuser está na gruta de Venusberg, junto de Vênus, totalmente ligado à sua presa, Vênus rodeada de uma bacanal a um só tempo da antiguidade e medieval, lembrando uma feiticeira. Tannhäuser já não suporta mais. Cansado, sente falta do Ocidente cristão e chega a pronunciar estas palavras extraordinárias: "Não é a ti, Vênus, que deverei minha salvação, é à Maria". Nesse exato instante, explode uma trovoada, surge o tema do cavaleiro medieval que se persigna e desaparece o universo mitológico. Tannhäuser encontra-se então em outro universo, o de sua infância, junto de Hermann da Turíngia, Landgrave do castelo de Wartburg, e de seu velho amigo, Wolfram von Eschenbach.

Acontece então algo totalmente extraordinário. Quando o canto dos peregrinos ressoa, Tannhäuser fica preso entre duas tonalidades radicalmente opostas: a pagã, erótica, e a dos peregrinos, cristã. Frente a Vênus, encontra-se Elisabeth, a amiga de infância de Tannhäuser. Mas Tannhäuser não regressou de fato. Ele oscila indefinidamente entre esses dois universos. É aqui que está situada a cena extraordinária do concurso de canto. Wolfram von Eschenbach propõe ao amigo Tannhäuser participar de um concurso de canto cujo tema é o amor, em que ele mesmo desenvolverá o tema do amor místico. Mas Tannhäuser, tomado de emulação frente a Wolfram von Eschenbach, põe-se pouco a pouco a cantar em louvor a Vênus. Há uma luta entre os dois temas e sabemos que, musical e psicologicamente, o tema de Vênus tem de voltar à tona, de um modo que não é bem o do recalque. Em certo sentido, é o contrário da sublimação freudiana. Tannhäuser se afastou de Vênus, por quem já não se interessa; ele busca a ação, o sofrimento. Mas o concurso de canto – concurso esse que por sinal desempenha um papel importante em Wagner, porque reaparece em *Os Mestres Cantores de Nuremberg*, ópera sobre a própria escritura da ópera, o que *Tannhäuser* já é um pouco também – o faz retornar a Vênus, na presença de Elisabeth, no momento em que menos pensa em Vênus.

Esse desejo – paixão de rivalidade, isto é, ambição carnal, estética e intelectual de Tannhäuser-Wagner – é desencadeado pela rivalidade com os demais cavaleiros. Wagner enfatiza aqui uma unidade do desejo bastante interessante, precisamente para recolocar as coisas em seu devido lugar em *O Ouro do Reno*, vendo essa corrente única que impede uma diferenciação demasiada, no desejo de Alberich, entre sua renúncia ao amor e seu desejo pelo ouro do Reno.

O início é capital, é fácil adivinhar, não só para *A Tetralogia*, mas para todo o sistema conceitual de Wagner, do romantismo e do mundo moderno. Wagner é capaz de discriminar os dois desejos, discriminação muito importante, que se encontra por toda parte em sua obra. Mas há também momentos onde essa diferenciação fica suspensa, particularmente em *O Anel do Nibelungo*. Fica suspensa pela música quando, por exemplo, o *leitmotiv* do ouro sai diretamente do *leitmotiv* das filhas do Reno. Há aí uma continuidade perfeita que desmente o tema da renúncia ao amor. Esse tipo de contradição em Wagner me parece completamente significativo. No fundo, é sempre isso que ele escolhe, inclusive em *Tannhäuser*, essa espécie de oscilação entre a mística e o desejo. Pode-se dizer que no fim, no período do grande Wagner, *O Anel do Nibelungo*, *Tristão e Isolda* e, para terminar, *Parsifal* tomam parte nesta oscilação e a amplificam de maneira gigantesca.

Esse corte – desejo sexual de um lado e, do outro, cobiça vulgar – é interessante porque, no fundo, é o corte a que sempre procederão as interpretações marxistas e psicanalíticas de Wagner. Tudo já está definido uma vez que se aceita a tese da renúncia ao amor. O Wagner intelectual não difere de sua época, ele se torna até mesmo uma referência para esse tipo de corte e um bom número de elementos seguem a mesma direção da psicanálise e do marxismo, em *O Anel do Nibelungo*. Não vou negá-lo nem minimizá-lo, mas gostaria de mostrar que a partir do momento em que se assume o outro ponto de vista, e em que se reconhece a unidade do desejo, ocorrem coisas completamente estranhas, coisas muito interessantes, em especial no plano do texto de Wagner, da relação de Wagner com a mitologia e de sua relação com o cristianismo. Ao dizer isso, estou traindo um Wagner em benefício de outro, é o que se poderia achar, mas me reencontrarei com o primeiro.

No fundo, Wagner afirma sempre a continuidade do indiferenciado ante aos seus adversários. Pode-se dizer que é o destino da arte moderna como um todo. São muitas as pessoas que dizem, como se dirá após sua morte de um modo um pouco diferente, que ele mistura tudo, mesmo a voz e os instrumentos, que Wagner é a confusão personificada. Stravinsky retoma isso de uma forma nova, por motivos diferentes e legítimos. Como declarou: "Não há um único som puro em Wagner"; aliás, o que Claudel também afirmou em seu longo artigo contra Wagner. O que é interessante na arte moderna é que seus amigos e seus inimigos sempre dizem que transgride certas barreiras que não deveria transgredir, que mistura coisas que não deveria misturar. Isso é retomado até por alguns admiradores de Wagner, como Thomas Mann. Este se mostra muito universitário no artigo em que escreve: "Wagner é de cair o queixo; Wagner, de certa forma, é a interdisciplinaridade, mas é também um diletante, ele faz de tudo mas não pode fazer tudo muito bem, porque não se pode ser ao mesmo tempo especialista em mitologia, em música, em orquestração, em canto, em tudo".

O famoso diletantismo de Wagner: essa acusação me interessa bastante porque, tanto quanto Shakespeare durante dois ou três séculos, sobretudo aos olhos dos franceses, Wagner parece culpado de confundir o que seria preciso distinguir, de tornar a música impura e de contribuir com o "mau gosto". Assim como os pratos devem ser comidos um depois do outro durante uma refeição tradicional francesa, numa ordem obrigatória, também não se deve, salvo exceção, misturar os seres que Wagner mistura: comete-se a falta grave do "mau gosto germânico". Shakespeare não escapou a esse tipo de recriminação senão muito tardiamente. Quando se lê Voltaire escrevendo sobre Shakespeare ou sobre o século XVIII, tem-se a impressão de que é totalmente ridículo e de que é muito fácil superar tais preconceitos. Tendo em vista as tensões políticas entre a França e a Alemanha, eu me pergunto se Wagner não sofreu, por sua vez, a excomunhão de certo neoclassicismo, e, particularmente, de certa influência de Maurras e de Barrès – influência que não é propriamente clássica. O neoclassicismo não consiste em mudar de vítima e em trocar, terei a ousadia de formulá-lo assim, Shakespeare por Wagner enquanto inimigo das regras do bom gosto, e mais especificamente do bom gosto francês?

A única diferença entre os adversários e os partidários do moderno, no sentido de Wagner, é que os primeiros – os adversários, os antimodernos – não enxergam crise senão nas artes e na cultura, e não na sociedade. Quando enxergam a crise na sociedade, têm a expectativa de contê-la reforçando as distinções que tenham sofrido um abalo, as diferenças que estejam ameaçadas. Vomitam uma arte que lhes parece manter uma cumplicidade secreta com essa ameaça e que, de fato, tem nesse abalo a fonte dos seus recursos, de tudo o que apresenta de paradoxal e de original. Eles a condenam, mesmo que Wagner, de certa forma, seja um adepto da ordem a partir da *Tetralogia*. É preciso lembrar que ele foi revolucionário até essa época, e chegou a sofrer certa perseguição por parte das forças antirrevolucionárias de 1848.

O início de *O Ouro do Reno* perturba e escandaliza determinado tipo de público porque, no fundo, é exatamente como se, em plena atmosfera trágica, começasse com uma espécie de Marivaux de má qualidade. É óbvio que, justamente em Shakespeare, há sempre a mistura do cômico e do trágico.

Ademais, se pensarmos na mitologia grega, fica evidente que Alberich representa a grande metáfora mitológica universal, a do suplício de Tântalo. Algo quase impossível de se dizer, mesmo nos dias de hoje, é que as filhas do Reno têm a graça e a leveza da coqueteria feliz e satisfeita. Tornam-se cada vez mais leves e belas à medida que as cenas vão transcorrendo. Não se pode dizê-lo porque Wagner, por definição, não pode ter leveza e, na tradição francesa, ele encarna o caráter pesado tipicamente germânico. A propósito, vale mencionar que, estranhamente, a graça musical é sempre tida como mozartiana, isto é, novamente, algo germânico. De qualquer forma, essas imagens de pesadelo lentamente se afastam. Deve-se ficar grato a Boulez e Chéreau: eles participam de uma revisão de valores que poderia renovar toda a interpretação de Wagner.

Qual é, então, o desejo de que se trata, se há verdadeiramente uma continuidade entre as filhas do Reno e o ouro do Reno? É a questão que devemos agora examinar.

*

A continuidade não é apenas a da música, mas também a do desenvolvimento dramático. O que eu disse acerca de *Tannhäuser*, também encontramos no *Nibelungo*. As donzelas não param de excitar e provocar Alberich. E são elas que o direcionam para o ouro, depois de o terem direcionado para seus corpos. Alberich de início não distingue nada na reverberação da água. As três donzelas dedicam-se a seus folguedos mais alegremente do que nunca, é como um êxtase suscitado pelo sol. É o sol que as deixa felizes, mas é também o desejo de Alberich, o desejo sempre mais intenso que elas despertam e que provoca esse êxtase. É exatamente por isso que prosseguem com sua provocação. Dama Sol, a instigante, põe-se então a brilhar, e fornece a dose suplementar de luz e energia que a evolução do desejo tornou necessária. É o aquecimento branco de uma paixão que até então tinha permanecido nos tons de vermelho escuro. Alberich esfrega os olhos e pergunta ingenuamente às filhas do Reno como se explica esse brilho incandescente. Elas zombam de sua ignorância, dizendo: "Todo mundo sabe do que se trata, é o objeto que todo mundo cobiça, com que todo mundo sonha, mas que ninguém deve tocar". E, dessa vez, falam todas ao mesmo tempo, é importante, ficam somadas, ou melhor, multiplicadas umas pelas outras, despersonalizadas em certo sentido.

Elas me lembram, no fundo, as "raparigas em flor" ou as futuras filhas-flores de *Parsifal*. As "raparigas em flor" de Proust, que são ainda mais sedutoras por estarem menos personalizadas, mais indiferenciadas, e não possuírem uma real individualidade. Por sinal, as três filhas do Reno dirigem-se todas juntas a Alberich e só resgatam sua individualidade – como as "raparigas em flor" que têm um quê de aquático, elas próprias, na praia de Balbec –, elas só recuperam sua voz individual para falar entre si, para zombar do desejo grotesco de Alberich. Assim que se põem a falar, elas o excluem, seu círculo se fecha, elas voltam para ele a fronte sem falhas de sua inacessível beleza. O ouro do Reno dificilmente se distingue, primeiro, dessa beleza, que, aliás, já não é inteiramente a mesma de há pouco. Alberich, dessa vez, confunde as moças. Ei-las então multiplicadas agora ao infinito por seu anonimato, seu poder de sedução erótico, que não ficou diminuído mas igualmente multiplicado.

Seria preciso estudar o poder da quantidade e da multidão no erotismo moderno. Acredito que isso tenha aparecido a partir do fim do século XIX, em Baudelaire, em Wagner, em Zola, e, no decorrer do século XX, o fenômeno se intensificou. O erotismo do múltiplo surge no instante em que a multidão, aterrorizante, a multidão destruidora e violenta surge, e ela logo vai aparecer em *A Tetralogia*. À Vênus única de *Tannhäuser,* opõe-se a multiplicidade das filhas do Reno e das filhas-flores de *Parsifal*. Pode-se ver aí a evolução moderna de Wagner. Em *À Sombra das Raparigas em Flor*, a atmosfera fica bem próxima:

> A réplica que se dirigiam uns aos outros seus olhares animados de suficiência e de espírito de companheirismo, e nos quais se reacendiam de instante a instante, ora o interesse, ora a insolente indiferença com que cada uma brilhava, conforme se tratasse de uma de suas amigas ou de transeuntes, essa consciência também de se conhecerem entre si de modo íntimo o bastante para passear sempre juntas, formando um "bando à parte", punha entre seus corpos independentes e separados, enquanto eles

avançavam lentamente, uma ligação invisível, mas harmoniosa como uma mesma sombra quente, uma mesma atmosfera, fazendo deles um todo exatamente tão homogêneo em suas partes quanto diferente da multidão em meio à qual evoluía lentamente seu cortejo.

Marcel, em *À Sombra das Raparigas em Flor*, desempenha o mesmo papel que Alberich no início de "As Filhas do Reno". Ele encarna a feiura, a fraqueza, a vulnerabilidade diante de toda essa violência, ele se sente horroroso, incapaz de seduzir.

Assim, o ouro do Reno não é senão o êxtase muito distante de qualquer comunhão. Nesse instante, creio que o ouro do Reno significa apenas a identidade de todos os desejos, sua convergência sobre um mesmo e único objeto que não está aí, que não passa dos reflexos das águas. É uma exaltação coletiva passageira. O contrário, no fundo, da verdadeira comunhão, já que da identidade do desejo surgem imediatamente a rivalidade, a violação, a violência. Alberich se precipita. Ele não pôde pegar as donzelas, porém se joga sobre o ouro do Reno, foge com o fruto de seu roubo, deixando as três virgens enlouquecidas a se lamentar sobre a vigilância falha que mantiveram. Assim, as razões para não separar claramente o desejo erótico e o desejo do ouro e da ambição, do orgulho, de todas as demais formas de desejo, dominam em *A Tetralogia*.

Um pouco mais tarde, Loge, o sutil, Loge que no fundo é o demônio da mitologia germânica e escandinava, o Loki de que fala Dumézil, o não-de-todo-deus e o bastante-demônio, fará reluzir o ouro aos olhos de todos os deuses reunidos para excitar seu desejo. E todos, efetivamente, o desejam, mas cada qual à sua maneira. Fricka, por exemplo, vê de imediato nesse ouro um adereço, um meio de realçar seus encantos e de manter a seu lado seu pouco fiel esposo, Wotan. Entre o ouro e o erotismo, a ligação é também muito explícita. Nenhum esposo, diz Loge, se atreveria a mostrar-se infiel com uma esposa que dispusesse de tudo o que esse ouro representa.

Esse ouro não é nada, diz Loge. É uma bugiganga para divertir as crianças enquanto ficar na água, mas a partir do momento que sair dela, torna-se a potência absoluta e, igualmente, o perigo por excelência. Não se pode negar a dimensão sexual desse ouro – estou longe de querer negá-la –, mas não é para voltar a Freud que insisto nela, é para negar que haja ruptura de um desejo ao outro. Essas modalidades de desejo se comunicam entre si e o essencial, parece-me, é não privilegiar nenhuma delas. Acreditar na prioridade de um setor, o sexual dos freudianos, a moeda ou o poder dos marxistas, é cair no mesmo erro, nas mesmas atribuições que todos aqueles que creem na realidade do ouro do Reno, em sua predominância.

A implicação recíproca do ouro e do desejo amoroso é reencontrada no tema de Freia, a deusa do amor. Ela é Vênus, a verdadeira Vênus germânica prometida a Fasolt e Fafner, os dois gigantes, como recompensa a Walhalla, essa morada enfim digna dos deuses, inteiramente construída pelos dois. Loge e Wotan roubarão do nibelungo Alberich o ouro que ele próprio roubara para transformá-lo num resgate digno de Freia. Antes mesmo que esse ouro venha à baila para resgatar Freia, há uma primeira ligação entre ela e o ouro, mas trata-se de um outro ouro, um que a princípio não tem nenhuma relação com o do Reno. A eterna juventude dos deuses provém de Freia por intermédio das *golden Apfel*, essas maçãs de ouro que crescem em seu jardim, que só ela é capaz de cultivar, e que alimentam os deuses. Esse jardim onde nascem as maçãs de Freia remete ao das Hespérides. Lembra-o demais para que não se trate de ouro autêntico. É preciso assinalar também, de passagem, que Wotan e os deuses não se preocupam absolutamente com Freia, nem com a suposta função que ela desempenha com relação à eternidade, à imortalidade deles. Estão dispostos a cedê-la enquanto ela não lhes for tomada. É no instante em que os gigantes se aproximam de Freia, em que põem a mão nela, que os deuses se mobilizam para defender a deusa. Ficam comovidos menos por seus gritos desesperados do que por vê-la nas mãos de outros que não eles. À medida que os gigantes se afastam com sua captura, a perda das maçãs explica a mudança na aparência dos deuses, eles se tornam verdes, amarelam, envelhecem, definham a toda velocidade, ao mesmo tempo em que o objeto que eles disputam com os gigantes vai desaparecendo. A eterna juventude, a eterna potência, não é aqui senão uma variante do que a *Ilíada* chama de *kudos*, esse fulgor maravilhoso que vai e vem entre os homens, mas que os deuses possuem eternamente, pois não estão submetidos à reciprocidade.

O que digo de Freia e das maçãs de ouro vale igualmente, creio, para o ouro do Reno. O ouro do Reno, é o que os homens e mulheres cobiçam, aquilo que disputam a posse, e, às vezes intercambiam em razão de se imitarem reciprocamente em seus desejos. É então quase qualquer coisa. Não é nada além de uma certa intensidade no processo recíproco de apropriação, mas é também toda espécie de bens perfeitamente reais: bezerros, vacas, porcos, ninhadas, carnes para devorar, carnes de filhas do Reno para triturar, mulheres para possuir, dinheiro vivo em cédulas novas e moedas titilantes. São os bens todos, que se chama de irreais e de reais, e que ao serem adquiridos proporcionam importância, vitória, sucesso, vaidade, orgulho, prestígio e glória, que aparecem sempre para além do desejo sexual e sob a forma do ouro. E, é claro, um pouco mais tarde – mas Loge não fala nisso, desejoso como está de imitar os deuses –, seus contrários: a vergonha, a derrota, o sofrimento, a morte, a maldição do ouro que Alberich vai lançar quando este lhe for tirado.

Assim, é de fato de tudo e de nada que se trata em *O Ouro do Reno*. Não se trata nem de um pênis real, nem sequer de um falo simbólico. E essa diminuição do objeto, proporcional à intensidade da luta que separa os rivais, está na *Tetralogia* por completo e não pode passar despercebido a Wagner. Pelo contrário, ele vê muito bem do que se trata. A identidade dos dois símbolos, o do ouro do Reno e o das maçãs de ouro tampouco lhe passou despercebida. O ouro do Reno é uma gênese, o verdadeiro motor do desejo e da mitologia. Não há nenhum objeto específico, não é nem o sexo, nem a economia, mas sim o desejo mimético em toda a sua vaidade e sua máxima nulidade.

Tão logo Fasolt e Fafner tomam posse do ouro, eles se matam entre si, e é seu enfrentamento pelo ouro, é seu duplo desejo gêmeo que os define retrospectivamente como irmãos inimigos quase indistinguíveis entre si, até mesmo em seus nomes - que começam da mesma maneira, como os de tantos outros irmãos inimigos em outras mitologias.

O ouro do Reno é, pois, o fantasma do objeto cobiçado pelo desejo convergente de Alberich e das três filhas do Reno. É o desejo tão intenso que consome seus objetos e só se alimenta de rivalidade cada vez mais destrutiva. Tudo isso nos é dito. O ouro não passa de uma bugiganga, diz Loge.

Para que ele se torne terrível e maravilhoso, é preciso arrancá-lo do seu lugar de origem. Basta que um primeiro imprudente, um primeiro louco o tome para si e eis que as invejas se desencadeiam. É esse processo, obviamente, que nos mostra Wagner, quando Loge aconselha Wotan a se apoderar desse ouro, a imitar Alberich, a fazer exatamente a mesma coisa que ele. Como foi que ele conseguiu o ouro? Roubando. "O anel", exclama Wotan, "eu quero o anel!" "Mas consegui-lo é uma brincadeira de criança!" responde Loge. "Como procederás?", replica Wotan, não sem aspereza. "Roubando. O que um ladrão roubou, rouba-o tu mesmo ao ladrão." Em outras palavras, paga a ele na mesma moeda, torna-te seu rival, trata-o como ele tratou os outros, ele o merece e, como tu vens depois dele, como és tu que o imitas, tu podes aperfeiçoar o ato que lhe proporcionou o que queres para ti, o gesto que fez dele o que tu mesmo queres ser. É preciso não esquecer que, em *A Valquíria*, Wotan dirá que a diferença entre Alberich e ele é infinitesimal e pode se inverter a qualquer instante, o que, aliás, acontece.

A Tetralogia, como um todo, define um sistema de retaliações, de crises de indiferenciação que caminham cada qual rumo ao seu paroxismo e resolução. Porém, como estas permanecem sempre capengas e se enfraquecem incessantemente com o passar do tempo, todas essas crises, em última análise, fundem-se numa só, que vai sempre se amplificando e se intensificando até a conflagração final. Vejo aí uma prova extra do papel propulsor desempenhado de uma ponta a outra pelo desejo mimético sob sua forma mais banal, mais evidente, mais batida, mais vulgar, mais "povão", em suma.

Na cena que vem logo antes da grande catástrofe de *O Crepúsculo dos Deuses*, isto é, da morte de Siegfried, da marcha fúnebre e da conflagração final, as filhas do Reno retornam e temos uma cena gêmea daquela de que acabo de falar, só que invertida. Estamos à beira da catástrofe. Não vai acontecer nada. Assim sendo, encontramos novamente, na primeira cena do terceiro ato, as três filhas do Reno que se lamentam pela perda do ouro. Sobrevém Siegfried, o caçador à procura de um urso cuja pista perdeu. As três o interpelam e lhe pedem – em troca do urso que elas se comprometem a achar para ele – o anel de ouro que ele traz no dedo, o anel do nibelungo. Siegfried não conhece seu valor, mas mesmo assim acha que a troca é insatisfatória. Não em função da potência do anel, que ele ignora, mas porque, afinal de contas, ele se apossou desse anel matando o grande e malvado dragão Fafner – e, pensando bem, é coisa bem diferente do que ganhar uma pele de urso em mau estado. As três donzelas insistem. Siegfried mantém-se firme na recusa, não por fazer questão de ficar com o anel, mas porque as troças das três moças o deixam um tanto constrangido. Elas lhe dizem: "Estás com medo da tua mulher, não te atreves". Desaparecem por um momento e Siegfried pensa consigo próprio que não vale a pena entrar no jogo. Resolve entregar-lhes o anel. Chama-as, pois, de volta para lhes atirar o anel. Chega até a tirá-lo do dedo. Mas as três moças mudaram de atitude. Pensam que terão maior influência sobre Siegfried tornando-se sérias, e muito seriamente revelam a maldição que pesa sobre esse anel e seu possuidor, vale dizer, de sua morte iminente. Sentindo-se ferido em seu amor-próprio ante o que lhe parece ser uma ameaça, uma espécie de chantagem baseada no medo – sentimento que ele se gaba de desconhecer –, o valente guerreiro volta atrás pela segunda vez, recoloca o anel no dedo e se afasta enquanto as três ninfas mergulham de novo nas águas do Reno, considerando Siegfried louco e anunciando sua morte próxima.

A própria insignificância da cena, ao que me parece, nesse ponto crucial a torna altamente significativa. É uma nova cena de coqueteria. As conotações sexuais são bastante explícitas. Siegfried nos diz que poderia aproveitar-se de uma das moças se não fosse fiel à esposa. No entanto, os papéis estão invertidos: são as donzelas que se valem do belo Siegfried, ao passo que, na primeira cena, era o assustador anão que as perseguia. O ouro do Reno passou de mão em mão, espalhando ruínas pelo caminho entre essas duas cenas, mas, no fundo, voltamos ao ponto de partida. Um nada teria sido suficiente, em suma – um pouquinho mais de capricho ou uma minúscula alteração no humor de Siegfried ou das moças, um mero acesso de extravagância, uma troça a mais ou a menos por parte de Siegfried ou por parte das moças –, e tudo teria sido diferente, a tragédia não teria ocorrido, o desastre teria sido adiado *sine die*.

Isto é estranho apesar de tudo: a causa e a consequência são desproporcionais. Wagner aqui parece ser merecedor das críticas que costumam fazer. Ele não tem o senso das proporções, não sabe compor, age como um perfeito alemão, um soldado da guerra de 1870 que anda bêbado numa loja de porcelanas. Ele para um pouco de saquear para mexer com as moças, antes de estuprá-las, aliás, porque é isso, no fundo, que ele deseja. Ele mistura o banal com a tragédia. *A Bela Helena* é ótima, bem parisiense, mas não deve ser confundida com as grandes tapeçarias épicas e trágicas. Um bom escritor sabe isso intuitivamente... Um desses indivíduos que os professores de literatura admiram sem restrições jamais teria cometido essa imperdoável falta de gosto. Novamente aqui a censura se parece com a célebre e feroz crítica do inglês Rymer, no século XVII, contra Shakespeare, em especial contra *Otelo*. O estatuto trágico de *Otelo*, nos diz Rymer – e ele tem razão – não se baseia, em última análise, senão numa história de lenço. É o lenço dado por Otelo a Desdêmona, o lenço roubado por Iago e que ele dá um jeito para que seja encontrado num local e em circunstâncias que darão a impressão de confirmar o ciúme de Otelo. Imbuído de ideias mais francesas do que aristotélicas acerca da tragédia, Rymer fica sufocado de indignação ante o espetáculo desse lenço: para ele, trata-se de um escândalo sem igual.

Só grandes diferenças levam a grandes desavenças.

Na realidade, essa ideia de medida e proporção não tem nada a ver nem com a grande arte grega, nem com o século de ouro espanhol, nem certamente com a literatura elisabetana, nem mesmo com a França dita clássica, a despeito de concessões que tinham de ser feitas aos pedantes e à Academia quando o nome da pessoa era Corneille ou Racine. Essa ideia de proporção entre a violência e o que está em jogo certamente não consta de *Édipo Rei*. Teria bastado uma volta a menos na espiral da escalada verbal entre Édipo e Tirésias para que o parricídio e o incesto de Édipo jamais fossem mencionados, jamais fossem inventados. Entre Penteu e Dionísio em *As Bacantes* há só uma briga de primazia, de prestígio, de pura vaidade.

Os grandes artistas sempre denunciaram o absurdo da violência, a futilidade da causa trágica. A visão contrária só se impõe no momento em que a inspiração trágica começa a falhar, a abandonar a tragédia. Ela se impõe primeiro com Voltaire, mas sobretudo com os professores e jornalistas do século seguinte, como Gustave Lanson, Émile Faguet e outros tantos. Reforçado pelo antigermanismo, o dogma faz uma nova vítima na pessoa de Wagner. Rymer não percebe que a insignificância do lenço, a nulidade da causa, não resultam de uma falha de Shakespeare – a quem faltaria o sentido de proporção, que não seria capaz de compor convenientemente o caso, de encontrar grandes temas, que não teria imaginação. A crítica atribui ao autor os absurdos que seu texto denuncia enquanto o próprio ser do mundo, isto é, o nada pelo qual os homens se matam entre si.

Ocorre, obviamente, o mesmo em *A Tetralogia*. Se eu acreditasse em dois desejos distintos, se levasse muito a sério o tema da renúncia ao amor, teria então o bom desejo sexual de um lado e o mau desejo do outro – o de Alberich, que coloca todos os seus irmãos para trabalhar nas minas por um salário miserável. A leitura social e revolucionária de Wagner coincide plenamente com a leitura psicanalítica, mas nenhuma das duas contradiz, de certo modo, a leitura mimética. Se o mau capitalismo sublimasse seu desejo um pouco menos e se fosse atrás de mulheres um pouco mais, sua malvadeza derreteria feito neve ao calor do sol e os homens cairiam nos braços uns dos outros. Há momentos em que Wagner não fica muito longe dessa mística do desejo liberador, capaz de fazer desaparecer simultaneamente a opressão estatal e a economia de mercado, sua cúmplice, que a desdobra num socialismo espontâneo que, como se vê facilmente, está prestes a sobrevir e tornar feliz para todo o sempre um gênero humano regenerado.

Essa dicotomia do desejo não passa da inversão da ética protestante, logo expandida, por sinal, à catolicidade que faz do pecado da carne o pecado por excelência, não por razões primordialmente sexuais como imagina uma psicanálise ainda por demais marcada por aquilo mesmo que ela condena, mas pelo empreendimento econômico e científico como um todo. É preciso expulsar a noção de pecado, ficando ela obrigada a refugiar-se em algum lugar e, entre todas as atividades um pouco essenciais, o único setor que lhe fica reservado portanto é a sexualidade. É por não se dispor de nada melhor que se faz da sexualidade o domínio do pecado por excelência. É por um processo de eliminação que a obsessão opta por se refugiar aí. Há um pouco disso em *Tannhäuser*, segundo a leitura aqui proposta.

*

Nessas condições, será que se tem o direito de afirmar, como o faço, com essa continuidade, o caráter mimético do desejo em *A Tetralogia*? Creio que sim e vou tentar mostrá-lo, afinal, o próprio Wagner nos diz isso de múltiplas maneiras. Nunca houve uma tentativa de fazer uma tal leitura mimética e acredito que ela esclarecerá muita coisa.

Que o mimetismo esteja presente em *A Tetralogia*, ninguém pode negá-lo. Ele está presente, por assim dizer, pessoalmente. E atrevo-me a dizê-lo, pois existe um personagem que o simboliza pelo nome e pelas atividades que exerce: o nibelungo chamado Mime. Mime aparece como um personagem episódico em *O Ouro do Reno*. Só consta do início da terceira cena, por ocasião da viagem de Loge e de Wotan ao centro da terra, nas cavernas tenebrosas dos nibelungos. Como todos os seus irmãos, os demais anões, Mime trabalha sob as ordens de Alberich, mas é o único indispensável. Dentre as possibilidades que se oferecem aos possuidores do ouro do Reno, há uma que só Mime pode realizar: a fabricação do *Tarnhelm*, o capacete das metamorfoses. Alberich forneceu a Mime todas as instruções necessárias à fabricação, e Mime seguiu-as à risca, pois é um operário perfeito, um copista perfeito, um discípulo perfeito. Mas ele gostaria de esconder seu êxito de Alberich, de descobrir as fórmulas mágicas capazes de tornar essa máscara eficaz. Gostaria de descobri-las, não só para se libertar da servidão e ir embora, para se dissimular, ser diferente ou desaparecer completamente, como, em breve, o fará Alberich. Mas gostaria, sobretudo, de avassalar seu próprio amo. Ele é a subserviência em busca de dominação.

Mime é, pois, o executor perfeito, contanto que disponha de instruções bem detalhadas, desde que tenha um modelo a seguir, em suma. Alberich descobre o capacete das metamorfoses. Mime lhe diz: "O *Tarnhelm* não está pronto, não terminei". Na verdade, ele funciona muito bem, mas o pobre Mime não sabe fazê-lo funcionar, pois não possui um espírito de invenção, não tem uma imaginação autêntica. É servil, mas a ambição abre caminho no próprio servilismo. É o escravo mimético. Toma seu amo por modelo com segundas intenções: fazer dele seu escravo. Não deseja abolir efetivamente a escravidão, não concebe nada de autenticamente novo. Limita-se a trocar de papel com seu modelo. Essa inversão preserva o essencial das estruturas afetadas. Mime não pode pensar além delas. A verdadeira criação permanece proibida para ele. É uma concepção do desejo mimético, que já não é inteiramente a minha. Tudo isso corresponde ao que o romântico Wagner pensava da imitação. Ela devia desempenhar na criação apenas um papel subalterno. Um artista que é somente um imitador não passa de um artista de segunda classe, uma espécie de macaco. A ópera parisiense, por exemplo, Meyerbeer... Com efeito, quando Wagner fala da arte imitativa, é com frequência em Paris que está pensando, a Paris de 1840 que o humilhou. Mas pensa também em si. Temos a esse respeito cartas espantosas enviadas a Liszt: "Não passo de um macaco, sou incapaz de inventar, não sou nada, nunca conseguirei criar de verdade".

Mime reaparecerá no início de *Siegfried*. Esse retorno é muito importante. Ele é quem cria o órfão, e Siegfried reconhece ter aprendido muito com ele. A imitação é necessária: não há aprendizagem sem imitação. Mas Wagner quer criar em Siegfried o homem livre de verdade, o herói de coração, que desconhece a tal ponto o temor, a submissão e o mimetismo que ele pede ingenuamente a Mime para lhe ensinar tudo isso. Porém, Mime não consegue. E Mime, naturalmente – o desejo mimético no que tem de mais medíocre e padronizado –, tenta usar Siegfried em interesse próprio. E não obtém o menor êxito. Tendo em vista seu caráter –, e é sempre por meio da astúcia, por estratégias facilmente desbancadas por Sigfried, que as compreende sem qualquer problema –, ele se esforça em pôr Siegfried (isto é, a força, a coragem) a serviço de suas ambições exageradas.

Siegfried acaba matando Mime, e esse assassinato é a morte da imitação em Siegfried. O que, de certo modo, faz de Siegfried o super-homem nietzschiano. Retornarei à ambiguidade extraordinária desse gesto, à ilusão wagneriana e nietzschiana de que em situação de rivalidade a imitação pode ser destruída. Não discorrerei mais longamente acerca de Siegfried porque, com relação ao que pretendo dizer, ele representa, ao mesmo tempo, a mesma coisa e uma guinada extraordinária. Esse assassinato, no meu entender, revela uma fraqueza na concepção wagneriana do desejo mimético. Mime é uma espécie de matador, e Siegfried, ao matá-lo, contrariamente ao que pensa Wagner, faz a mesma coisa que ele. Mesmo que Siegfried, a princípio, esteja livre da imitação, pode-se definitivamente mostrar que ele é mimético por completo, no sentido próprio ensinado por Mime.

Assim como Mime é o único capaz de forjar o *Tarnhelm*, Siegfried é o único capaz de forjar a espada do desejo espontâneo, espada que ele herdou do pai, Siegmund. A espada que Siegmund foi o único capaz de arrancar da árvore onde Wotan a havia cravado. A espada quebrada por Wotan, quando provocou a morte de Siegmund em razão do incesto cometido com a irmã Sieglinde, mãe de Siegfried. Mas, em *O Ouro do Reno*, ainda não chegamos a esse ponto. Mime é o único capaz de forjar o capacete das metamorfoses, e é disso que se trata.

Se verificarmos de que maneira esse capacete intervém, veremos que é totalmente extraordinário. Ele é usado várias vezes. Primeiro por Alberich em *O Ouro do Reno*, depois, pelo próprio Siegfried, em *O Crepúsculo dos Deuses,* numa situação, é evidente, em que não deveria usá-lo. Siegfried decidiu dar Brünhilde, sua esposa, a Günther, irmão de Gütrun, e seu senhor. Uma troca de mulheres porque Siegfried deseja receber em troca Gütrun. Siegfried, realmente apaixonado por Brünhilde, bebeu a poção do pérfido Hagen e ficou falsamente enamorado de Gütrun. (Veremos, aliás, os problemas que a eficácia da poção coloca no que tange a Siegfried.) Como Siegfried é o único capaz de atravessar as chamas que separam todos os homens de Brünhilde, ele veste o *Tarnhelm* e se apresenta com o semblante de Günther para levar Brünhilde a acreditar que o próprio Günther cruzou as chamas: tem, portanto, o direito de possuí-la. Qualquer um que atravesse as chamas poderá possuir Brünhilde, disse Wotan. Günther tem então o direito de tirá-la de seu rochedo e de desposá-la em lugar de Siegfried. Na realidade, é o próprio Siegfried que se transformou em Günther ao colocar o *Tarnhelm*.

Essas peripécias são menos complicadas do que parecem, mas extremamente significativas, sobretudo se acrescentarmos que Siegfried e Günther, antes de chegar a essa troca de suas respectivas esposas, trocaram um pouco de seu sangue. Estão ligados pelo famoso pacto de sangue da sociedade germânica, estão ligados e são irmãos primitivos. A falsidade básica dessa troca e o renascimento do amor, mais tarde, entre Siegfried e Brünhilde explodem na hora de suas mortes. A metamorfose física de Siegfried em Günther ocorre numa situação de rivalidade e fraternidade que reproduz todos os elementos da situação entre duplos maus: os gigantes malvados Fasolt e Fafner, que se matam pelo ouro do Reno. Isso não deveria ser assim, já que Siegfried é o verdadeiro herói. Mas o que me interessa aqui é que Wagner, a contragosto, mitologiza, em *O Crepúsculo dos Deuses*, no plano dos homens, ao passo que não deveria mais haver mitologia aí. Paradoxalmente, a mitologia é mais desconstruída em *O Ouro do Reno* e em *A Valquíria*, como veremos, do que em *O Crepúsculo dos Deuses* onde deveria sê-lo. Por quê? Porque na realidade Siegfried, o homem perfeito, o super-homem, é o falso ídolo de Wagner. Há aqui um paradoxo essencial a ressaltar. Aqui também, por sinal, tudo terminará com um assassinato, o de Siegfried, ao qual, apesar do pacto de sangue, Günther acaba dando seu consentimento. As duas coisas são tratadas de maneira muito diferente. Fasolt e Fafner são efetivamente irmãos que, a princípio, se parecem desde o nascimento, mas, na realidade, é a rivalidade mimética que os torna semelhantes.

O *Tarnhelm*, em suma, não passa do símbolo da semelhança suscitada pelo desejo mimético. Basta estar suficientemente possuído pelo desejo mimético para se transformar em praticamente qualquer coisa, contanto que se deseje isso. No cerne da crise mimética, quando o desejo está suficientemente exasperado em *A Tetralogia*, o *Tarnhelm* começa a funcionar. Basta identificar-se fortemente para tornar-se literalmente outro. É o tema de *Anfitrião*: o deus com ciúmes do marido de Alcmena, com ciúme suficiente de Anfitrião para parecer-se com ele literalmente como se fosse um irmão gêmeo. Esse tema é o mesmo que o de *Menecmos*, pois o tema dos gêmeos que se confundem incessantemente porque, em função de sua semelhança, são tomados um pelo outro, constitui, na minha opinião, o mesmo tema do deus que se disfarça. Tanto um quanto o outro estão presentes na mitologia grega, assim como em toda mitologia. Os deuses gregos podem se metamorfosear em praticamente qualquer coisa, e Júpiter tanto em esposo daquela que ama, como

Siegfried, quanto em cisne ou em touro, ou ainda em dragão, assim como o faz Alberich.

Mime é, pois, a encarnação do próprio mimetismo e deve-se assinalar, além disso, que a maioria das encarnações, das imitações propiciadas pelo *Tarnhelm* são dragões horríveis. O elemento fantástico, a imitação monstruosa da mitologia é só a aceleração das identificações e das substituições miméticas no auge da crise, nos momentos que antecedem imediatamente a resolução violenta, a convergência mimética sobre a única vítima – é, obviamente, o mecanismo do bode expiatório. Por isso as divindades mitológicas ou seus herdeiros, os diabos e demônios da Idade Média, têm quase sempre aspectos monstruosos. São misturas de objetos, de animais e de homens. O instante supremo se dá quando a indiferenciação, a mistura, atinge a confusão total. Acho que, quando Wagner atribui tudo isso a Mime, ele partilha com Shakespeare, e com pouquíssimos outros, um saber do mito e de etnologia que a ciência moderna não alcançou. Por isso Wagner é tido como monstruoso, perigoso, repugnante. Como sempre acontece nesse caso, ele é culpado por associação. O uso cômico ou sério que Shakespeare faz dos monstros em *Sonho de uma Noite de Verão*, em *Macbeth*, em *Hamlet* – o fantasma – está relacionado com o mesmo saber.

Compreender a significação mimética do *Tarnhelm* é compreender a ligação, que nunca foi verdadeiramente explicada, entre esse instrumento e o ouro do Reno, bem como entre o ouro do Reno e o anel da onipotência divina e da morte, o anel simultaneamente benéfico e maléfico. Todos esses símbolos são, aqui, símbolos do desejo mimético como produtor, não de um sagrado qualquer, mas do sagrado violento, potência tanto de ordem quanto de desordem, potência de ordem por intermédio da desordem extrema, da desordem mais violenta. Essa gênese da ordem corresponde à aceleração, à intensificação, à difusão concomitante da crise que destaca o desejo mimético dos objetos que lhe serviam de pretexto e que se instala nos próprios rivais, cada vez mais exasperantes, cada vez mais exasperados, sempre mais repulsivos e sempre mais atraentes, obstáculos e modelos simultaneamente.

Nesse ponto, a tendência de todos os mimetismos a se juntar em um mesmo e único antagonista não encontra mais obstáculos. Se os homens não podem mais partilhar os objetos que querem possuir, eles podem, em compensação, partilhar os inimigos que querem destruir, e o grupo reconciliado tem tendência a divinizar a vítima que o reunifica. O mecanismo está longe de ficar ausente de *O Ouro do Reno*, e voltarei a esse tópico, mas a obra que o descreve da maneira mais sensacional, mais impactante e com força incomparável, é o primeiro dos três dramas musicais, ou seja, *A Valquíria*.

*

A Valquíria é inteiramente dominada pelo tema da caça ao homem e da perseguição coletiva.

A abertura de *A Valquíria* é o aguaceiro despencando, é o trovão da divindade, decerto, mas ouçamos a abertura atentamente, escutando os incontáveis passos de caçadores, que seguem a pista da vítima, acompanhando a pista de Siegmund. Ouviremos o pisotear de perseguidores incansáveis, implacáveis. Siegmund, exaurido, desaba, no início de *A Valquíria*, à soleira de uma casa. É a de Hunding, esposo de Sieglinde, a irmã de Siegmund. Esta encontra-se sozinha em casa e, tomada de piedade, dá de beber ao infeliz. Hunding está ausente, partiu em resposta ao chamado dos homens de seu clã para participar da busca de um fora da lei e dar um jeito nele. Ei-lo que regressa de mãos abanando. Os caçadores chegaram tarde demais, o pássaro já tinha voado.

Na segunda cena, Siegmund conta a seus dois anfitriões os acontecimentos que fizeram dele o fugitivo miserável em que ele se transformara. Mas é um caso com não poucos episódios. Siegmund não começa pelo último – o que o colocaria à mercê do temível Hunding na casa de quem se encontra –, mas remonta até muito antes. Ele sempre fora tratado do mesmo jeito, por toda parte, e sempre fora rejeitado, acossado por matilhas ferozes, por incontáveis inimigos obstinados em dar cabo dele. Wagner dá mostras aqui de uma insistência que não é necessária ao desenvolvimento do drama. O último episódio seria amplamente suficiente. Mas ele quer mostrar que há em Siegmund o eterno exilado, o eterno expulso, preso a uma maldição simultaneamente social e religiosa, já que está sempre sozinho frente à multidão. Vê-se em Siegmund, é óbvio e já o mencionamos, as características do herói romântico e moderno. Ele é o deserdado, o *el Desdichado* de Nerval, o poeta maldito de Baudelaire e de Rimbaud, o bastardo de Sartre – em sentido literal, já que é filho ilegítimo de pai desconhecido, Wotan. (Reencontram-se aqui os fracassos e o nomadismo do jovem Wagner.) Siegmund é o indivíduo verdadeiramente incapaz de se comunicar com o mundo que o odeia. Suas próprias paixões são antissociais. Por isso o amor entre o irmão e a irmã nasce sob nossos olhos e sob os olhos de Hunding, bem depressa tomado por desconfiança, bem depressa tomado de ciúmes. Ele olha para o irmão e a irmã e diz: "Vejo o mesmo ar, o mesmo dragão brilhante que reluz em seus olhos". É o primeiro a identificar que os dois são gêmeos. E eis o modo como Siegmund se expressa: "Por toda parte sou desprezado, estou marcado por um sinal fatal, o que eu acreditava ser justo, os outros o criam injusto, o que eu pensava ser bom, os outros o julgavam mau". Wagner se junta aqui ao círculo completo nessa oposição do indivíduo e da multidão, do uno e do múltiplo. Entretanto, ele é único no papel que atribui à oposição. Ele não se limita a explorar a subjetividade da presa, não se interessa pelos efeitos espetaculares da massa, como Zola, mas pela interação entre caça e caçador. Para fazer indagações acerca da intuição que governa a arte de *A Valquíria*, mesmo que Wagner nunca consiga formulá-la plenamente, é preciso não se deter – a meu ver – na primeira intervenção de Brünhilde, muito embora ela seja de capital importância. Voltarei a ela, mas é preciso ir de pronto à grande cena das Valquírias, que sucede às cenas da caça ao homem de que acabo de tratar. Refiro-me, à grande, à famosa cavalgada.

Deve-se ver as Valquírias agindo todas juntas, pois operam sempre juntas. Brünhilde, na verdade, não está mais lá, só reaparece um pouco mais tarde, mas, no início, as Valquírias não reparam nisso e nós as vemos desempenhar o papel que lhes cabe, desde sempre, por ordem de Wotan, e pela própria natureza do sagrado. Boulez as descreve, aliás, admiravelmente, fazendo uma belíssima descrição que conserva reminiscências de Rimbaud:

> Hienas histéricas, sobre as quais não se sabe se estão a rir ou a soluçar, que farejam o cadáver com uma irresistível selvageria em sua alegria e em sua função de papa-defunto divino, fornecedor do necrotério oficial. É assim que vejo as Valquírias, gloriosa cavalgada, famoso trago de veneno.

Mas as Valquírias, parece-me, não podem se definir meramente como papa-defuntos: a palavra *divino* que aparece logo atrás é, em contrapartida, importante. Primeiro, as Valquírias participam da batalha, estão até encarregadas, em conjunto, de desferir o golpe fatal no guerreiro, que transportam a seguir ao Walhalla, a morada dos deuses. E trata-se do guerreiro designado para festejar em companhia dos deuses de igual para igual, ou seja, tornado-se também um deus.

As Valquírias são, ao mesmo tempo, aquelas que matam ou participam da morte de um guerreiro, em colaboração com os inimigos humanos – como os deuses de Homero, em *A Ilíada*, ou como as bacantes de Eurípedes –, e aquelas que divinizam. Brünhilde, a preferida de Wotan, recebe a incumbência de supervisionar diretamente o assassinato coletivo de Siegmund – nas mãos de Hunding e de seus guerreiros – e de participar ativamente dessa morte, desferindo ela própria, caso necessário, o golpe fatal. Transportar ao Wahhalla não é um gesto sem consequências, não se trata de uma função simples, o que se trata verdadeiramente de uma assunção divina, da transformação em divindade. Além disso, as Valquírias insuflam aos vencedores a coragem de que necessitam, favorecendo a unanimidade dos vencedores contra os vencidos.

As Valquírias significam a violência fundadora em si mesma, no âmago da epopeia wagneriana, finalmente representada; é a violência fundadora que se desagrega e se desfaz nessa epopeia às avessas que é *O Anel do Nibelungo*.

Existe, pois, uma relação ambígua entre as Valquírias unânimes e a unanimidade de todas essas caças ao homem cuja vítima foi Siegmund. Todas essas vagas humanas que rebentam nas duas primeiras cenas de *A Valquíria* e a cavalgada da Valquíria no terceiro ato na realidade definem a passagem ao transcendental. Não se deve somar essas hordas como se fosse cabível situá-las num mesmo plano, de certo modo é sempre a mesma, mas que se torna sobrenatural no terceiro ato. A principal caça ao homem, a última, é a mais importante, e se descobre rapidamente que é a mesma caça que aquela de que Hunding devia participar e não pôde porque o pássaro tinha voado. Hunding encontra em seu lar, ao regressar, bem junto da esposa, no âmago da casa, aquele que fora procurar longe demais e que não conseguira alcançar. Ele imediatamente compreende seu erro.

Magnífica dimensão sinistra dessas primeiras cenas do primeiro ato. Ora, como exigem as leis da hospitalidade germânica, Hunding acolhe Siegmund por toda uma noite. Noite que Siegmund vai aproveitar muito bem, como o sabemos, antes do duelo em que se confrontarão os dois, na manhã seguinte, na presença dos homens do grupo de Hunding. Este, aqui, não passa do guerreiro que está adiante de todo o restante da tropa. Brünhilde e as Valquírias devem então intervir contra Siegmund, isto é, no sentido pelo qual optaram Hunding e seu clã. Há aí uma espécie de reforço (e é assim que lemos Homero: os deuses reforçam o lado que defendem). Mas, na minha opinião, essa leitura horizontal deixa muito a desejar. As Valquírias não constituem uma invenção gratuita. Elas abrem a passagem ao transcendental. Pois a passagem tem lugar bem no meio da multidão, sob o peso da qual sucumbiram todos os heróis, mais tarde divinizados – e Wagner o diz. Há algo a mais nele que a vestimenta mitológica dos amores e dos conflitos humanos, mais do que um recurso novo à mitologia. Não estamos na exaltação da subjetividade romântica. É preciso olhar bem de perto a estrutura da caça ao homem em *A Valquíria*. E, sobretudo, em primeiro lugar o que é imanente. As Valquírias obedecem sem pestanejar a Wotan. O próprio Siegmund não quer nem ouvir falar do Walhalla, isso não lhe interessa, já que Sieglinde não estará lá. E Brünhilde desobedece depois às ordens explícitas de Wotan. Ela poupa a vítima designada pela divindade pagã. Há nela algo de irredutivelmente cristão que surge na obra mais pagã de Wagner... Ela desempenha o mesmo papel que Antígona em sua tragédia.

A unanimidade é essencial ao trabalho da morte e da transfiguração. Mesmo que Brünhilde receba diretamente a incumbência da passagem de Siegmund de um mundo ao outro, e mesmo que venha se apresentar a ele (pois as Valquírias são percebidas pelos guerreiros no próprio instante de sua morte), ela age junto com suas irmãs, e é o que de fato se vê durante a famosa cavalgada. Efetivamente, não é a quantidade de perseguidoras que conta, em todas essas caçadas, mas sim a unanimidade, o fato de que ninguém se abstém e de que toda oposição se dissolve, a violência fundadora que aparece e, exatamente por essa razão, vai desaparecer para sempre.

Examinemos, por exemplo, a principal aventura contada por Siegmund a Sieglinde e Hunding. Trata-se da mais recente, aquela que, por intermédio de Hunding, prossegue na própria ópera, e vai provocar a morte de Siegmund. É uma aventura que já se assemelha ao contato de Siegmund com Sieglinde porque se tratava de salvar uma mulher. E Siegmund é obrigado a matar o irmão dessa mulher. Essa mulher se reúne então de imediato aos seus próprios raptores, isto é, coloca-se do lado daqueles que a perseguem – e todos contra Siegmund. E este, uma vez mais, encontra-se sozinho. Em outras palavras, Wagner insiste em mostrar que até mesmo aquela que Siegmund tentou salvar estava contra ele. A única exceção, e isso é essencial, será Brünhilde.

*

Mas há outra coisa ainda mais importante: durante sua juventude, Siegmund foi submetido a esse jogo da expulsão e da caça ao homem, em que sempre foi a presa para seu pai. Ele era o Wölfing, o lobinho, e seu pai era Wolf, o lobão. Esse pai, obviamente é Wotan: Wotan como Siegmund, Wotan, o expulso, o eterno exilado. Siegmund conta que durante uma caça particularmente feroz ao homem, enormes ondas de inimigos deixaram submerso seu pai, o grande lobo, e que desse incidente sobrou apenas uma pele de lobo vazia, o cadáver divino. Creio que se deva ver aí o próprio processo da divinização de Wotan. Não há ainda Valquírias, mas esse desaparecimento e o caráter ritual dessa cena, essa pele de lobo que fica nas mãos dos linchadores nos fazem pensar num rito sacrificial. Trata-se aí, literalmente, de uma alusão ao "virar deus" daquele que primeiro era Wotan. Do mesmo modo que Siegmund viraria deus se aceitasse entrar no Walhalla, Wotan só é deus por ter sofrido, antes de Siegmund, o destino ao qual Siegmund está sendo chamado. Tem-se aí efetivamente o mecanismo do divino, a violência unânime.

E é efetivamente porque a unanimidade está deficiente no caso de Siegmund, porque primeiro ele recusa o Walhalla, depois porque Brünhilde se recusa a cumprir as ordens de Wotan, que Siegmund jamais será deus. Com Siegmund e Sieglinde, passamos, pois, do divino ao humano, temos acesso, a princípio, à humanidade propriamente dita. Siegfried, filho de ambos, é um esforço por sinal muito ambíguo de encarnar a perfeição da humanidade, mas ele fracassa. O mais interessante, penso eu, é a atitude de Brünhilde que desmancha a unanimidade violenta. E se atentarmos para o gesto da mulher que contesta, que desfaz o movimento dessa unanimidade na qual devia tomar parte, lembraremos que ele já estava presente em *Tannhäuser*.

Na cena de que falei ainda há pouco, em que Tannhäuser elogia Vênus no meio dos cavaleiros que celebram o amor casto e puro de Wolfram von Eschenbach por Elisabeth, Tannhäuser canta Vênus e muito depressa todos os cavaleiros se lançam sobre ele. Em outras palavras, Tannhäuser está exatamente na mesma situação que Wotan e Siegmund. Mas Elisabeth (que é uma vítima, que está eliminada, já que se vê novamente substituída por Vênus), interpõe-se tal como Brünhilde, assumindo o papel que, em *Tannhäuser*, é apresentado como cristão e mariano. Obviamente, Brünhilde não possui nenhuma referência cristã! Mas, apesar de tudo, parece que em Wagner esse fenômeno de destruição da mitologia pela recusa do acordo unânime, essa recusa do mimetismo violento é uma presença irredutível: a mitologia se desfaz a partir do momento em que sua unanimidade violenta se desfaz. E Brünhilde é quem desfaz essa unanimidade. Por quê? Porque tem pena de Siegmund, que lhe contou sua história. Brünhilde parte depois com Sieglinde. Wotan em pessoa vai matar Siegmund em substituição às Valquírias desfalecidas, mas Wotan não bastará para fazer de Siegmund um deus porque não é a ele que cabe divinizar, é à unanimidade das Valquírias, ou unanimidade da caça ao homem. Consequentemente, Siegmund e Sieglinde são apenas homens, e é justamente por isso que passamos da divindade à humanidade à medida que avançamos em *A Tetralogia*.

A mitologia se desfaz a partir do momento em que um único personagem não quer mais a unanimidade violenta e, ao denunciá-la, a destrói.

De certa forma, poderia-se comparar tal intuição à cena da mulher que é trazida a Jesus para ser apedrejada e, ao mesmo tempo, fazê-lo cair na armadilha. Nessa cena, os escribas e os fariseus, colocando-a em pé bem no meio de todos, dizem a Jesus: "Na lei nos mandou Moisés que tais mulheres sejam apedrejadas por todos juntos; tu, pois, que farias se estivesses em nosso lugar?". Jesus dá então sua famosa resposta: "Que aquele que dentre vós estiver sem pecado lhe atire a primeira pedra". Eles todos chegam mimeticamente unidos, representando a unidade da comunidade; a morte da mulher adúltera refaz essa unanimidade da maneira como a morte de Siegmund refaria a divindade, mas o gesto de Jesus tem a função de desfazer a unanimidade, que assim se decompõe de modo aliás muito diferente, sem mimetismo, sem contágio, já que o texto nos diz de forma admirável: "Eles hesitaram por algum tempo, a seguir, um após o outro, a começar pelo mais velho, sem nada dizer, foram se retirando". A começar pelo mais velho, porque este pecara mais. Trata-se nessa cena de uma espécie de nascimento do indivíduo diante do mimetismo, que se reencontra com toda a certeza em Wagner e que me parece tanto mais essencial pelo fato de não estar diretamente relacionada com o cristianismo e sim com o saber da mitologia. Com efeito, o que há de extraordinário em *A Valquíria* é que Wagner compreende muito bem o que ocorre com os deuses primitivos, mesmo que ele não entenda totalmente a relação com a multidão.

Poderiam criticar-me, quando digo que Brünhilde rompe a unanimidade violenta, pois o próprio Wotan a rompe ao estar dividido entre a mulher e a filha. Uma e outra encarnam metade de sua vontade: o deus é duplo, fatalmente duplicado. Wotan é o pai de Siegmund e de Sieglinde, é quem fornece a espada, quem favorece o amor incestuoso desses jovens amantes. Mas Fricka vem ter com ele, Fricka, a Juno germânica, e lhe diz: "És o representante da lei e tu deves parar e castigá-los". Wotan se vê obrigado a reconhecer que assim é e obedece a Fricka. É quando dá a Brünhilde a ordem de agir. Ele lhe diz: "Prefiro não pensar a fundo no que está se passando neste momento e no que está se passando em mim, pois se pensasse a fundo tudo se desfaria". Em certo sentido, é Brünhilde que se torna esse outro pensamento de Wotan. Este, apresentado de forma moderna, não deixa de ser uma espécie de transgressão, já que está relacionado ao incesto. O que Wagner percebe magnificamente, é que o deus mitológico encarna a transgressão, o incesto, antes de encarnar a lei. E só encarna a lei porque primeiro encarnou a transgressão. Em contrapartida, o que Wagner não percebe é que o deus encarna a transgressão justamente como vítima da multidão. Ele a encarna na medida em que parece culpado para a multidão, que depois o diviniza conservando essa culpa, porque ela está reconciliada pelo fato de ter encontrado o culpado certo. O mimetismo passa então por inteiro na reconciliação contra e em torno do deus.

A reconciliação ocorre sempre assim. Em outras palavras, o deus é sempre assustador e, obviamente, essa realidade fica muito presente em *A Valquíria*.

Então, se examinarmos a união dessas duas coisas, o fato de que Brünhilde encarna uma metade de Wotan, uma metade da divindade mitológica, isto é, um de seus aspectos contraditórios, e que Wotan encarna a lei representada por Fricka, compreenderemos que a revolta de Brünhilde contra a unanimidade violenta é também um devir explícito dessa contradição. Essa revelação do mecanismo mitológico, esse deslocamento da mitologia, no meu entender, não se acaba, não se afirma tanto quanto poderia, mas, apesar de tudo, atinge proporções suficientes.

anexos

a conversão romanesca: do herói ao escritor

O que chamei de "conversão romanesca" está no cerne do meu percurso intelectual e espiritual. Comecei, há muitos anos, estudando literatura e mitologia, e em seguida voltei-me para a Bíblia e as Escrituras cristãs. Mas foi a literatura que me conduziu ao cristianismo. Esse percurso não tem nada de original. É feito todos os dias, e isso desde a aurora do cristianismo. Agostinho seguiu por ele, é óbvio, assim como um bom número de grandes santos, como Francisco de Assis e Teresa d'Ávila que, tal qual Dom Quixote, foram inicialmente fascinados pelos romances de cavalaria.

Dante é um dos exemplos mais ilustres desse tipo de conversão. Virgílio simboliza essa experiência em *A Divina Comédia*. Dante tinha boas razões para destiná-lo a esse papel. Em *Eneida,* o poeta latino faz seu herói Eneias visitar o inferno. Virgílio, ademais, na Idade Média era considerado um profeta do Cristo. Finalmente e, sobretudo, Dante tinha paixão por esse autor que desempenhou papel evidente no caminho trilhado rumo ao cristianismo.

Para compreender esse papel, é preciso que se saiba o que significa literalmente o fato de acompanhar alguém ao inferno. *Eneida* põe em cena um mundo de violência infernal. Dante confere à literatura profana a função de nos guiar através do inferno e do purgatório. Foi o que Virgílio fez por ele, e com sucesso, pois, ao que parece, não é nada bom viver no inferno. Não se trata de um destino turístico. Quando se está para aqueles lados, se nos restar uma nesga de bom-senso, procuraremos sair dali, e isso por motivos plenamente egoístas.

O bom-senso e o egoísmo podem ser qualidades. É o que nos faz compreender a parábola do filho pródigo. De fato, por que retorna ao pai? Não é por uma razão mística, nem mesmo para apaziguar seus remorsos. Ele decide voltar quando se dá conta de que a situação do último dos criados de seu pai ainda é melhor que a sua depois de ter deixado a casa paterna. Restam-lhe bom-senso e egoísmo suficientes para reconhecer o inferno, quando foi parar lá, e para querer escapar. Mostra-se mais sensato que muitos homens nos dias de hoje.

No meu caso, não foram nem Virgílio nem Dante que me guiaram através do inferno, mas os cinco romancistas de quem falo no meu primeiro livro: Cervantes, Stendhal, Flaubert, Dostoiévski e Proust. Quanto mais moderno for o romance, mais nos encontramos nos círculos de um inferno que pode ser definido em termos teológicos, como em Dante, mas também em termos profanos – para descrever o que se passa conosco, quando nossas relações com os outros ficam dominadas por nossos desejos e pelos deles, e quando suas próprias relações ficam dominadas por seus próprios desejos e pelos nossos. Na medida em que nossos desejos são sempre miméticos, e mais ainda quando sonhamos em ser autônomos e autossuficientes, esses desejos nos transformam em rivais de nossos modelos, depois em modelos de nossos rivais, transformando assim nossas relações num emaranhado inextrincável de desejos idênticos e antagônicos que nos leva a uma frustração sem fim.

A frustração é inevitável, mas pode ser de duas espécies. Se o modelo nos impede de adquirir o objeto que ambos desejamos, nosso desejo só vai aumentar dolorosamente em razão da privação que sentimos. Se, pelo contrário, adquirimos o objeto de nosso desejo, nosso modelo perde seu prestígio aos nossos olhos e nosso desejo enfraquece e morre por ter sido satisfeito. Esta frustração é ainda pior do que a primeira. Ela leva a procurar outro modelo para nosso desejo, mas pode acontecer que, depois de numerosas experiências desse tipo, sintamos um total desencanto e não consigamos mais encontrar um novo modelo. É a pior das frustrações, a que as pessoas à nossa volta chamam de desejo "pós-moderno" e "póscristão", e quem sabe até "pós-mimético".

A mortalidade do desejo, sua finitude, é o verdadeiro problema do nosso mundo: ela desestabiliza até as instituições mais básicas, começando pela família. Nossas próprias teorias psicológicas e psicanalíticas não reconhecem a existência desse problema. Para Freud, o desejo é imortal, eterno já que os seres humanos desejam somente substitutos de seus pais e não podem parar de desejá-los. Freud não fala da morte do desejo. Só a grande literatura discutiu o tema.

O individualismo de nosso tempo corresponde na verdade a uma tentativa de negar o fracasso do desejo. Os que se gabam de viver segundo os caprichos do princípio do prazer são geralmente escravos de modelos e de rivais, e, por conseguinte, de uma perpétua frustração. Porém são orgulhosos demais para reconhecer sua sujeição. O desejo mimético nos leva a crer que estamos sempre prestes a nos tornar autossuficientes ao virar outra pessoa. Nossa pretensa transformação em um deus, como o escreve Shakespeare, transforma-nos em asno. Pascal o formula de outra maneira: quem quer ser o anjo, torna-se uma besta.[1]

Compreender o fracasso real do desejo nos leva à sabedoria e, no final das contas, à religião. As grandes religiões e numerosas filosofias partilham essa sabedoria que a modernidade rejeita. A literatura, por não trapacear com o desejo, também compartilha dela. Ela prova que o desejo incontrolado se destina inevitavelmente ao fracasso. A grande e verdadeira literatura mostra que a realização de si pelo desejo é impossível. As obsessões miméticas são temíveis,

---

[1] Em francês: *Qui Veut Faire l'Ange Fait la Bête*. (N. T.)

nunca se pode triunfar de sua circularidade, mesmo quando se está consciente dela. Elas é que são a fonte de todas as dependências, desde as drogas até o álcool, a sexualidade obsessiva, etc. Não conseguimos sair desse círculo.

Contrariamente à maioria das filosofias, fundamentalmente estoicas ou epicuristas, o judaísmo e o cristianismo não pregam a realização de si. Nem por isso pregam a aniquilação de si, como o faz o misticismo oriental. O cristianismo reconhece que a imitação tem fundamento, assim como a bondade e a realidade da pessoa humana. Em vez de nos abandonar ao desejo mimético, o que fazemos seguindo a última moda e adorando o último ídolo, o cristianismo nos impele a imitar o Cristo, ou modelos não competitivos nele inspirados.

Caso se esteja completamente aprisionado na circularidade do desejo e se almeje sair dela, é preciso vivenciar essa mudança radical que os crentes chamam de "conversão". Segundo a concepção clássica, a conversão não é voluntária; ela assinala a intervenção de Deus em nossa vida. Tal é, para um cristão, a experiência mais marcante: tornar-se crente sob a ação de uma força irresistível, que não pode provir de si próprio, mas unicamente de Deus. O que torna a conversão fascinante para aqueles que a vivenciaram (mas igualmente para aqueles que não a experimentaram), é a impressão de uma raríssima proximidade de Deus, que transtorna nossa vida.

Essa experiência não coincide necessariamente com a do cristão. Muitos "bons cristãos" nunca passaram por conversão alguma quer porque, até onde conseguem se lembrar, sempre foram crentes, quer porque, mesmo que tenham se tornado só muito tardiamente cristãos, nunca viveram uma experiência perturbadora o bastante para ser qualificada de conversão. Sua experiência religiosa não é forçosamente menos profunda, nem menos intensa que a dos cristãos que conheceram uma conversão espetacular.

A noção de conversão goza, entretanto, de grande prestígio junto aos religiosos porque não há dúvida de que os evangelhos a colocam em primeiro plano. Pode-se interpretar a ideia paulina do homem novo assim como o tema da salvação pela fé em termos de conversão radical: Paulo deve ser lido dentro da perspectiva de sua conversão.

Contudo, as palavras que empregamos para descrever essa experiência – a palavra *conversão* em si, ou a palavra grega *metanoia* – apresentam um problema. De acordo com meus dicionários, é Agostinho que emprega pela primeira vez a palavra latina *conversio* no sentido cristão. Curiosamente, essa palavra não consta das *Confissões*, que reconstituem a história de sua própria conversão, mas de *A Cidade de Deus* (VII, 33), isso pela primeira e última vez, numa expressão que é uma referência aos esforços de Satanás para impedir nossa conversão ao verdadeiro Deus.

O problema em relação a *conversio* é que seu sentido não coincide exatamente com o que entendemos por "conversão", nem com o sentido dado pelo próprio Agostinho. A palavra significa "dar uma volta completa": apontando para uma revolução inteira, que acaba nos trazendo de volta ao ponto de partida. Ora, a conversão cristã é radicalmente diversa. Não é circular: não nos retorna ao ponto de partida. Seu fim permanece em aberto, ela avança rumo a um porvir sempre imprevisível. Parece-me, assim, que o sentido básico da palavra latina é tipicamente pagão, refletindo a visão pagã da história e do tempo circulares e repetitivos. Essa concepção lembra o Eterno Retorno, que se encontra nos *Purana*[2] e em outros textos do Oriente; e cujas variantes estão presentes em alguns filósofos pré-socráticos na Grécia, em particular Anaximandro, Heráclito e Empédocles.

A palavra latina designa ações e processos reversíveis, tais como a tradução de um texto em outra língua, ou as metamorfoses mitológicas. Quando os cristãos adotaram a palavra, modificaram sua

---

[2] René Girard alude a livros sagrados hindus que em geral eram memorizados e escritos em sânscrito. (N. T.)

conotação, transformando um fenômeno circular num fenômeno linear cujo final é desconhecido. Significava a partir de então uma mudança irreversível que se produz de uma vez por todas, sem retorno concebível para o ponto de partida.

A palavra grega *metanoia* foi empregada pela primeira vez nas igrejas de língua grega para designar um determinado tipo de penitência. Ela não define um movimento circular, mas tampouco corresponde à conversão cristã. Seu sentido é fraco demais. *Metanoeo* significa "mudar de opinião"; "voltar atrás sobre algo que parecia decidido"; "perceber um erro tarde demais, quando não há mais nada a fazer". Consequentemente, *metanoia* pode querer dizer "arrependimento", mas não evoca de modo algum o arrependimento daquele que ouve a pergunta que Paulo ouviu no caminho de Damasco: "Por que me persegues?".

A conversão cristã nos toca tão profundamente que ela nos transforma de uma vez por todas e nos faz, por assim dizer, "renascer". Esse fenômeno é tão potente que não é possível voltar atrás, mesmo andando de marcha a ré ou perfazendo uma volta completa. Para nós, ocidentais, andar em círculos é um destino pior que a morte. De modo que essa ideia de conversão é muito mais do que um retorno à virtude, um remorso, uma recuperação de energia, uma regeneração, uma revolução ou qualquer outra palavra começando por "re", sugerindo o regresso a um estado anterior e que, por conseguinte, limitasse-nos a uma visão circular da vida e da experiência. A conversão cristã conota uma mudança efetiva que nos possibilita sair do círculo.

Os cristãos emprestam à noção de *conversão* uma profundidade e uma gravidade que temos de entender para medir a importância de um episódio dos primórdios do cristianismo – a heresia donatista. Os donatistas eram cristãos da África do Norte no século IV, que levavam a conversão tão a sério que, depois dos períodos de perseguições, recusaram a reintegração na Igreja daqueles que não haviam sido heroicos o bastante para aceitar o martírio e haviam preferido abjurar. Para eles, a conversão cristã tinha algo de tão fundamental que não podia advir senão uma vez na vida. Não havia uma segunda chance. Os que não tinham a coragem de enfrentar os leões do circo em Roma, de morrer alegremente por sua fé, não eram dignos de ser cristãos.

Sua visão da conversão ao cristianismo era tão exaltada que a própria ideia de sua repetição parecia uma blasfêmia. A seus olhos, ela ridicularizava a fé cristã. Os donatistas foram condenados pela Igreja, e, sem dúvida, estavam errados do ponto de vista dos Evangelhos e do cristianismo ortodoxo. Se seu absolutismo fosse aplicado a Pedro, na noite em que Jesus foi detido e depois que o renegou por três vezes, Pedro não teria sido reintegrado na comunidade. Jamais teria se tornado o chefe da Igreja. Os donatistas estavam enganados. Condenar sua intransigência era a melhor solução para a Igreja nascente, mas sua influência sobre grandes cristãos como Tertuliano esclarece a seriedade da noção de conversão nesses primeiros tempos do cristianismo.

Minha concepção da literatura coincide com essa visão absoluta da conversão quanto ao fato de que as formas mais extraordinárias de criação literária não são, a meu ver, obra exclusivamente do talento inato, do puro dom da criação literária, mesmo que esse dom exista. Não são tampouco obra da habilidade técnica, mesmo que escritor nenhum consiga ser bom de verdade se sua técnica não tiver sido aprimorada.

Os escritores que me parecem os mais importantes não consideram sua "genialidade" um dom natural e inato. Trata-se antes de uma consecução tardia, o resultado de uma transformação pessoal que não lhes coube fazer, e que tem muito de conversão. Ao trabalhar a relação entre literatura e cristianismo, fiquei impressionado pelas semelhanças entre certa forma de criação literária e a conversão cristã.

Foi Marcel Proust quem me abriu os olhos para esse parentesco. Nele, o herói e o escritor são claramente uma única pessoa, mas não no mesmo momento. Se, num primeiro período, acompanharmos o herói, no fim do romance é o escritor que aparece. Graças a uma ruptura, uma mudança profunda experimentada pelo romancista, o herói se torna escritor. Mas essa ruptura não foi obra do romancista. Ele tem a impressão de que não é o verdadeiro responsável pelo evento que o transformou em romancista.

Quando escrevia sobre Proust, a moda exigia que se dissesse de Marcel, o narrador, que era pura invenção do romancista, que a arte do escritor não tinha nada a ver com sua vida. Era evidentemente um absurdo. O romance, apesar de não ser de modo algum cristão, constitui por seu fervor, por sua moral, por sua metafísica, uma autobiografia estética e até espiritual, que tem suas raízes numa transformação pessoal, estruturada exatamente como a experiência cristã da conversão.

No início do último volume, *O Tempo Redescoberto*, o herói está muito doente e cai numa depressão profunda. Ele abandonou a ideia de vir a ser um dia um grande escritor. É, então, nesse momento de desânimo, e até de desespero, que ocorrem com ele alguns incidentes insignificantes: pisar nos paralelepípedos desnivelados no pátio da residência Guermantes e reviver uma experiência do passado. Esse tipo de reminiscência desencadeia uma iluminação estética e espiritual que transtorna Marcel. Esse acontecimento minúsculo lhe fornece toda a matéria de seu romance, torna-o capaz de fazer o esforço necessário para a escrita do livro e principalmente lhe dá a perspectiva correta: completamente liberado, pela primeira vez, da compulsão do desejo, ele pode se dedicar à obra da sua vida.

Os títulos escolhidos por Proust para o conjunto do romance e para o último volume, que na realidade é o primeiro, já que ele recapitula a experiência criadora, são plenamente significativos. O romance se intitula *Em Busca do Tempo Perdido*, e deve-se tomar essa expressão ao pé da letra. O último volume, concebido e escrito primeiramente, pelo menos em suas grandes linhas, se chama *O Tempo Redescoberto*. Redescobre-se aí, efetivamente, a história da morte espiritual e do renascimento que acabo de mencionar. É o verdadeiro início do período criador de Proust.

Estamos, assim, na presença de duas perspectivas, quer seja em Proust, quer em outros romances onde ocorre a "conversão romanesca". A *primeira perspectiva* é aquela, enganosa, que alimenta a ilusão de que o herói poderia realizar-se pelo desejo. É a perspectiva que, por muitos anos, encerrou o autor numa procura estéril, impelido sem parar por um desejo frustrado por outro. Tudo aquilo que o narrador não podia obter, ele o desejava; tudo aquilo que obtinha, ele parava imediatamente de desejar, até descambar numa fadiga que se poderia chamar de anomia pós-mimética.

A *segunda perspectiva* se descobre no fim do romance, a partir do ponto final da conversão, que corresponde à renúncia do desejo. Essa perspectiva permite ao romancista corrigir as ilusões de seu herói, e fornece a energia criadora de que precisa para escrever seu romance. Essa perspectiva põe de novo e radicalmente em questão a primeira perspectiva, mas nem por isso tem por base o ressentimento. Mesmo que Proust nunca recorra ao vocabulário do pecado, a noção fica implicitamente presente. A exploração do passado se parece bastante com o verdadeiro arrependimento. O tempo perdido é repleto de idolatria, ciúme, inveja e esnobismo; tudo isso resulta num imenso sentimento de vacuidade.

A palavra *conversão* é indispensável, pois Proust descreve de maneira muito sincera essa perturbação em sua vida e o sobressalto de criatividade que lhe possibilitaram tornar-se o grande escritor que não conseguira ser anteriormente. Tudo, na vida e na lenda de Marcel Proust, corresponde ao esquema da conversão. Ele entrou para a literatura exatamente como alguns entram para a religião. Há qualquer coisa de quase monástico na narrativa, ao mesmo tempo mito e realidade, de um Proust passando o fim da vida isolado do mundo, em seu quarto forrado de cortiça, acordando no meio da noite para escrever seu romance, como os monges para entoar suas preces.

Percebem-se várias indicações de uma mudança radical em Proust. As pessoas que trabalharam com seus manuscritos afirmam que não dá para confundir os escritos que datam de antes da conversão com os que lhe são ulteriores. A escritura do Livro é inteiramente posterior à conversão. Os primeiros comentaristas de seu trabalho, Jacques Rivière inclusive, já interpretaram a obra-prima como o fruto de uma conversão. Limitei-me a retomar essa teoria com elementos textuais adicionais, ou seja, *Jean Santeuil* e, bem entendido, o conjunto dos textos que Proust escreveu na mesma época, mas que descartou. A principal diferença entre *Jean Santeuil* e a obra-prima final se deve ao fato de que o autor do primeiro ignorava seu próprio desejo mimético.

Não estou alegando que Proust tenha se tornado em santo após sua conversão, nem mesmo que ele tenha vivenciado uma conversão religiosa. É todavia inegável que naquele momento e pela única vez em sua vida, ele se interessou pelo cristianismo que, pensava, podia ter alguma relação com sua transformação. Ele procurou aconselhamento e, como era totalmente novato no assunto, teve a estranha ideia de, entre todos, dirigir-se a André Gide, um protestante que havia muito deixara de ser praticante. Gide o dissuadiu de levar adiante a questão.

Penso que, na realidade, a experiência criadora de Proust é comparável, em muitos aspectos, a uma conversão religiosa, da qual não se pode dizer que tenha fracassado, mesmo que não tenha dado senão frutos estéticos e jamais tenha chegado a uma conversão religiosa *stricto sensu*. Há, contudo, um parentesco entre ambas e não há motivo algum para não dar crédito ao que o autor escreveu na massa dos manuscritos (agora publicados) redigidos durante o período de *O Tempo Redescoberto*.

Antes dessa grande mudança, Proust era um amador de talento. Sua conversão faz dele um gênio. Quando André Gide leu o manuscrito do primeiro volume de Proust para sua editora, recusou-o sem hesitar. O autor, para Gide, era um intelectual insignificante, que borboleteava pelos salões e não podia metamorfosear-se em grande autor da noite para o dia. Esse tipo de transmutação é de fato raríssimo e Gide tinha razão, estatisticamente falando, de não acreditar nela. Era um editor muito ocupado. Mas, no referido caso, ele estava errado.

O termo *conversão* não agrada a todo mundo. Minha insistência nesse termo é como a capa vermelha que é agitada na frente de um touro. No meu primeiro livro, agitei não uma, mas, por assim dizer, cinco capas, já que apliquei essa noção não somente a Proust mas também a Cervantes, Stendhal, Flaubert e Dostoiévski. Tomemos Dom Quixote, por exemplo. Em seu leito de morte, ele se arrepende e diz lamentar não ter tido tempo de ler bons livros em vez de narrativas de cavalaria que o deixaram louco, que o transformaram numa marionete manejada por um marionetista que nem sequer existia: Amadis de Gaula. Tomemos Julien Sorel prestes a ser guilhotinado em *O Vermelho e o Negro*. Tomemos a sra. Bovary, quando ingere o arsênico que vai matá-la. Flaubert já é proustiano o bastante não apenas para dizer "A senhora Bovary sou eu", mas também para acrescentar que, enquanto escrevia a morte de sua heroína, o gosto do arsênico lhe impregnava a boca. Em outros termos, ele compartilhava da morte criadora de sua heroína. O mesmo se dá com o exílio siberiano de Raskolnikov, em *Crime e Castigo*, de Dostoiévski.

Eu sentia que para todos esses autores existia uma obra central, um romance de conversão: *O Vermelho e o Negro* para Stendhal, *Madame Bovary* para Flaubert, *Crime e Castigo* para Dostoiévski. Em cada um deles, encontrei a dupla perspectiva que já havia encontrado no grande Proust, a perspectiva, posterior à conversão, que corrige a perspectiva anterior, que é sempre uma forma de cegueira.

Assim, Proust me ajudou muito a formular a noção de "conversão romanesca". Na massa de manuscritos associados a *O Tempo Redescoberto*, um deles compara o último volume do grande romance, ainda por escrever, aos desenlaces de numerosos grandes romances do passado e de algumas obras não romanescas. Lá encontramos Cervantes, Stendhal e Flaubert, mas também outros romancistas que não citei, tais como George Eliot.

A noção de *conversão* confere à obra um passado e um futuro, uma profundidade temporal que os romances sem conversão não possuem. A segunda perspectiva proporciona certo recuo ao escritor em relação à experiência que relata. Os grandes romances são escritos, pois, partindo-se das duas extremidades ao mesmo tempo. Há a primeira perspectiva, a do herói sem visão, e a perspectiva final, que, no fundo, é uma retrospectiva.

Quando publiquei meu primeiro livro, meu amigo John Freccero não demorou a notar que o último capítulo não mencionava uma referência essencial para a tese da conversão romanesca, ou seja, a obra que inventou a autobiografia espiritual e que se fundamenta, também ela, numa experiência de conversão: as *Confissões* de Santo Agostinho. Esse livro é o primeiro e o maior exemplo de obra com a dupla perspectiva acima referida. Deve ser considerado a primeira grande autobiografia literária, num sentido que o mundo antigo não podia captar.

Antes de todos esses exemplos, e antes de seu modelo, temos os próprios evangelhos. Nos três Sinóticos, mas sobretudo no de Marcos, os discípulos são mostrados como incapazes de compreender os ensinamentos do Cristo no momento em que os escutam. Eles não estão verdadeiramente convertidos; nem o próprio Pedro, embora seja capaz de reconhecer o Messias em Jesus.

Os apóstolos não entendem grande coisa escutando Jesus. Ou melhor, entendem mal. Acreditam num Messias triunfante no modelo de um David. Porém, Jesus é um Messias que sofre à maneira do servo de Iavé no segundo Isaías. É somente após a morte e a ressurreição de Jesus que conseguem compreender o que não haviam podido senão ouvir. A ressurreição é para eles uma experiência de conversão, a mesma experiência da descida do Espírito por ocasião de Pentecostes, quando recebem uma graça que não concebiam com o Cristo ainda em vida. A verdadeira definição da graça é que o Cristo morreu por nós. E mesmo que seu próprio povo, como povo, o tenha rejeitado, ele sempre fará com que aqueles que o escutam sejam capazes de se tornar filhos de Deus.

literatura e antropologia
entrevista a Nadine Dormoy Savage

Trecho extraído de uma entrevista concedida por René Girard, em abril de 1982, por ocasião da conferência da Northeast Modern Language Association, em Nova York, na qual foi convidado de honra.

Nadine Dormoy Savage: Eu gostaria primeiramente de pedir ao senhor que defina as relações que estabelece entre a literatura e a antropologia, ou talvez outras ciências também.

René Girard: Gostaria de começar talvez pelas relações entre a antropologia e a filosofia. As relações entre a antropologia e a cultura em geral, na perspectiva filosófica que continua sendo a nossa, são péssimas. Alguém como Heidegger, por exemplo, remonta sempre ao ponto mais distante possível na filosofia. Ele remonta ao pré-socrático, e essa volta é sempre empolgante porque nos leva até coisas que, a meu ver, se parecem cada vez mais com a religião primitiva. Com essa religião primitiva sobre a qual a antropologia, no sentido que o termo assume na universidade, já não medita mais, ou muito pouco. É nesse divisor de águas, quando Heidegger se detém, que no meu entender seria preciso recuar um pouco mais em sua reconstrução filosófica, recair a fim de abarcar a questão do sagrado, que nunca é colocada e que, para mim, é absolutamente fundamental. Parece-me que toda literatura, no fundo, é uma busca do sagrado, ou fala das relações entre o desejo e o sagrado. Nossas perspectivas filosóficas ou críticas tendem a separar, muito mais do que o fazem os escritores, o desejo e o sagrado. Toda poesia, isso já é sabido, é um retorno ao sagrado, uma busca, uma metáfora do sagrado. Para mim, longe de ser gratuita, essa relação entre o desejo e o sagrado é essencial, é algo que pode ser conceitualizado de algum modo.

N. D. S.: E a psicanálise? O senhor a criticou por não analisar o desejo de forma científica. O senhor acredita que ela poderia chegar à conclusão de que o interdito é necessário para impedir os conflitos que são inevitavelmente desencadeados pelo desejo sem tabus?

R. G.: Não. A psicanálise não pode mudar nesse ponto. Sem abolir suas teses sobre a primazia da transgressão, ela não seria mais a psicanálise. Mas o que me interessa na psicanálise e em Freud, é que ela se interessa pelo indivíduo, pela psique, pelos relacionamentos entre os homens. Ela se interessa pela sociedade, pelo sagrado. Em consequência, a psicanálise se interessa por todo esse conjunto de coisas, talvez mal recortadas pelas ciências modernas, que também interessam a mim e à literatura, acima de tudo. A relação de Freud com a literatura é apaixonante, na medida em que tem um pouco de medo dela – de ser tomado por um literato. Sob certos aspectos, na minha opinião, ele tem razão, sob outros aspectos está completamente equivocado. Ele está equivocado na medida em que o literato, no melhor sentido do termo, é sempre o jogo do que eu chamo de mímesis, num sentido quase platônico, e do desejo. Platão separa mímesis e desejo. O literato, na minha opinião, tende sempre a juntar um com o outro. Assim, para mim, uma obra arquetípica seria, por exemplo, *Troilus e Cressida*, que é uma paródia de Homero. No fundo, talvez seja uma paródia de toda a cultura grega que, de maneira bastante explícita nas formulações de Shakespeare, reúne o que sempre é separado pela filosofia: o desejo e a imitação. Isso nos revela uma mímesis que não é só uma espécie de sustentação para o conformismo cultural, mas que é também um conflito, ao mesmo tempo, a dissolução da sociedade e, misteriosamente, sua reconstituição. O paradoxo está aí, mas a filosofia não o percebe.

N. D. S.: A literatura, por sua vez, tem tendência a ficar cada vez mais limitada à escritura, à linguagem, em alguma coisa bastante seca...

R. G.: De fato, a literatura tende a se restringir, tantó mais que, na minha opinião, nossa época está mais ameaçada pela verdade. Certas coisas estão voltando à baila com uma força extraordinária: por exemplo, o que vou chamar de desordem shakespeariana, nas suas relações com a ordem. Então, a nossa leitura de Shakespeare está se modificando de forma prodigiosa. Cheguei a Shakespeare bem tardiamente, mas ele me fez entender, muito melhor do que Racine, que entre a maneira de "culturalizar" (proponho este neologismo) os grandes escritores e a substância de sua arte há uma distância imensa. É uma verdade para Racine, é uma verdade na França, mas no caso de Shakespeare, fica ainda mais patente, pois ele é mais radical, mais revolucionário. Ora, a cultura inglesa foi terrivelmente conservadora já que, no plano cultural, constitui o maior sucesso do mundo moderno, então ela goza de grande estabilidade. No entanto, essa estabilidade está vindo abaixo e o verdadeiro Shakespeare, isto é, a desordem (que toda a crítica tradicional abole completamente) está reaparecendo. Acho que Shakespeare, pessoalmente, tenta mesmo pensar a mímesis em relação com o desejo e entende que ela é, ao mesmo tempo, uma potência de desordem e de ordem. Potência de desordem quando destrói as formas culturais, mas, em seguida, potência de ordem quando determinadas formas de junção, de reordenação por expulsão, ocorrem no auge da crise mimética.

N. D. S.: Pode-se esperar, hoje em dia, que esse processo de expulsão aconteça?

R. G.: Acredito que no plano localizado, parcial, devemos a responder que sim, ele ocorre sem parar. Mas no plano universal eu diria que não. O papel do bíblico, no nosso universo, é de fazer com que o processo se torne impossível ao ser revelado. O fato de que se possa falar dele, que todos os sistemas de representação baseados em vítimas expulsas sejam hoje compreensíveis, interpretáveis, é o sinal bem claro dessa revelação. Acho que a contribuição do bíblico para o nosso universo consiste numa compreensão cada vez mais subversiva desses sistemas. Ora, a compreensão desses sistemas os torna inoperantes e, de certa forma, os neutraliza, quer dizer, não podem renascer. Então, o bíblico como potência de desordem revolucionária, no sentido de Nietzsche, é isso.

Acredito que Nietzsche se engana quando desvaloriza o bíblico, quando o trata de modo puramente negativo. Nietzsche toma o partido dos perseguidores, da ordem cultural, da força. É talvez um interlocutor privilegiado para a nossa época, no sentido que todos nós somos nietzschianos, mas que teríamos de ser, pelo contrário, muito antinietzschianos, diante do que há de desesperado, de atroz e de profundamente censurável na sua atitude. Acho que se pode dizer isso sem se mostrar pessoalmente hostil a Nietzsche, visto que sua grandeza é ter ficado louco, assediado como estava por essa espécie de ressentimento prodigioso contra o bíblico que o possuía. É evidente que a inteligência moderna está bem enraizada dentro disso. À medida que a história avança, parece-me que se torna cada vez mais óbvio tanto a verdade quanto o erro de Nietzsche. Então, para mim, o bíblico, longe de ser algo que está desaparecendo, permanece aqui, vindo à tona, e vai reaparecer de forma mais imperativa do que nunca, não por ser ditatorial, mas por ser verdade. Já tentei dizê-lo, mas as pessoas fazem de conta que não veem nada. O nietzschianismo atual é tão frágil que ninguém se atreve a tocar nele. Um dia desses, vai desabar de vez.

N. D. S.: Como é que isso pode transparecer em nossa atual escala planetária para povos que, até agora, não tenham sido tocados pela tradição bíblica?

R. G.: Isso deixa muita gente contrariada mas, na minha opinião, não há povos que não tenham sido tocados pela tradição bíblica. Mesmo que não tenham tido acesso direto a ela, tiveram um acesso indireto. O próprio fato de que nos censuram pela nossa opressão, nossa perseguição contra eles, sempre é uma retomada de ideias ocidentais que são jogadas de volta contra o Ocidente, o que aliás é muito justo. O Ocidente fez mau uso das ferramentas que tinha à disposição, esses povos têm então toda a razão. Na minha opinião, a nossa cultura daqui por diante está unificada. Falar da Bíblia não é de jeito nenhum cair no etnocentrismo. A Bíblia não pertence a ninguém, a nenhum povo, já que, justamente, todos aqueles que se valem dela ou que se têm por seus filhos diletos, falharam com ela. Para mim, a verdadeira missão do judaísmo e do cristianismo seria que ambos reconhecessem sua insuficiência em relação ao texto do qual não deixam de ser os portadores. Cada um deveria reconhecer aquilo que faz dele um devedor para com o texto, aquilo de que fez um mau uso. Não digo isso para pôr os judeus e os cristãos num mesmo plano na ordem da perseguição. É muito claro que os cristãos perseguiram os judeus muito mais do que os judeus perseguiram os cristãos, isso por motivos históricos evidentes, mas acho que com relação ao profetismo do Antigo Testamento ou ao que é essencial no Novo Testamento, assistimos a um fracasso sacrificial dobrado, isto é, a uma recaída no primitivo. Melhor dizendo, os homens tendem a cair de novo na religião primitiva, todos estão mais ou menos no mesmo nível nesse aspecto; em consequência, todos têm muito a se censurar entre si, todos faltaram da mesma maneira, o que deveria facilitar esse reconhecimento.

N. D. S.: Pode-se dizer que a liberdade existe?

R. G.: A liberdade existe. Somos obrigados a pensar a liberdade do homem. Nesse plano, Sartre é o bom-senso personificado. Isso posto, pode-se também pensar a onipotência divina. De certa forma, a impossibilidade de pensar as duas coisas ao mesmo tempo no plano da lógica não tem a menor importância. Isso só revela que a lógica humana é deficiente, o que já sabemos, por sinal. A força da ciência moderna é exatamente aceitar isso, entender que há setores separados, mesmo na ciência.

N. D. S.: O senhor deve experimentar a sensação de ter muitos pontos em comum com certos escritores ou pensadores contemporâneos...

R. G.: Sinto ter muito em comum com alguns deles na medida em que são pessoas que se interessam pela desordem, e pela ordem enquanto algo que provém da desordem: biólogos como Henri Atlan, físicos, etc. Não fui eu quem descobriu essas relações, esses pesquisadores é que têm afinidades com a minha ideia do rito e da crise mimética da qual brota a ordem. O que me aproxima deles é justamente aquilo de me diferencia dos estruturalistas. Ora, o estruturalismo parte de uma noção de ordem que é primeira. A ordem é sempre dada nos estruturalistas, o que, para a ciência atual, é muito duvidoso. Esta última não funciona de jeito nenhum nesse nível, e, do ponto de vista científico, o estruturalismo ficou completamente defasado. Assim, em Stanford, nós tivemos um colóquio que contou com a participação de Michel Serres, para que pudessem se encontrar todos aqueles que se dedicam à reflexão sobre essas alternâncias de ordem e desordem. Jean-Pierre Dupuy me ajudou muito a entender alguns dos nossos pontos em comum, mesmo que os meus próprios trabalhos se desenvolvam fora das ciências exatas, evidentemente.

N. D. S.: Vamos então voltar à literatura. Gostaria de lhe pedir que falasse um pouco de Dostoiévski e de Proust. O senhor escreveu muito a respeito de ambos. Ora, eu constato que se trata de dois grandes doentes. E me pergunto se a doença não os obrigou, de certa forma, a tomar o lugar da vítima.

R. G.: De fato, Dostoiévski era epilético e Proust tinha um grande problema de asma.

N. D. S.: Ambas as doenças são psicossomáticas.

R. G.: Sim, e também doenças que são uma espécie de representação de uma perseguição à qual se foi submetido, de uma violência que foi imposta. Mas, no caso deles, seria um erro fazer da doença uma causa. É antes um sintoma. Proust não é um asmático típico, nem Dostoiévski um epilético típico. Essas doenças revelam a intensidade com que eles assumem o papel de vítima. Nem um nem outro se entregou, o que constitui sua verdadeira arte. Se poderia dizer que ser um grande artista, nos relacionamentos humanos, no romance, consiste em não se entregar à paranoia quando as circunstâncias são favoráveis a ela.

N. D. S.: O senhor escreveu que os intelectuais são os que mais estão à mercê das oscilações miméticas incontroláveis do meio onde vivem. E como "o desejo não ganha nada em ir se conhecendo cada vez melhor", eles viram as vítimas do que o senhor chama de duplo vínculo (*double bind*).

R. G.: O que estou tentando dizer é principalmente que a evolução do desejo para pior, para o masoquismo, por exemplo, cada vez mais forte, está ligada a um conhecimento que o desejo tem de si mesmo, mas é um conhecimento sempre insuficiente. Se, por exemplo, o desejo, que constata sem parar o seu fracasso, transforma seu modelo em rival, vai chegar o momento em que fará dessa transformação a própria condição do desejo. O desejo tem duas possibilidades: ou enxerga a sua verdade, e então renuncia a si, ou, o que é o mais frequente, não renuncia a si. Então, o único meio de continuar a viver no conhecimento desse fracasso, é fazer desse mesmo fracasso uma espécie de condição prévia do desejo. Acho que certas formas de desejo mimético não são realmente conscientes. Entretanto o desejo não é só um inconsciente no sentido de Freud, ele está ligado ao saber sempre maior, mas sempre insuficiente, que ele vai tendo de si mesmo. É por isso que os personagens mais patológicos são muitas vezes os personagens mais lúcidos. Personagens como Charlus ou, em Dostoiévski, os que atingiram um estágio grave de doença são os mais lúcidos e, simultaneamente, os mais cegos sobre si mesmos. O desejo pode enveredar por um caminho de conhecimento em que aposta sempre na coisa mais inverossímil, em que pensa que aí onde ele depara com um fracasso, um obstáculo, aí é que deve estar o verdadeiro objeto desejável. Por consequência, quanto mais o desejo fica patológico, quanto mais aprende sobre si próprio, mais sabe que está destinado ao fracasso.

N. D. S.: Não seria preciso, com referência a essa questão, levar em conta a época? O que Freud, Proust ou Camus podiam dizer não dependia do estado da mímesis coletiva num determinado momento?

R. G.: Isto é, de uma crise das instituições que vai se agravando sem parar. Mas, apesar de tudo, parece-me que autores como Shakespeare e Pascal já estão no mundo moderno. A maioria dos seus contemporâneos talvez não esteja, mas Shakespeare, Pascal, Montaigne já vivem num mundo que não é muito diferente do nosso. Há diferenças, é evidente, na ordem da ciência. Mas Pascal é ainda mais extraordinário porque viveu num mundo onde nem sequer se podia desconfiar que a inteligência científica criaria ameaças tão terríveis para a própria existência. Hoje em dia é muito mais difícil acreditar na inocência do desejo do que há um ou dois séculos, já que a bomba de hidrogênio existe, já que ela não vem de Deus ou dos elementos, mas do desejo do homem.

N. D. S.: O senhor se coloca inteiramente como descendente da linha de Pascal.

R. G.: No que diz respeito à aposta, sim. O desejo é sempre uma aposta. É sempre uma projeção para o futuro, não está de maneira nenhuma no imediato, é a longo prazo. É uma aposta que sempre decepciona. Consequentemente, há duas apostas.

N. D. S.: A pascaliana e a outra?

R. G.: Sim.

N. D. S.: Também lembramos de Pascal lendo o que o senhor escreveu sobre ficção científica em *Coisas Ocultas desde a Fundação do Mundo*: o desejo desemboca na frieza vazia dos espaços interplanetários, nesses "buracos negros de que hoje falam os astrônomos, de uma densidade tão aterrorizante que atrai para si toda matéria num raio cada vez mais amplo e, por isso mesmo, sua potência de atração não para de aumentar".

R. G.: Acredito que a moda da ficção científica, que está relacionada com realidades científicas, é claro, insere-se numa espécie de intensificação da desumanização da literatura, quando se fala cada vez menos do essencial. A literatura está se esvaziando de humanidade, completamente, como as ciências do homem. Trata-se aí de uma enorme denegação. Essas coisas me parecem estar muito próximas umas das outras. Tem-se a impressão de que há um reforço recíproco hoje em dia entre o terror que o mundo exterior faz pesar sobre nós e aquele que a literatura reflete, que tenta mandar de volta ao mundo. É para se perguntar por quê. Muitas vezes, o que se apresenta no nosso mundo como sátira, como recusa do mundo, se parece cada vez mais com o mundo que a princípio está sendo rejeitado. Eu tenho a impressão de que quando a gente contemplar isso com certo distanciamento, será possível ver melhor até que ponto todas essas coisas são solidárias. Muitas atitudes que se apresentam hoje como recusas na verdade são só consentimentos.

N. D. S.: Uma forma de aceitação do nada?

R. G.: Eu procuro sempre recolocar esse problema dentro das formas de intensificação mimética que se desconhecem, que negam de maneira crescente a presença do rival, a presença de relações humanas cada vez mais obsessivas. A partir do romantismo, começa-se fugindo para a natureza, uma natureza ainda bastante humanizada, mas que aos poucos se desumaniza, torna-se cada vez mais desértica, até chegar aos espaços interssiderais. Trata-se sempre de fugir do homem, principalmente no sentido do Outro, que eu coloco em primeiro plano, obviamente.

N. D. S.: Seu novo livro se apresenta, em suma, como uma continuação do anterior, que explicita suas teses à luz do Antigo Testamento.

R. G.: Sim. *O Bode Expiatório* é, no fundo, uma série de leituras comparadas de mitos e do Novo Testamento. Há textos sobre os quais me disseram, e é por isso que quis falar nisso, que poderiam caber na minha visão do Novo Testamento, textos de demonologia, por exemplo, que são plenamente arcaicos. Tomo assim como ponto de partida um texto de Guillaume de Machaut sobre os judeus. É um texto sobre a peste negra, que acusa os judeus de envenenarem o rio, tornando-os bodes expiatórios da epidemia. O que me interessa é mostrar que não se lê isso como um mito: se reconhece que há elementos imaginários, mas se reconhece também que há elementos reais, quer dizer, que há vítimas atuais subjacentes ao relato. Na realidade, não há motivo para não ler certos mitos, e até todos os mitos, dessa forma, pois os elementos textuais são exatamente os mesmos. Os estereótipos da perseguição são os mesmos por toda parte, vamos encontrá-los em Guillaume de Machaut, vamos encontrá-los no mito de Édipo, vamos encontrá-los em inúmeros mitos, associados a temas de violência que são sempre os mesmos. Apesar de tudo, não nos atrevemos a dizer que, para fabricar textos assim, são necessárias perseguições reais percebidas, representadas pelo enfoque dos perseguidores que transfiguram suas vítimas. Hoje em dia, lemos essas perseguições, lemos Guillaume de Machaut como textos nos quais os perseguidores conseguem enganar seus leitores por alguns anos, mas nunca por muito tempo. Em compensação, o mito de Édipo ainda perdura. Então, o que digo é que é preciso estender ao mito de Édipo a leitura que até agora limitamos à história. Estender essa leitura aos mitos é dar continuidade, de certa forma, à ação de lançar uma luz bíblica que, pouco a pouco, estende-se a todos os textos. Em outras palavras, estamos numa fase de transição, ou numa crise, porque uma parte da nossa cultura, o humanismo, e uma certa ideologia moderna tentaram impedir essa mesma crítica. Os gregos, e principalmente nos dias de hoje os povos primitivos, sucumbem ao mesmo tipo de crítica que, no século XVI, destruiu a caça às bruxas. Será a continuação do mesmo fenômeno. Mas os pesquisadores atuais não querem ver a perseguição escondida nos mitos porque essa perseguição específica desaparece na Bíblia. Ora, reconhecer a superioridade da Bíblia não é politicamente correto.

O religioso, verdadeira ciência do homem
entrevista a Benoît Chantre

Trata-se aqui de uma transcrição, revista e corrigida pelo autor, de certos momentos de sua entrevista com Benoît Chantre, que não constam todos da montagem do filme O Sentido da História, *realizado no Centro Georges Pompidou em dezembro de 2007.*

Benoît Chantre: O Centro Pompidou, por ocasião da exposição *Vestígios do Sagrado*, propõe que se reflita acerca do lugar que o sagrado ocupa nos séculos XIX e XX. Peço-lhe permissão para propor três datas: a primeira, 1806, que constitui o cerne de seu livro sobre Clausewitz;[1] a segunda, 1913, que precede em um ano ao apocalipse da guerra de 1914, e que é, ao mesmo tempo, a data da criação de *A Sagração da Primavera* de Stravinsky; e, finalmente, os primeiros anos do pós-guerra, o momento em o senhor desempenhou um papel "importante" em Avignon, conheceu Picasso e Braque, mas também optou por deixar a Europa pelos Estados Unidos, onde o senhor construiu, apesar de não sabê-lo na época, uma obra inteiramente dedicada ao religioso. Poderíamos então focar a atenção nos três momentos que cabem de modo bastante adequado no horizonte da exposição.

---

[1] Refere-se ao livro *Rematar Clausewitz: Além Da Guerra*, que será publicado na Biblioteca René Girard. (N. T.)

O ano de 1806 é a derrota de Iena. É também o ano em que Hölderlin, contemporâneo e amigo de Hegel, começa um retiro de quarenta anos. Hölderlin renuncia ao mundo, não tem mais nada a dizer aos seus contemporâneos. Ele se fecha na torre de um marceneiro em Tübingen, refúgio de onde não sairá mais, ou só para alguns passeios cotidianos...

René Girard: Hölderlin está desesperado, é evidente. Creio que esse desespero é muito mais explicável do que se diz. Hölderlin esperava uma síntese entre o cristianismo e a Grécia. Ele vê, como todos os grandes românticos da sua época, o retorno da Grécia. Mas esse retorno não é uma vitória sobre o cristianismo, mas sim permanece dominado pelo cristianismo. É um cristianismo expandido, em que o Cristo continua a desempenhar o papel essencial, como mostram os grandes poemas. Creio que Heidegger ocultou tudo isso. Heidegger tentou se confundir com Hölderlin, mas era tão diferente dele quanto possível, porque sua atitude em relação a esse período permanece no fundo combativa, anticristã e muito mais próxima de um certo arcaísmo do que do próprio Hölderlin. É fácil ver em Hölderlin um inimigo do cristianismo, na sua atitude com a mãe, com o pietismo estreito das ambições da mãe, que queria fazer dele um pastor. E ele não queria nem ouvir falar nisso! Mas ao olharmos seus principais poemas, notamos que Heidegger ocultou o essencial, que é a fidelidade ao Cristo, o fato de que os deuses gregos estão transfigurados e orientados para o amor pela presença do Cristo. Isso fica bem nítido e está presente num grande número de poemas. Mesmo que seja ilusório, é a grandeza da época que procura fazer isso, que não vê de modo algum uma ruptura com o passado mas um enriquecimento que não diminui em nada o cristianismo e que, pelo contrário, de certa forma, o completa.

B. C.: Hölderlin teria tido, então, contrariamente a Hegel, a intuição do que é arcaico de um lado, do que é a especificidade do cristão do outro.

R. G.: Exato.

B. C.: E que o cristão e o arcaico têm uma relação filosoficamente indefinível?

R. G.: A palavra *dialética* seria de fato perigosa porque remete imediatamente a Hegel. Seria preciso então falar de outra maneira. O cristianismo é evidentemente superior, ele vem coroar, e sente-se muito bem que se trata aí do amor cristão que, para Hölderlin, é superior a tudo... Na minha opinião, a principal razão do seu retiro é que ele pressente, ou lamenta, ou geme de algum modo acerca da ausência desse amor no grupo desses grandes poetas que admira. Ele tem a impressão que, não só o cristianismo é necessário em si, porque o amor é superior a tudo, mas também que só há equilíbrio para o poeta que ele era, só há convivência possível com os outros nessa presença do cristianismo.

Para entender essa noção de *equilíbrio*, é preciso ler os textos em prosa, mais ainda do que os poemas, em especial o *Hipérion*. Se estudarmos o *Hipérion*, descobriremos que se trata de um texto extraordinário no plano da psiquiatria, mesmo nos dias de hoje. A existência de Hipérion é, de fato, ritmada por mudanças radicais, temíveis, aterrorizantes, entre uma exaltação do eu, uma certeza imediata de superioridade sobre todos os demais homens, e especialmente de superioridade poética, de superioridade sobre a cultura alemã, de possessão dessa cultura – um pouco como em Nietzsche mais tarde –, e momentos em que, de repente, essa experiência desmorona para dar lugar ao seu contrário, à certeza do fracasso total, da miséria definitiva. Hölderlin descreve essa experiência, que hoje se chama "maníaco-depressiva", de forma tão viva, tão marcante, que não se encontra nada comparável em lugar nenhum. O próprio poeta o explica ao falar com Suzette Gontard, que se espanta diante do que se poderia chamar coloquialmente de "ser de lua", característica impressionante do seu amante. Ele diz que é a sua "ambição insaciada" que o separa de Suzette Gontard.

É preciso ler também as cartas de Hölderlin que apavoravam Goethe e Schiller: cartas literalmente adoradoras, muito inquietantes.

Por sinal, é só nas obras completas de Hölderlin que se pode encontrá-las na íntegra. O grande poeta que é Hölderlin se rebaixa ao extremo diante das formas poéticas que não são propriamente as suas. E a reação de Goethe e de Schiller é uma espécie de terror e resguardo, de inquietação em relação a Hölderlin. Que estanha figura é aquela? É preciso pensar em tudo isso, a meu ver, quando se pensa na extrema pertinência de Hölderlin no nosso universo. Porque o que Hölderlin exprime a respeito do nosso universo, não na sátira, isto é, numa espécie de superioridade, de certeza de si, mas na incrível fraqueza de um ser submetido a oscilações vertiginosas, é a situação do homem moderno, em que esse tipo de fenômeno tem papel fundamental: uma luta entre os homens pela superioridade metafísica, pelo ganho total dessa superioridade sobre os vizinhos, os rivais.

Essa oscilação é absolutamente capital em Hölderlin, e deve ser utilizada para interpretar Nietzsche e, em particular, suas relações com Wagner. Nietzsche proclama sem parar sua superioridade sobre Wagner, de modo doentio, sobretudo nesse livro absolutamente demente que se chama *Ecce Homo*, onde proclama todas as suas superioridades sobre Wagner. Em que momento? No momento em que o imperador da Alemanha vai pessoalmente a Bayreuth, onde Wagner tem todo mundo a seus pés. Em outras palavras, Nietzsche vivenciou a realização da sua própria inferioridade em suas relações com Wagner. É isso que o enlouqueceu. E pode-se dizer que os discípulos de Wagner e de Nietzsche continuam essa luta sem nunca pensá-la em seu todo. Quando são a favor de Wagner, dizem: "Nietzsche tem uma interpretação de Wagner totalmente errada. Ele insulta Wagner, não entende sua grandeza, etc.". E os nietzschianos fazem o jogo contrário, tornando-se peões nessa gangorra extraordinária vivenciada só pelos grandes gênios – Hölderlin e Nietzsche – que a modernidade fez sair do eixo. Na França, Nerval compartilhou desse sofrimento. Na Rússia, Dostoiévski.

Mas Hölderlin percebeu mais plenamente, expressou mais honestamente essa oscilação do que todos os demais grandes artistas desequilibrados de sua época. Nietzsche nunca fala dos momentos negativos dessa experiência. E nós sabemos, quando compreendemos Nietzsche como se deve e quando acompanhamos de perto sua biografia, que ele passava por momentos assim e lhes atribuía uma importância fora do comum, sem nunca revelá-los por escrito, ou quase nunca. Como é que sabemos? Porque sabemos que, numa livraria de Nice, Nietzsche descobriu um texto, ao mesmo tempo cômico e trágico, escrito por Dostoiévski acerca das oscilações do mundo moderno. Seu título é *Memórias do Subsolo*, sobre o qual Nietzsche escreveu de modo obscuro, sem dizer por quê. Mas temos de entendê-lo, se colocamos todos os seus personagens juntos, quando diz que, aí, Dostoiévski expressa coisas absolutamente indispensáveis, que nunca ninguém expressou sobre a consciência moderna. E Nietzsche deixa bem marcada a sua participação. Mas não conseguiu escrever o momento negativo de sua experiência. Na minha opinião, sua loucura é isso, essa impotência em dizer o seu próprio fracasso.

Dostoiévski escreveu-o de modo grotesco, magnífico e esplêndido. Ele dominou sua loucura e, de certo modo, Hölderlin a dominou também, só que de forma mais passiva, com bondade, com uma espécie de passividade, retirando-se do mundo. Ele não pôde enfrentar, não dispunha dessa espécie de força satírica que Dostoiévski possuía. Ele tinha sua poesia, mas ela possivelmente não lhe dava a possibilidade de abordar o assunto dessa maneira. Acredito também que há um trio – Hölderlin, Dostoievski e Nietzsche – tremendamente importante para libertar nossa época de sua ilusão nietzschiana. Por que ilusão nietzschiana, o que é isso? É retomar o sonho de Nietzsche em que cada um se acredita vitorioso num universo onde todos estão completamente perdidos. É evidente que uma atitude dessas não se sustenta, e que nossa visão de Nietzsche é incompleta. Não se enxerga que Nietzsche morreu louco. Que essa loucura, pela qual tanto Hölderlin quanto Dostoiévski passaram de raspão, mas da qual eles escaparam na minha opinião pelo religioso, Nietzsche mergulhou nela completamente. Ele então caiu na demência mais assustadora, que quase não é descrita por ser apavorante. As descrições clínicas que temos dos médicos de Nietzsche são atrozes. Acho que deve-se dizer isso hoje porque faz parte da história da inteligência da nossa época e de sua relação, ou de sua falta de relação atual com o religioso. Nosso culto a Nietzsche é o triunfo não da saúde, mas da doença, não da verdade, mas da mentira.

*

B. C.: Se o senhor estiver de acordo, vamos abordar a segunda data que eu lhe proponho: 1913. Entramos no período do cubismo, fundamental para a evolução das formas no século XX. Há esse evento incrível: o balé russo em Paris, coreografia de Nijinski para *A Sagração da Primavera*, de Stravinsky, um momento absolutamente excepcional. É também o ano da publicação do primeiro volume de *Em Busca do Tempo Perdido*.

R. G.: Essa *Sagração da Primavera*, quando eu a descobri, pareceu-me absolutamente impactante no plano do que chamo de "revelação da morte fundadora" na cultura moderna, isto é, o verdadeiro advento do cristianismo. A descoberta do assassinato fundador sob uma forma tal que ele torna sua reprodução impensável, impossível, reveladora demais! Quando olhamos *A Sagração da Primavera* de perto, notamos que é um sacrifício, o sacrifício de qualquer um, de uma jovem por uma tribo pagã e selvagem da Rússia arcaica, sacrifício que termina com a morte dessa mulher.

B. C.: Vale lembrar que a obra é dividida em dois tempos: "A Adoração da Terra" e "O Sacrifício". Esta segunda parte se encerra com o que se conhece como "a dança sagrada da Eleita", essa princesa que acaba morrendo de tanto dançar.

R. G.: Será que ela morre de tanto dançar ou isso é um eufemismo para nos dizer a verdade, que é seu sufocamento pela multidão? Na minha opinião, "morrer de tanto dançar" é o eufemismo estético que explica a coisa. Numa reconstituição a que assisti recentemente da representação inicial de *A Sagração da Primavera*, tudo começa com a entrevista de uma senhora extremamente respeitável da aristocracia americana, que decerto deu dinheiro para essa reconstituição: "Mas não vão imaginar que se trata de um sacrifício. Nem que se trata de uma morte religiosa". Acho que esse aviso deve ser tomado em sentido contrário e faz parte da revelação da coisa: ele a torna de certa forma tão cômico quanto trágico, o que me parece ficar perfeitamente justificado.

B. C.: A obra em si é uma revolução na escritura musical. Pode-se falar de um mosaico sonoro, análogo ao cubismo na pintura.

R. G.: Sim, mas na minha opinião foi a dança que mais escandalizou o público parisiense, dança muito moderna pelo fato de consistir em golpes surdos, em pisoteios: ela segue o ritmo dos pisoteios da multidão que pisoteia a vítima. O espetáculo não é reproduzido com toda a exatidão na sua forma mais trágica, obviamente. Mas está aí, com seus pisoteios, que ecoam nas vestimentas da representação original. Essas tiras paralelas umas às outras anunciam, ou lembram, o cubismo. Então é uma recusa da beleza. E uma volta a uma espécie de primitivismo de que não se pode dizer, em Stravinsky, que seja influenciado por quem quer que seja. Se entendi bem, *A Sagração da Primavera* corresponde à sua chegada a Paris vindo da Rússia. Então ele não teve contato com toda a agitação da arte moderna, mas a penetra com uma espécie de volúpia maliciosa, zombeteira e muito consciente de si. As fotos de Stravinsky na época me parecem fazer parte do espetáculo. Ele tem qualquer coisa de sardônico e diabólico que parece dizer: "Estou atirando na cara deles algo que tem uma força da qual nem desconfiam". Mas essa força ficava, apesar de tudo, patente no alvoroço que se seguiu. O senhor, aliás, me lembrava de que não foi na ópera que tudo isso aconteceu...

B. C.: Não, foi no teatro dos Champs-Élysées.

R. G.: A multidão quebrou literalmente tudo. E eu penso que esse tumulto é essencial: a partir do momento em que a arte moderna não desencadeia mais reações desse tipo, ela está morta. Tornou-se muito mais acadêmica do que qualquer arte acadêmica, no sentido em que tenta ritualizar a revolução. Pode-se dizer que o mundo moderno em seu todo, de bem pouco tempo para cá, depois de 1913, não passou de um esforço para ritualizar o não ritualizável. Ele fracassou como religião.

B. C.: Apesar de tudo, essa obra terá sido de uma fecundidade inacreditável, tanto no nível da coreografia quanto musical.

R. G.: Bem se viu sua força, já se está em plena arte moderna e, de certa forma, a recusa do público prestou um favor à obra, possibilitou o seu triunfo.

B. C.: Triunfo também de um homem, o coreógrafo e dançarino ofuscante que é Nijinski, a respeito de quem Proust escreveu: "Nunca vi nada mais belo".

R. G.: Nijinski que, logo depois de *A Sagração da Primavera*, enlouqueceu, não é verdade?

B. C.: Acabamos de evocar o afastamento de Hölderlin e vamos passar de fato ao de Nijinski. Estamos em 1919, num hotel de Saint-Moritz. Apesar de ser um ícone da dança no mundo inteiro, Nijinski está muito debilitado. Ele se entrega então, diante de alguns espectadores, a um estranho ritual, que chama de seu "casamento com Deus". Ele desenha uma cruz no chão e executa sua última dança em público, fazendo uma mímica de si caindo sob as balas de 1917. A guerra, o apocalipse de 1914-1918 aí está, muito presente. Será sua última dança, ele cairá sobre uma cruz desenhada no chão...

R. G.: Cena terrível! Há então um paralelo muito claro que se pode estabelecer com o retiro de Hölderlin, a partir do momento em que ele viu que a síntese que ele esperava entre o arcaico e o cristão não era possível.

B. C.: E Nijinski vai ficar internado por trinta anos. Ele morre em 1950, depois de ter feito essa última dança. Eu soube que ele tinha dado uma derradeira guinada no dia de Nagasaki.

R. G.: O que é completamente impressionante. Stravinsky era um cristão, muito mais calmo do que Nijinski, mas apesar de tudo um cristão. Então, em *A Sagração da Primavera*, e é uma questão fundamental para mim, há um aspecto de terror; pelo menos eu achei possível perceber isso nessa cena que se opõe à ideia de que a moça morre por abuso de dança, a essa ideia de que a obra é acima de tudo estética. Stravinsky vê a ideia do sacrifício e reproduz em cena o que fazem todos os sacrifícios fundadores: esconder o ato, dissimulá-lo. Mas ele traz uma consciência que me parece excepcional, e que faz parte do que eu chamaria de revelação moderna do assassinato fundador, que é primeiro uma revelação cristã.

B. C.: Há obras que revelam e obras que ocultam. Mas também há aquelas que fazem de conta que estão ocultando para revelar melhor.

R. G.: E as obras que revelam não são paródias, são obras que levam o fenômeno a sério e que o encaram como sendo basicamente a tragédia da humanidade, a tragédia do arcaico, com o papel que a violência desempenha nesse religioso. O religioso é indispensável ao homem para se livrar da sua própria violência: o sacrifício sempre rejeita a nossa violência jogando-a sobre uma vítima inocente. Ele é o gesto principal pelo qual a humanidade se distingue desde o início da animalidade, nessa necessidade de evacuar sua violência. Por serem miméticos demais para viver na paz e por estarem sempre em rivalidade com seus semelhantes, os homens precisam dessas experiências, sobre as quais Aristóteles diz, aliás, que são catárticas. O arcaico, é isto: dar a morte a uma vítima solene, religiosa.

B. C.: Então só o cristão nos oferece esse ponto de visibilidade do arcaico?

R. G.: O que há de extraordinário no cristão é que ele pode aparecer para todas as pessoas que se interessaram por ele, para todos os etnólogos, tal como ele apareceu para Celso no século II d.C.: "É o mesmo que nossos mitos e não vedes que é exatamente igual". Isso é tão verdadeiro que está completamente errado, na medida em que a vítima autêntica, a que revela tudo, nos diz sua inocência e o texto dos Evangelhos nos repete essa inocência com todas as letras; ao passo que a vítima arcaica é basicamente culpada aos olhos dos que a acusam, culpada do parricídio e do incesto. É a oposição entre Édipo e Cristo.

B. C.: O arcaico oculta, o cristão revela.

R. G.: O arcaico oculta o mal da humanidade jogando-o sobre a vítima. O herói é acusado de parricídio e de incesto mas, contrariamente ao que alega Freud, isso é falso.

B. C.: O cristão poderia se definir como o que revela o arcaico, o que faz dele um fenômeno explicável e explicado.

R. G.: Sim, e por consequência revela o pecado da humanidade.

B. C.: O cristão é o que faz do arcaico um espetáculo.

R. G.: Um espetáculo, sim, e um espetáculo acusador.

B. C.: Estamos nos aproximando da época em que Bergson pensa seu último livro, *As Duas Fontes da Moral e da Religião*, ao qual ele vai integrar, com a genialidade que o caracteriza, todo um material antropológico. Ele pensa a diferença entre a religião e a moral abertas, e a moral e a religião fechadas. E só o ponto de vista "aberto" possibilita constatar o fechado.

R. G.: A formulação em termos de "aberto" e "fechado" me parece um tanto insuficiente. Mas, ao mesmo tempo, já afirma alguma coisa daquilo que mais me interessa, isto é, o caráter revelador do cristianismo. Na minha opinião, esse caráter penetra lentamente na cultura, mas o faz muitas vezes misturado com a recusa do cristianismo, que afirma a responsabilidade dos homens e, consequentemente, culpa-os.

B. C.: *As Duas Fontes da Moral e da Religião* é publicado em 1932. Em 1937, Georges Bataille funda a revista *Acéphale*. Representante eminente, brilhante, "soberano" do que se poderia chamar de franco-nietzschianismo, Bataille define o projeto intelectual dessa revista dizendo: "Nosso procedimento é furiosamente religioso, isto é, dionisíaco".

R. G.: "Dionisíaco", isto é, anticristão. Mas, no fundo, nem se quer dizer anticristão na medida em que se quer abolir radicalmente o cristianismo e explicar que ele não conta.

B. C.: Daí a imagem terrível da acefalia, da ausência de cabeça: trata-se de nada menos do que ficarmos privados da nossa cabeça judaico-cristã, para voltar às pulsões vitais. Realizar *A Sagração da Primavera*, mas ocultando totalmente a herança judaica-cristã.

R. G.: Sim, exatamente. E são os mesmos que queriam fazer um sacrifício humano na faculdade de sociologia! Era um projeto meio maluco que nunca aconteceu, é claro. Mas que se fazia de conta, apesar de tudo, que se levava a sério. Há mesmo uma revolta aí, revolta contra o cristianismo, que tenta ganhar força, que tenta ser levada a cabo de uma forma que, hoje, parece-nos absurda e insignificante, mas talvez em função de se estar esquecendo tudo que estava em jogo naquele momento e que me parece de qualquer maneira verdadeiro, essencial.

B. C.: Dois anos mais tarde, em 1939, o mesmo Georges Bataille escreve sobre a guerra: "Sou a alegria diante da morte". A guerra chega novamente e, novamente, vem a esperança estranha e arcaica de que ela possa ser uma forma de regeneração.

R. G.: O que é bem impressionante e, ao mesmo tempo, uma interpretação errada da situação política, da situação psicológica da

França. Tenho a impressão de que o francês comum entendia muito melhor o que estava ocorrendo – o terrível impasse em que o país se encontrava, e até talvez o mundo inteiro –, e de que sua atitude de desespero, não totalmente formulada, mas de qualquer maneira latente, na época de Munique, da guerra de 1939, é muito mais profunda do que essa atitude de loucura furiosa de Bataille. Eu me manifestei sobre isso em *Rematar Clausewitz*.

B. C.: Georges Bataille, apologista do dispêndio, que acredita ainda na fecundidade da violência...

R. G.: Pois é. Então, de certa forma, é um reflexo do nazismo.

B. C.: Isso é um exagero, mas...

R. G.: Será que é exagero? Será que ele não é exatamente igual sob certos aspectos? Ele não tem a potência do seu lado, não tem as massas, não pode convertê-las. É tipicamente francês, intelectual e aristocrático. Mas não é perigoso, no fim das contas, para os que se entregam a essa atitude?

B. C.: Uma figura essencial atravessa o romance de Georges Bataille, *O Azul do Céu*, mesmo que o autor caricature o seu racionalismo: trata-se de Simone Weil. Georges Bataille a censurava por querer enfrentar a barbárie germânica apenas com base nas forças da razão. Essa mulher excepcional, que foge da França de Pétain e chega a Nova York via Marselha e Casablanca, preenche, todos os dias, páginas inteiras de suas cadernetas. Ela tem essa intuição prodigiosa, que vai ser central, e eu diria quase seminal, para toda sua obra: "Os evangelhos, antes de serem uma teologia, isto é, uma ciência de Deus, são uma antropologia, isto é, uma ciência do homem".

R. G.: Uma ciência do homem, pois os evangelhos são textos que nos revelam a natureza do religioso arcaico. Levando as coisas um pouco mais longe talvez do que se devesse, pelo menos para começar, pode-se dizer que os evangelhos são textos que desacreditam o religioso arcaico. O religioso arcaico é o religioso dos deuses no plural, que têm características cognoscíveis, que existem no nosso mundo, que fazem certas ações, isto é, a religião no sentido mais tradicional, a religião no sentido em que a maioria das pessoas, também interpreta o cristianismo. Então, pode-se dizer que Simone Weil começa a ver esse aspecto dos evangelhos de maneira muito potente. Mas sua religião é tão depurada que quase acaba suprimindo o Cristo. Parece que ela vai longe demais, ou fica abstrata demais. É uma impressão que tive e que é, quem sabe, puramente literária.

B. C.: É provável que não. De fato, o Cristo de Simone Weil é quase uma dedução matemática.

R. G.: Matemática, isso mesmo. Não há um lado verdadeiramente estético nela, ao passo que aqueles de que nós falávamos há pouco estão muito ligados à pintura, à arte. Já ela é basicamente uma erudita, uma helenista, uma mulher que estuda os textos e que entendeu que, no cristianismo, uma transformação do religioso estava acontecendo, que ela estava presente desde sempre, que era o desaparecimento do religioso no sentido em que ele retém e atrai os homens. Quer dizer, esse religioso fundamentado no assassinato coletivo.

B. C.: Simone Weil une-se à França livre passando pelos Estados Unidos. Ela chega em Nova York cinco anos antes do senhor, quando ainda estão lá Breton, Lévi-Strauss e muitos outros – por exemplo, dois dos maiores pintores do pós-guerra: Rothko e Pollock. Esses dois artistas, radicalizando Stravinsky, afirmam então estar jogando o grego para um lado, o judaico-cristão para o outro, descartando todos os "velhos valores" da cultura.

R. G.: Eu hesitaria em usar o termo *radicalizar*. Porque a rejeição do cristianismo não é uma radicalização. Para mim seria mais propriamente o oposto da radicalização. Assim, o gesto de Rothko e de Pollock é um tanto complexo...

B. C.: Rothko todavia intitula em 1944 uma das suas obras: *Agitação do Arcaico*. Estamos no cerne do seu tema.

R. G.: É extraordinário, porque se pode dizer, efetivamente, que o arcaico estava, naquela época, ameaçado. Ele estava em plena agitação porque estava sendo levado a perder as estribeiras, estava sendo desmascarado e seria em breve aniquilado pelo cristianismo. No fundo, o erro de todos esses pensadores de que estamos falando, Bataille em primeiro lugar, é que eles confundem o cristianismo e o arcaico, o grego e o cristão. Consequentemente, eles imaginam que seja necessário se livrar de ambos para retornar ao arcaico. Ao passo que eu diria que é preciso fazer o contrário.

B. C.: Rothko e Pollock têm em mente a busca do mundo indígena que os obceca. Eles pensam nas danças dos navajos.

R. G.: Eu não diria que a presença do arcaico no Stravinsky de *A Sagração da Primavera* ou nessa obras americanas seja inútil. É evidente que há todo um trabalho de compreensão que se faz, mas também uma quantidade tremenda de mal-entendidos, numa confusão entre o arcaico e o cristão que nunca se consegue desemaranhar. Em Simone Weil, eu tenho a impressão de que a distinção se faz de alguma maneira; de que ela fica basicamente atraída pelo cristão e vê a diferença entre o "poema da força", a violência grega, e a não violência cristã. Mas, ao mesmo tempo, ela dá mostras de toda espécie de indecisões, de rancores; quando se encontra diante de um padre, por exemplo, volta a ter os reflexos que fazem parte de toda a sua história de intelectual anticatólica. Estou pensando na carta ao padre Couturier, que contém toda espécie de argumentos que, lidos isoladamente, na minha opinião, não dão uma ideia fidedigna da sua profunda inspiração.

B. C.: Essa colocação é muito justa e muito importante para a nossa discussão, pois toca na alergia visceral que Simone Weil experimenta com Roma. Essa alergia é também uma incapacidade de se integrar à arte, naquilo que o senhor chamou de "fazer do arcaico um espetáculo", e que é onde um certo tipo de catolicidade sobressai!

R. G.: E ela não quer ler sua própria Bíblia, a Bíblia hebraica. No fundo, ela se recusa a se integrar na estabilidade. É seu desequilíbrio. Ela não enxerga a positividade porque, no fundo, não quer tolerar o positivo. Ela é abstratamente revolucionária.

*

B. C.: Simone Weil une-se à França livre em 1943, não pode realizar a ação que desejava, e morre de anemia. Dois anos mais tarde, o jovem René Girard, que está morrendo de tédio na École des Chartes *(risos)*, dá uma escapada até Avignon com obras que conseguiu emprestadas – sem falsa modéstia – de Picasso, de um lado, e, de Matisse, de outro.

R. G.: Foi graças a uns amigos que conheciam Zervos, isto é, o próprio coração da empresa que a escola de Paris era naquela época. E Zervos tinha vontade de organizar uma exposição em Avignon. Na verdade, se ele fez do meu amigo e de mim os diretores dessa exposição, foi só uma manobra para agradar nossos pais, que ocupavam postos-chave na administração da cidade. Nós éramos inúteis para essa exposição, mas nos divertimos um bocado descobrindo todas essas coisas. Mas, ao mesmo tempo, experimentei uma certa alergia à arte moderna... As coisas são muito complexas. O que é individual? O que é realmente objetivo? O que é que se pode generalizar? Não sei.

Em Paris, senti-me terrivelmente deslocado, diminuído e incapaz de me desenvolver de verdade. (Tudo isso colaborou para minha partida para os Estados Unidos.) Depois, caí nesse meio que, no fundo, achava muito simpático, porque eram pessoas que se mostravam muito corretas comigo, muito fraternas, mas, ainda assim, eu me sentia um perfeito estranho no ninho. Eu me interessava pela psicologia, pelos romances de Proust, numa época em que esse tipo de coisa era desprezado e substituído pelo surrealismo, quer dizer, por essas pequenas faíscas de gozos estéticos separadas por grandes intervalos de tédio que acontecem sem que se compreenda exatamente a razão. E isso me parecia falso no plano estético. Havia uma

mística de Char entre os meus amigos que era muito importante e
que me impressionava, tanto mais que não a entendia.

B. C.: O senhor criticava no início da nossa conversa a maneira
como Heidegger havia reconstruído o poeta Hölderlin. Ele não teria
feito uma operação semelhante com o poeta Char, alguns anos mais
tarde, no seminário de Thor?

R. G.: Sim, estamos em cheio no mito e, no fundo, fazendo uso de
meios que não são verídicos.

B. C.: O mito do poeta?

R. G.: O mito do poeta, sim. Desprendido de todas as contingências
e para além de todas as necessidades sociais, mas, apesar de tudo,
guiando lá do alto a sociedade como um mago romântico. É a visão
da filosofia que Heidegger tem. E é isso que eu não entendia de jeito nenhum. Eu era mais realista. Char desaprovou a minha partida
para os Estados Unidos. Não tive mais contato com ele. Foi a partir
da minha estada lá que eu pude tomar o distanciamento necessário
e, de certa forma, encontrar a mim mesmo. Eu estava separado de
mim, um pouco possuído talvez. Não possuído no sentido positivo,
mas no sentido negativo de não confiar no próprio pensamento, na
própria reflexão. Houve um desenvolvimento que se deu em mim,
não exatamente na solidão, porque eu tinha companheiros nos
Estados Unidos, que eram muito menos "modernos", muito menos
informados do que se passava no plano estético naquela época do
que os meus amigos franceses, mas que me permitiram uma evolução, uma mudança mais normal. Eu me lembro de ter relido poemas
que ficaram transparentes para mim de uma hora para a outra, ao
passo que na França ficavam completamente opacos.

B. C.: Quais poetas?

R. G.: Saint-John Perse em especial, o poeta que conheci nos
Estados Unidos e que correspondia então a meu estado de espírito

realista e a uma espécie de religião da história. Talvez "religião" seja dizer demais, mas certo interesse pela história que é totalmente o oposto do surrealismo, em que só o instante é dominante, cortado de qualquer passado, de qualquer futuro: só o presente. Saint-John Perse é um poeta da história, o que, seja como for, era a minha formação. A dimensão "tempo" não me parecia extirpável da minha experiência. Mas ainda não era suficientemente eu mesmo para dizer isso, para defender essa posição. O que os meus amigos teriam aceitado sem problemas se eu tivesse sido capaz de chegar lá. Eu estava um pouco paralisado.

B. C.: Quando o senhor lia, em Avignon: "Inunda, ó brisa, meu nascimento! E que meu privilégio se vá ao circo de mais vastas pupilas!",[2] o senhor não entendia nada. Em Nova York, em compensação, o senhor entendeu tudo...

R. G.: (*Risos*) Em Indiana, não foi nem em Nova York! Isto é, no interior dos Estados Unidos, lá longe, numa universidade por sinal magnífica, onde de repente milhões de livros estavam ao meu alcance, o dia inteiro e metade da noite. E onde me pus a ler como nunca tinha lido, numa liberdade total e principalmente na solidão, mas uma solidão que não era pesada, porque era uma solidão em que apesar de tudo eu tinha companhia. Foi nesse universo que comecei a trabalhar acerca de Saint-John Perse, Malraux, Valéry e Stendhal, e continuei minhas pesquisas sobre Proust.

---

[2] Trata-se de poema de Saint-John Perse, *Amers*.

breve explicação

Arnaldo Momigliano inspira nossa tarefa, já que a alquimia dos antiquários jamais se realizou: nenhum catálogo esgota a pluralidade do mundo e muito menos a dificuldade de uma questão complexa como a teoria mimética.

O cartógrafo borgeano conheceu constrangimento semelhante, como Jorge Luis Borges revelou no poema "La Luna". Como se sabe, o cartógrafo não pretendia muito, seu projeto era modesto: "cifrar el universo / En un libro". Ao terminá-lo, levantou os olhos "con ímpetu infinito", provavelmente surpreso com o poder de palavras e compassos. No entanto, logo percebeu que redigir catálogos, como produzir livros, é uma tarefa infinita:

> Gracias iba a rendir a la fortuna
> Cuando al alzar los ojos vio un bruñido
> Disco en el aire y comprendió aturdido
> Que se había olvidado de la luna.

Nem antiquários, tampouco cartógrafos: portanto, estamos livres para apresentar ao público brasileiro uma cronologia que não se pretende exaustiva da vida e da obra de René Girard.

Com o mesmo propósito, compilamos uma bibliografia sintética do pensador francês, privilegiando os livros publicados. Por isso, não mencionamos a grande quantidade de ensaios e capítulos de livros que escreveu, assim como de entrevistas que concedeu. Para o leitor interessado numa relação completa de sua vasta produção, recomendamos o banco de dados organizado pela Universidade de Innsbruck: http://www.uibk.ac.at/rgkw/mimdok/suche/index.html.en.

De igual forma, selecionamos livros e ensaios dedicados, direta ou indiretamente, à obra de René Girard, incluindo os títulos que sairão na Biblioteca René Girard. Nosso objetivo é estimular o convívio reflexivo com a teoria mimética. Ao mesmo tempo, desejamos propor uma coleção cujo aparato crítico estimule novas pesquisas.

Em outras palavras, o projeto da Biblioteca René Girard é também um convite para que o leitor venha a escrever seus próprios livros acerca da teoria mimética.

cronologia de René Girard

René Girard nasce em Avignon (França) no dia 25 de dezembro de 1923; o segundo de cinco filhos. Seu pai trabalha como curador do Museu da Cidade e do famoso "Castelo dos Papas". Girard estuda no liceu local e recebe seu *baccalauréat* em 1940.

De 1943 a 1947 estuda na École des Chartes, em Paris, especializando-se em história medieval e paleografia. Defende a tese *La Vie Privée à Avignon dans la Seconde Moitié du XVme Siècle*.

Em 1947 René Girard deixa a França e começa um doutorado em História na Universidade de Indiana, Bloomington, ensinando Literatura Francesa na mesma universidade. Conclui o doutorado em 1950 com a tese *American Opinion on France, 1940-1943*.

No dia 18 de junho de 1951, Girard casa-se com Martha McCullough. O casal tem três filhos: Martin, Daniel e Mary.

Em 1954 começa a ensinar na Universidade Duke e, até 1957, no Bryn Mawr College.

Em 1957 torna-se professor assistente de Francês na Universidade Johns Hopkins, em Baltimore.

Em 1961 publica seu primeiro livro, *Mensonge Romantique et Vérité Romanesque*, expondo os princípios da teoria do desejo mimético.

Em 1962 torna-se professor associado na Universidade Johns Hopkins.

Organiza em 1962 *Proust: A Collection of Critical Essays*, e, em 1963, publica *Dostoïevski, du Double à l'Unité*.

Em outubro de 1966, em colaboração com Richard Macksey e Eugenio Donato, organiza o colóquio internacional "The Languages of Criticism and the Sciences of Man". Nesse colóquio participam Lucien Goldmann, Roland Barthes, Jacques Derrida, Jacques Lacan, entre outros. Esse encontro é visto como a introdução do estruturalismo nos Estados Unidos. Nesse período, Girard desenvolve a noção do assassinato fundador.

Em 1968 tranfere-se para a Universidade do Estado de Nova York, em Buffalo, e ocupa a direção do Departamento de Inglês. Principia sua colaboração e amizade com Michel Serres. Começa a interessar-se mais seriamente pela obra de Shakespeare.

Em 1972 publica *La Violence et le Sacré*, apresentando o mecanismo do bode expiatório. No ano seguinte, a revista *Esprit* dedica um número especial à obra de René Girard.

Em 1975 retorna à Universidade Johns Hopkins.

Em 1978, com a colaboração de Jean-Michel Oughourlian e Guy Lefort, dois psiquiatras franceses, publica seu terceiro livro, *Des Choses Cachées depuis la Fondation du Monde*. Trata-se de um longo e sistemático diálogo sobre a teoria mimética compreendida em sua totalidade.

Em 1980, na Universidade Stanford, recebe a "Cátedra Andrew B. Hammond" em Língua, Literatura e Civilização Francesa. Com a colaboração de Jean-Pierre Dupuy, cria e dirige o "Program for Interdisciplinary Research", responsável pela realização de importantes colóquios internacionais.

Em 1982 publica *Le Bouc Émissaire* e, em 1985, *La Route Antique des Hommes Pervers*. Nesses livros, Girard principia a desenvolver uma abordagem hermenêutica para uma leitura dos textos bíblicos com base na teoria mimética.

Em junho de 1983, no Centre Culturel International de Cerisy-la-Salle, Jean-Pierre Dupuy e Paul Dumouchel organizam o colóquio "Violence et Vérité. Autour de René Girard". Os "Colóquios de Cerisy" representam uma referência fundamental na recente história intelectual francesa.

Em 1985 recebe, da Frije Universiteit de Amsterdã, o primeiro de muitos doutorados *honoris causa*. Nos anos seguintes, recebe a mesma distinção da Universidade de Innsbruck, Áustria (1988); da Universidade de Antuérpia, Bélgica (1995); da Universidade de Pádua, Itália (2001); da Universidade de Montreal, Canadá (2004); da University College

London, Inglaterra (2006); da Universidade de St Andrews, Escócia (2008).

Em 1990 é criado o Colloquium on Violence and Religion (COV&R). Trata-se de uma associação internacional de pesquisadores dedicada ao desenvolvimento e à crítica da teoria mimética, especialmente no tocante às relações entre violência e religião nos primórdios da cultura. O Colloquium on Violence and Religion organiza colóquios anuais e publica a revista *Contagion*. Girard é o presidente honorário da instituição. Consulte-se a página: http://www.uibk.ac.at/theol/cover/.

Em 1990 visita o Brasil pela primeira vez: encontro com representantes da Teologia da Libertação, realizado em Piracicaba, São Paulo.

Em 1991 Girard publica seu primeiro livro escrito em inglês: *A Theatre of Envy: William Shakespeare* (Oxford University Press). O livro recebe o "Prix Médicis", na França.

Em 1995 aposenta-se na Universidade Stanford.

Em 1999 publica *Je Vois Satan Tomber comme l'Éclair*. Desenvolve a leitura antropológica dos textos bíblicos com os próximos dois livros: *Celui par qui le Scandale Arrive* (2001) e *Le Sacrifice* (2003).

Em 2000 visita o Brasil pela segunda vez: lançamento de *Um Longo Argumento do Princípio ao Fim. Diálogos com João Cezar de Castro Rocha e Pierpaolo Antonello*.

Em 2004 recebe o "Prix Aujourd'hui" pelo livro *Les Origines de la Culture. Entretiens avec Pierpaolo Antonello et João Cezar de Castro Rocha*.

Em 17 de março de 2005 René Girard é eleito para a Académie Française. O "Discurso de Recepção" foi feito por Michel Serres em 15 de dezembro. No mesmo ano, cria-se em Paris a Association pour les Recherches Mimétiques (ARM).

Em 2006 René Girard e Gianni Vattimo dialogam sobre cristianismo e modernidade: *Verità o Fede Debole? Dialogo su Cristianesimo e Relativismo*.

Em 2007 publica *Achever Clausewitz*, um diálogo com Benoît Chantre. Nessa ocasião, desenvolve uma abordagem apocalíptica da história.

Em outubro de 2007, em Paris, é criada a "Imitatio. Integrating the Human Sciences", (http://www.imitatio.org/), com apoio da Thiel Foundation. Seu objetivo é ampliar e promover as consequências da teoria girardiana sobre o comportamento humano e a cultura.

Além disso, pretende apoiar o estudo interdisciplinar da teoria mimética. O primeiro encontro da Imitatio realiza-se em Stanford, em abril de 2008.
Em 2008 René Girard recebe a mais importante distinção da Modern Language Association (MLA): "Lifetime Achievement Award".

bibliografia de René Girard

Mensonge Romantique et Vérité Romanesque. Paris: Grasset, 1961. [*Mentira Romântica e Verdade Romanesca*. Trad. Lília Ledon da Silva. São Paulo: Editora É, 2009.]
Proust: A Collection of Critical Essays. Englewood Cliffs: Prentice Hall, 1962.
Dostoïevski, du Double à l'Unité. Paris: Plon, 1963. (Este livro será publicado na Biblioteca René Girard)
La Violence et le Sacré. Paris: Grasset, 1972.
Critique dans un Souterrain. Lausanne: L'Age d'Homme, 1976.
To Double Business Bound: Essays on Literature, Mimesis, and Anthropology. Baltimore: Johns Hopkins University Press, 1978. (Este livro será publicado na Biblioteca René Girard)
Des Choses Cachées depuis la Fondation du Monde. Pesquisas com Jean-Michel Oughourlian e Guy Lefort. Paris: Grasset, 1978.
Le Bouc Émissaire. Paris: Grasset, 1982.
La Route Antique des Hommes Pervers. Paris: Grasset, 1985.
Violent Origins: Walter Burkert, René Girard, and Jonathan Z. Smith on Ritual Killing and Cultural Formation. Org. Robert Hamerton-Kelly. Stanford: Stanford University Press, 1988. (Este livro será publicado na Biblioteca René Girard)
A Theatre of Envy: William Shakespeare. Nova York: Oxford University Press, 1991. [*Shakespeare: Teatro da Inveja*. Trad. Pedro Sette-Câmara. São Paulo: Editora É, 2010.]

Quand ces Choses Commenceront... Entretiens avec Michel Treguer. Paris: Arléa, 1994. (Este livro será publicado na Biblioteca René Girard)

The Girard Reader. Org. James G. Williams. Nova York: Crossroad, 1996.

Je Vois Satan Tomber comme l'Éclair. Paris: Grasset, 1999.

Um Longo Argumento do Princípio ao Fim. Diálogos com João Cezar de Castro Rocha e Pierpaolo Antonello. Rio de Janeiro: Topbooks, 2000. Este livro, escrito em inglês, foi publicado, com algumas modificações, em italiano, espanhol, polonês, japonês, coreano, tcheco e francês. Na França, em 2004, recebeu o "Prix Aujourd'hui".

Celui par Qui le Scandale Arrive: Entretiens avec Maria Stella Barberi. Paris: Desclée de Brouwer, 2001. (Este livro será publicado na Biblioteca René Girard)

La Voix Méconnue du Réel: Une Théorie des Mythes Archaïques et Modernes. Paris: Grasset, 2002. (Este livro será publicado na Biblioteca René Girard)

Il Caso Nietzsche. La Ribellione Fallita dell'Anticristo. Com colaboração e edição de Giuseppe Fornari. Gênova: Marietti, 2002.

Le Sacrifice. Paris: Bibliothèque Nationale de France, 2003. (Este livro será publicado na Biblioteca René Girard)

Oedipus Unbound: Selected Writings on Rivalry and Desire. Org. Mark R. Anspach. Stanford: Stanford University Press, 2004.

Miti d'Origine. Massa: Transeuropa Edizioni, 2005. (Este livro será publicado na Biblioteca René Girard)

Verità o Fede Debole. Dialogo su Cristianesimo e Relativismo. Com Gianni Vattimo. Org. Pierpaolo Antonello. Massa: Transeuropa Edizioni, 2006.

Achever Clausewitz (Entretiens avec Benoît Chantre). Paris: Carnets Nord, 2007. (Este livro será publicado na Biblioteca René Girard)

Le Tragique et la Pitié: Discours de Réception de René Girard à l'Académie Française et Réponse de Michel Serres. Paris: Editions le Pommier, 2007. (Este livro será publicado na Biblioteca René Girard)

De la Violence à la Divinité. Paris: Grasset, 2007. Reunião dos principais livros de Girard publicados pela Editora Grasset, acompanhada de uma nova introdução para todos os títulos. O volume inclui *Mensonge Romantique et Vérité Romanesque, La Violence et le Sacré, Des Choses Cachées depuis la Fondation du Monde* e *Le Bouc Émissaire*.

Dieu, une Invention?. Com André Gounelle e Alain Houziaux. Paris: Editions de l'Atelier, 2007. (Este livro será publicado na Biblioteca René Girard)
Evolution and Conversion. Dialogues on the Origins of Culture. Com Pierpaolo Antonello e João Cezar de Castro Rocha. Londres: The Continuum, 2008. (Este livro será publicado na Biblioteca René Girard)
Anorexie et Désir Mimétique. Paris: L'Herne, 2008. (Este livro será publicado na Biblioteca René Girard)
Mimesis and Theory: Essays on Literature and Criticism, 1953-2005. Org. Robert Doran. Stanford: Stanford University Press, 2008.
La Conversion de l'Art. Paris: Carnets Nord, 2008. Este livro é acompanhado por um DVD, *Le Sens de l'Histoire*, que reproduz um diálogo com Benoît Chantre. (Este livro será publicado na Biblioteca René Girard)
Gewalt und Religion: Gespräche mit Wolfgang Palaver. Berlim: Matthes & Seitz Verlag, 2010.
Géométries du Désir. Prefácio de Mark Anspach. Paris: Ed. de L'Herne, 2011.

bibliografia selecionada sobre René Girard[1]

BANDERA, Cesáreo. *Mimesis Conflictiva: Ficción Literaria y Violencia en Cervantes y Calderón.* (Biblioteca Románica Hispánica – Estudios y Ensayos 221). Prefácio de René Girard. Madri: Editorial Gredos, 1975.

SCHWAGER, Raymund. *Brauchen Wir einen Sündenbock? Gewalt und Erläsung in den Biblischen Schriften.* Munique: Kasel, 1978.

DUPUY, Jean-Pierre e DUMOUCHEL, Paul. *L'Enfer des Choses: René Girard et la Logique de l'Économie.* Posfácio de René Girard. Paris: Le Seuil, 1979.

CHIRPAZ, François. *Enjeux de la Violence: Essais sur René Girard.* Paris: Cerf, 1980.

GANS, Eric. *The Origin of Language: A Formal Theory of Representation.* Berkeley: University of California Press, 1981.

AGLIETTA, M. e ORLÉAN, A. *La Violence de la Monnaie.* Paris: PUF, 1982.

OUGHOURLIAN, Jean-Michel. *Un Mime Nomme Desir: Hysterie, Transe, Possession, Adorcisme.* Paris: Éditions Grasset et Fasquelle, 1982. (Este livro será publicado na Biblioteca René Girard)

DUPUY, Jean-Pierre e DEGUY, Michel (orgs.). *René Girard et le Problème du Mal.* Paris: Grasset, 1982.

---

[1] Agradecemos a colaboração de Pierpaolo Antonello, do St John's College (Universidade de Cambridge). Nesta bibliografia, adotamos a ordem cronológica em lugar da alfabética a fim de evidenciar a recepção crescente da obra girardiana nas últimas décadas.

Dupuy, Jean-Pierre. *Ordres et Désordres*. Paris: Le Seuil, 1982.

Fages, Jean-Baptiste. *Comprendre René Girard*. Toulouse: Privat, 1982.

McKenna, Andrew J. (org.). *René Girard and Biblical Studies* (*Semeia* 33). Decatur, GA: Scholars Press, 1985.

Carrara, Alberto. *Violenza, Sacro, Rivelazione Biblica: Il Pensiero di René Girard*. Milão: Vita e Pensiero, 1985.

Dumouchel, Paul (org.). *Violence et Vérité – Actes du Colloque de Cerisy*. Paris: Grasset, 1985. Tradução para o inglês: *Violence and Truth: On the Work of René Girard*. Stanford: Stanford University Press, 1988.

Orsini, Christine. *La Pensée de René Girard*. Paris: Retz, 1986.

To Honor René Girard. Presented on the Occasion of his Sixtieth Birthday by Colleagues, Students, Friends. Stanford French and Italian Studies 34. Saratoga, CA: Anma Libri, 1986.

Lermen, Hans-Jürgen. *Raymund Schwagers Versuch einer Neuinterpretation der Erläsungstheologie im Anschluss an René Girard*. Mainz: Unveräffentlichte Diplomarbeit, 1987.

Lascaris, André. *Advocaat van de Zondebok: Het Werk van René Girard en het Evangelie van Jezus*. Hilversum: Gooi & Sticht, 1987.

Beek, Wouter van (org.). *Mimese en Geweld: Beschouwingen over het Werk van René Girard*. Kampen: Kok Agora, 1988.

Hamerton-Kelly, Robert G. (org.). *Violent Origins: Walter Burkert, Rene Girard, and Jonathan Z. Smith on Ritual Killing and Cultural Formation*. Stanford: Stanford University Press, 1988. (Este livro será publicado na Biblioteca René Girard)

Gans, Eric. *Science and Faith: The Anthropology of Revelation*. Savage, MD: Rowman & Littlefield, 1990.

Assmann, Hugo (org.). *René Girard com Teólogos da Libertação: Um Diálogo sobre Ídolos e Sacrifícios*. Petrópolis: Vozes, 1991. Tradução para o alemão: *Gätzenbilder und Opfer: René Girard im Gespräch mit der Befreiungstheologie*. (Beiträge zur mimetischen Theorie 2). Thaur, Münster: Druck u. Verlagshaus Thaur, LIT-Verlag, 1996. Tradução para o espanhol: *Sobre Ídolos y Sacrifícios: René Girard con Teólogos de la Liberación*. (Colección Economía-Teología). San José, Costa Rica: Editorial Departamento Ecuménico de Investigaciones, 1991.

ALISON, James. *A Theology of the Holy Trinity in the Light of the Thought of René Girard*. Oxford: Blackfriars, 1991.

RÉGIS, J. P. (org.). *Table Ronde Autour de René Girard*. (Publications des Groupes de Recherches Anglo-américaines 8). Tours: Université François Rabelais de Tours, 1991.

WILLIAMS, James G. *The Bible, Violence, and the Sacred: Liberation from the Myth of Sanctionated Violence*. Prefácio de René Girard. San Francisco: Harper, 1991.

LUNDAGER JENSEN, Hans Jürgen. *René Girard*. (Profil-Serien 1). Frederiksberg: Forlaget Anis, 1991.

HAMERTON-KELLY, Robert G. *Sacred Violence: Paul's Hermeneutic of the Cross*. Minneapolis: Augsburg Fortress, 1992. (Este livro será publicado na Biblioteca René Girard)

MCKENNA, Andrew J. (org.). *Violence and Difference: Girard, Derrida, and Deconstruction*. Chicago: University of Illinois Press, 1992.

LIVINGSTON, Paisley. *Models of Desire: René Girard and the Psychology of Mimesis*. Baltimore: The Johns Hopkins University Press, 1992.

LASCARIS, André e WEIGAND, Hans (orgs.). *Nabootsing: In Discussie over René Girard*. Kampen: Kok Agora, 1992.

GOLSAN, Richard J. *René Girard and Myth: An Introduction*. Nova York e Londres: Garland, 1993 (Nova York: Routledge, 2002). (Este livro será publicado na Biblioteca René Girard)

GANS, Eric. *Originary Thinking: Elements of Generative Anthropology*. Stanford: Stanford University Press, 1993.

HAMERTON-KELLY, Robert G. *The Gospel and the Sacred: Poetics of Violence in Mark*. Prefácio de René Girard. Minneapolis: Fortress Press, 1994.

BINABURO, J. A. Bakeaz (org.). *Pensando en la Violencia: Desde Walter Benjamin, Hannah Arendt, René Girard y Paul Ricoeur*. Centro de Documentación y Estudios para la Paz. Madri: Libros de la Catarata, 1994.

MCCRACKEN, David. *The Scandal of the Gospels: Jesus, Story, and Offense*. Oxford: Oxford University Press, 1994.

WALLACE, Mark I. e SMITH, Theophus H. *Curing Violence: Essays on René Girard*. Sonoma, CA: Polebridge Press, 1994.

BANDERA, Cesáreo. *The Sacred Game: The Role of the Sacred in the Genesis of Modern Literary Fiction*. University Park: Pennsylvania State University Press, 1994. (Este livro será publicado na Biblioteca René Girard)

Alison, James. *The Joy of Being Wrong: An Essay in the Theology of Original Sin in the Light of the Mimetic Theory of René Girard*. Santiago de Chile: Instituto Pedro de Córdoba, 1994. (Este livro será publicado na Biblioteca René Girard)

Lagarde, François. *René Girard ou la Christianisation des Sciences Humaines*. Nova York: Peter Lang, 1994.

Teixeira, Alfredo. *A Pedra Rejeitada: O Eterno Retorno da Violência e a Singularidade da Revelação Evangélica na Obra de René Girard*. Porto: Universidade Católica Portuguesa, 1995.

Bailie, Gil. *Violence Unveiled: Humanity at the Crossroads*. Nova York: Crossroad, 1995.

Tomelleri, Stefano. *René Girard. La Matrice Sociale della Violenza*. Milão: F. Angeli, 1996.

Goodhart, Sandor. *Sacrificing Commentary: Reading the End of Literature*. Baltimore: Johns Hopkins University Press, 1996.

Pelckmans, Paul e Vanheeswijck, Guido. *René Girard, het Labyrint van het Verlangen: Zes Opstellen*. Kampen/Kapellen: Kok Agora/Pelcckmans, 1996.

Gans, Eric. *Signs of Paradox: Irony, Resentment, and Other Mimetic Structures*. Stanford: Stanford University Press, 1997.

Santos, Laura Ferreira dos. *Pensar o Desejo: Freud, Girard, Deleuze*. Braga: Universidade do Minho, 1997.

Grote, Jim e McGeeney, John R. *Clever as Serpents: Business Ethics and Office Politics*. Minnesota: Liturgical Press, 1997. (Este livro será publicado na Biblioteca René Girard)

Federschmidt, Karl H.; Atkins, Ulrike; Temme, Klaus (orgs.). *Violence and Sacrifice: Cultural Anthropological and Theological Aspects Taken from Five Continents*. Intercultural Pastoral Care and Counseling 4. Düsseldorf: SIPCC, 1998.

Swartley, William M. (org.). *Violence Renounced: René Girard, Biblical Studies and Peacemaking*. Telford: Pandora Press, 2000.

Fleming, Chris. *René Girard: Violence and Mimesis*. Cambridge: Polity, 2000.

Alison, James. *Faith Beyond Resentment: Fragments Catholic and Gay*. Londres: Darton, Longman & Todd, 2001. Tradução para o português: *Fé Além do Ressentimento: Fragmentos Católicos em Voz Gay*. São Paulo: Editora É, 2010.

ANSPACH, Mark Rogin. *A Charge de Revanche: Figures Élémentaires de la Réciprocité*. Paris: Editions du Seuil, 2002. (Este livro será publicado na Biblioteca René Girard)

GOLSAN, Richard J. *René Girard and Myth*. Nova York: Routledge, 2002. (Este livro será publicado na Biblioteca René Girard)

DUPUY, Jean-Pierre. *Pour un Catastrophisme Éclairé. Quand l'Impossible est Certain*. Paris: Editions du Seuil, 2002. (Este livro será publicado na Biblioteca René Girard)

JOHNSEN, William A. *Violence and Modernism: Ibsen, Joyce, and Woolf*. Gainesville, FL: University Press of Florida, 2003. (Este livro será publicado na Biblioteca René Girard)

KIRWAN, Michael. *Discovering Girard*. Londres: Darton, Longman & Todd, 2004. (Este livro será publicado na Biblioteca René Girard)

BANDERA, Cesáreo. *Monda y Desnuda: La Humilde Historia de Don Quijote. Reflexiones sobre el Origen de la Novela Moderna*. Madri: Iberoamericana, 2005. (Este livro será publicado na Biblioteca René Girard)

VINOLO, Stéphane. *René Girard: Du Mimétisme à l'Hominisation, la Violence Différante*. Paris: L'Harmattan, 2005. (Este livro será publicado na Biblioteca René Girard)

INCHAUSTI, Robert. *Subversive Orthodoxy: Outlaws, Revolutionaries, and Other Christians in Disguise*. Grand Rapids, MI: Brazos Press, 2005. (Este livro será publicado na Biblioteca René Girard)

FORNARI, Giuseppe. *Da Dioniso a Cristo. Conoscenza e Sacrificio nel Mondo Greco e nella Civiltà Occidentale*. Gênova-Milão: Marietti, 2006.

ANDRADE, Gabriel. *La Crítica Literaria de René Girard*. Mérida: Universidad del Zulia, 2007.

HAMERTON-KELLY, Robert G. (org.). *Politics & Apocalypse*. East Lansing, MI: Michigan State University Press, 2007. (Este livro será publicado na Biblioteca René Girard)

LANCE, Daniel. *Vous Avez Dit Elèves Difficiles? Education, Autorité et Dialogue*. Paris, L'Harmattan, 2007. (Este livro será publicado na Biblioteca René Girard)

VINOLO, Stéphane. *René Girard: Épistémologie du Sacré*. Paris: L'Harmattan, 2007. (Este livro será publicado na Biblioteca René Girard)

OUGHOURLIAN, Jean-Michel. *Genèse du Désir*. Paris: Carnets Nord, 2007. (Este livro será publicado na Biblioteca René Girard)

ALBERG, Jeremiah. *A Reinterpretation of Rousseau: A Religious System.* Nova York: Palgrave Macmillan, 2007. (Este livro será publicado na Biblioteca René Girard)

DUPUY, Jean-Pierre. *Dans l'Oeil du Cyclone – Colloque de Cerisy.* Paris: Carnets Nord, 2008. (Este livro será publicado na Biblioteca René Girard)

DUPUY, Jean-Pierre. *La Marque du Sacré.* Paris: Carnets Nord, 2008. (Este livro será publicado na Biblioteca René Girard)

ANSPACH, Mark Rogin (org.). *René Girard.* Les Cahiers de l'Herne n. 89. Paris: L'Herne, 2008. (Este livro será publicado na Biblioteca René Girard)

DEPOORTERE, Frederiek. *Christ in Postmodern Philosophy: Gianni Vattimo, Rene Girard, and Slavoj Zizek.* Londres: Continuum, 2008.

PALAVER, Wolfgang. *René Girards Mimetische Theorie. Im Kontext Kulturtheoretischer und Gesellschaftspolitischer Fragen.* 3. Auflage. Münster: LIT, 2008.

BARBERI, Maria Stella (org.). *Catastrofi Generative - Mito, Storia, Letteratura.* Massa: Transeuropa Edizioni, 2009. (Este livro será publicado na Biblioteca René Girard)

ANTONELLO, Pierpaolo e BUJATTI, Eleonora (orgs.). *La Violenza Allo Specchio. Passione e Sacrificio nel Cinema Contemporaneo.* Massa: Transeuropa Edizioni, 2009. (Este livro será publicado na Biblioteca René Girard)

RANIERI, John J. *Disturbing Revelation – Leo Strauss, Eric Voegelin, and the Bible.* Columbia, MO: University of Missouri Press, 2009. (Este livro será publicado na Biblioteca René Girard)

GOODHART, Sandor; JORGENSEN, J.; RYBA, T.; WILLIAMS, J. G. (orgs.). *For René Girard. Essays in Friendship and in Truth.* East Lansing, MI: Michigan State University Press, 2009.

ANSPACH, Mark Rogin. *Oedipe Mimétique.* Paris: Éditions de L'Herne, 2010. (Este livro será publicado na Biblioteca René Girard)

MENDOZA-ÁLVAREZ, Carlos. *El Dios Escondido de la Posmodernidad. Deseo, Memoria e Imaginación Escatológica. Ensayo de Teología Fundamental Posmoderna.* Guadalajara: ITESO, 2010. (Este livro será publicado na Biblioteca René Girard)

ANDRADE, Gabriel. *René Girard: Un Retrato Intelectual.* 2010. (Este livro será publicado na Biblioteca René Girard)

índice analítico

Admiração, 37
Alienação, 110
Amor
    cortês, 178
    erótico, 154
    místico, 154
    renúncia ao, 153, 155
Anomia pós-mimética, 193
Anti-humanismo, 95-96
Apocalipse, 20-23, 25-27, 36-37, 209
Apropriação
    mímesis de, 162
Arte
    revelação da, 38
Assassinato fundador, 36-37, 145, 175, 214, 221
    revelação moderna do, 217
Autonomia
    ilusão de, 13, 19
Bode expiatório, 22, 129, 172, 207-08
Budismo, 101
Campos de concentração, 87
Caridade, 29
Catolicismo, 141
Ciúme, 27, 125, 174, 193
Compaixão, 139, 143, 146

Conto
    como gênero didático, 97
    de fadas, 135
    filosófico, 97, 99
Conversão, 16-18, 133, 188-94
    cristã, 189
    da arte, 18
    e ressureição, 196
    ética, 17
    radical, 189
    religiosa, 18
    romanesca, 21, 26, 28, 185, 193-96
Conversio, 189
Coqueteria, 31, 33, 36, 116, 125, 157, 165
Crise mimética, 204
Cristianismo, 34, 101, 131, 133, 135-37, 139, 143-44, 146, 154-55, 177, 180, 185, 188, 190-91, 194, 203, 211, 219, 221-22
    caráter revelador do, 218
    crítica nietzschiana do, 140, 142, 202
    elogio nietzschiano do, 140
    e Wagner, 155
    não ortodoxo, 18

    retorno ao, 21-22, 25
    universalização do, 16
Cubismo, 214-15
Demonologia, 207
Desejo, 13, 103-05, 123, 151-53, 158, 160, 192, 200
    amoroso, 161
    espontâneo, 170
    experiência subjetiva do, 114
    lei do, 32
    metafísico, 31, 136, 171
    narcisista, 111, 114, 121
    pós-cristão, 187
    pós-mimético, 187, 193
    pós-moderno, 187
    sexual, 155, 162, 166
    triangularidade do, 13
Desejo mimético, 13, 19, 32-33, 37, 112-13, 162, 164, 167, 169, 171-72, 186-88, 194
    concepção wagneriana do, 168-69
    consciência do, 15-17
    e Proust, 13
    hipótese do, 12
Desenraizamento, 99
Desumanização, 20
Dialética, 211

Donatismo, 190
Duplo, 163, 171, 174, 180
Duplo vínculo (*double bind*), 205
Egotismo, 72
  barresiano, 27
  nietzschiano, 34
  stendhaliano, 29, 65
  valeriano, 27
Emulação, 154
Ensaio, 81, 99
  filosófico, 81
Erótico, 160
Erotismo, 67, 81, 87, 96, 113, 126, 154, 160
  moderno, 159
Escalada do desejo, 32
Escalada para os extremos, 17, 20, 32, 36
Escatologia, 21
Escravo mimético, 168
Esnobismo, 113, 193
Eterno retorno, 36, 144, 189, 190
Etnocentrismo, 203
Eu
  teologia negativa do, 72
Exotismo, 43, 100
Finitude, 59, 63, 72
Genocídio, 25
História positivista, 21-22, 92
Homem
  cristão, 130, 144
  dionisíaco, 130, 132, 141, 143, 219
Hospitalidade, 176
  leis da, 176
Humanismo, 208
  clássico, 97, 100, 102
  ocidental, 96
  trágico, 102
Imaginação apocalíptica, 20-21
Imitação, 30, 81, 87, 141, 162-63, 169, 172, 180, 188, 200

crítica romântica da, 168-69
  morte da, 169
Indiferenciação, 22, 150, 155-56, 163, 172
  crises de, 163
Individualismo, 28, 68-69, 72, 79, 100, 111, 187
Influências, 15
Interpretação figural, 12, 14-16
Inveja, 117, 163, 193
Judaísmo, 144, 188, 203
Literariedade, 123
Literatura
  desumanização da, 207
Má-fé, 30-31, 82, 85, 89, 131
Masoquismo, 205
Mediação
  externa, 18
  interna, 18
Metanoia, 189-90
Mímesis, 17, 200-01, 206
Mimetismo, 169
Mito, 93-94, 97-98, 207-08, 224
  dialética do, 100
Mitologia, 149, 154-56, 163, 171, 177, 180, 185
  desconstrução da, 171, 181
  destruição da, 179
  escandinava, 160
  gênese da, 149, 162
  germânica, 160
  grega, 157, 171
  napoleônica, 74
Mito revolucionário, 92
Mitos, 91
Modelo, 13, 18, 136, 168, 172, 186-88, 205
Nacionalismo, 32
Narcisismo, 31-33, 103, 105-06, 111, 115, 117-18, 121, 123
  crítica do, 125, 127

de objeto, 103, 117
  empobrecido, 119
  excessivo, 104
  primário, 106, 110, 112, 116, 119
  superação do, 109
Naturalismo, 88
Neoclassicismo, 157
Niilismo, 24, 93
Obstáculo, 172, 186, 205
Orgulho, 28, 67, 69, 70, 79, 95, 160, 162, 164, 187
Paganismo, 145, 154
Paixão, 28-29
  cristã, 145
Pluralismo, 43
Positivismo, 68, 94, 144
Primeira Guerra Mundial, 216
Primitivismo, 95-96
Pseudonarcisismo, 19, 33
Psicanálise, 45, 82, 93, 104, 118, 124, 167, 200
  dilemas da, 124
  invenção da, 116
Redenção, 84
Relativismo, 44-46, 93, 95
Religião sacrificial, 144
Religiões polinésias, 119
Religioso
  arcaico, 220, 222
  cristão, 222
Ressentimento, 17, 34, 85, 139, 143, 145, 193, 202
Ressurreição, 196
Retorno do arcaico, 25
Revelação
  cristã, 217
  romanesca, 27
Revolução Francesa, 28
Rito, 48, 50, 204
  sacrificial, 178
Rival, 18, 207
Rivalidade, 17, 171, 186
  mimética, 136, 143, 154, 160, 163, 169, 171

Romance
  abandono do, 81
  clássico, 87
  como gênero inferior, 83, 88
  comunista, 84
  de cavalaria, 185, 195
  de conversão, 195
  de tese, 83
  metafísico, 87, 89
  morte do, 81
  proustiano, 26
  realista, 87
  sartriano, 84
  unidimensional, 87-88
Romantismo, 207
Sacrifício, 20, 144-45, 217
  arcaico, 177
Sagrado, 22, 175, 199-200
  arcaico, 21-22, 35, 172, 199
  cristão, 35
  estético, 26
  primitivo, 120
Sentido da história, 19, 22, 44
Simbolismo, 23
Síntese
  católica, 34
  humanista, 95
Sistema de castas, 49
Solipsismo, 27-28, 32, 69-70, 93-94
Sublimação, 154, 167
Superação do romance, 26
Super-homem nietzschiano, 169
Surrealismo, 23, 45, 86, 101, 223, 225
Tabu, 200
Teoria mimética, 11-12, 21
Vaidade, 28-29, 60, 67, 69, 79, 162, 166
Verossimilhança, 82

Violência, 23, 36, 53, 60, 81, 95-96, 98-99, 160, 166, 178, 208, 220
  absoluta, 20
  fundadora, 176-77
  grega, 222
  religiosa, 145
Vítima, 180, 201
Vontade de potência, 138-39, 146
  ativa, 144
  reativa, 143-44

índice onomástico

Aragon, Louis, 84
Atlan, Henri, 204
Auerbach, Erich, 14-17
Barrès, Maurice, 99-100, 157
Bataille, Georges, 219-20, 222
Baudelaire, Charles, 20, 34, 37, 159, 174
Beauvoir, Simone de, 85
Beckett, Samuel, 85-86
Bernanos, Georges, 84
Blanchot, Maurice, 86-89
Borges, Jorge Luis, 15-16, 227
Boulez, Pierre, 158, 175
Breton, André, 39, 221
Caillois, Roger, 47, 48, 50, 95
Camus, Albert, 83, 85, 206
Cayrol, Jean, 87
Cervantes, Miguel de, 13, 125, 186, 195-96
Chantre, Benoît, 11, 17, 20, 27, 209
Char, René, 224
Chéreau, Patrice, 158
Cioran, Emil, 83
Claudel, Paul, 48, 156
Clausewitz, Carl von, 20, 32, 209

Corneille, Pierre, 166
Dante Alighieri, 15, 17, 25, 139, 185-86
Darwin, Charles, 12
De Gaulle, Charles, 26
Deleuze, Gilles, 143
Delvaux, Noël, 87
Descartes, René, 73, 98
Dort, Bernard, 86
Dostoiévski, Fiódor, 12, 16, 20, 27, 84, 125, 136-38, 186, 195, 204-05, 212-13
Dumézil, Georges, 160
Dupuy, Jean-Pierre, 30, 204
Eliot, George, 196
Eurípedes, 175
Faguet, Émile, 166
Fichte, Johann Gottlieb, 104
Flaubert, Gustave, 134, 186, 195-96
Freud, Sigmund, 19, 31-32, 103-07, 109-12, 114, 116-22, 124-26, 161, 187, 200, 205-06, 218
Garaudy, Roger, 84
Genet, Jean, 83
Gide, André, 45, 100, 104, 194-95

Goethe, Johann Wolfgang von, 18, 33, 211-12
Gracq, Julien, 86
Hegel, Georg Wilhelm Friedrich, 20, 30, 210-11
Heidegger, Martin, 22, 93, 144, 146, 199, 210, 224
Hemingway, Ernest, 29
Hitler, Adolf, 25, 36
Hölderlin, Friedrich, 17-18, 20, 33, 210-13, 216, 224
Homero, 175-76, 200
Jouhandeau, Marcel, 83, 87
Jouve, Pierre Jean, 50
Kafka, Franz, 15-16, 86
Laclos, Pierre Choderlos de, 91
Lagrange, Joseph-Louis, 69
Lanson, Gustave, 166
Lévi-Strauss, Claude, 95, 221
Liszt, Franz, 169
Magny, Claude-Edmond, 80
Malraux, André, 19, 22-26, 37, 44-45, 53-63, 81, 83, 89, 91-102, 225
Mann, Thomas, 156

Marivaux, Pierre de, 157
Mauriac, François, 84
Merrill, Trevor Cribben, 11
Meyerbeer, Giacomo, 169
Michelangelo, 150
Molière, 31, 94
Monnerot, Jules, 44
Montaigne, Michel de,
  96, 206
Napoleão Bonaparte, 32,
  74
Nerval, Gérard de, 174, 212
Nietzsche, Friedrich, 14,
  17-20, 33-36, 63, 129,
  131-33, 135-47, 202,
  211-14
Nijinski, Vaslav, 20, 214,
  216-17
Pascal, Blaise, 59, 60, 73,
  94, 187, 206
Péguy, Charles, 48
Perse, Saint-John, 19, 21-
  22, 26, 39-52, 224-25
Picon, Gaëtan, 48, 53
Pollock, Jackson, 221-22
Proust, Marcel, 12-14, 16,
  19-21, 23, 25-28, 31,
  33, 37, 89, 103-05, 107-
  14, 116-27, 158, 186,
  191-95, 204, 206, 216,
  223, 225
Racine, Jean, 166, 201
Rimbaud, Arthur, 174-75
Rivière, Jacques, 194
Robbe-Grillet, Alain, 88
Rothko, Mark, 221-22
Rougemont, Denis de, 39
Rousseau, Jean-Jacques, 95
Rubens, Peter Paul, 152
Rymer, Thomas, 165-66
Saint-Exupéry, Antoine
  de, 81, 83
São Paulo, 15, 189-90
Sarkozy, Nicolas, 30
Sartre, Jean-Paul, 26,
  30-31, 59, 71-72, 81-86,
  89, 174, 203

Schiller, Friedrich, 18,
  211-12
Serres, Michel, 204
Shakespeare, William, 12,
  16, 125, 156-57, 165-
  66, 172, 187, 200-01,
  206
Staël, Germaine de, 34
Stalin, Joseph, 25
Stendhal, Henri-Marie
  Beyle, 19, 27-29, 33,
  65-82, 186, 195-96, 225
Stil, André, 84
Stirner, Max, 104
Stravinsky, Igor, 20-21,
  37, 156, 209, 214-15,
  217, 221-22
Tertuliano, 191
Ticiano Vecellio, 152
Tocqueville, Alexis de, 28
Valéry, Paul, 19, 27-31,
  33, 39, 65-80, 83, 86,
  88, 93-94, 225
Victor Hugo, 150
Vinci, Leonardo da, 73-74
Virgílio, 185-86
Voltaire, 75, 95-97, 156,
  166
Wagner, Cosima, 33
Wagner, Richard, 14,
  18-20, 33-37, 129-37,
  139-44, 146-47, 149-
  59, 162-63, 165-69,
  171-74, 176-77, 179-
  80, 212
Weil, Simone, 220-23
Woolf, Virginia, 27, 125
Zervos, Christian, 223
Zola, Émile, 88, 159, 174

biblioteca René Girard*
coordenação João Cezar de Castro Rocha

Dostoiévski: do duplo à unidade
René Girard

Anorexia e desejo mimético
René Girard

A conversão da arte
René Girard

René Girard: um retrato intelectual
Gabriel Andrade

Rematar Clausewitz: além Da Guerra
René Girard e Benoît Chantre

Evolução e conversão
René Girard, Pierpaolo Antonello e João Cezar de Castro Rocha

O tempo das catástrofes
Jean-Pierre Dupuy

"Despojada e despida": a humilde história de Dom Quixote
Cesáreo Bandera

Descobrindo Girard
Michael Kirwan

Violência e modernismo: Ibsen, Joyce e Woolf
William A. Johnsen

Quando começarem a acontecer essas coisas
René Girard e Michel Treguer

Espertos como serpentes
Jim Grote e John McGeeney

O pecado original à luz da ressurreição
James Alison

Violência sagrada
Robert Hamerton-Kelly

Aquele por quem o escândalo vem
René Girard

O Deus escondido da pós-modernidade
Carlos Mendoza-Álvarez

Deus: uma invenção?
René Girard, André Gounelle e Alain Houziaux

Teoria mimética: a obra de René Girard (6 aulas)
João Cezar de Castro Rocha

René Girard: do mimetismo à hominização
Stéphane Vinolo

O sacrifício
René Girard

O trágico e a piedade
René Girard e Michel Serres

* A Biblioteca reunirá cerca de 60 livros e os títulos acima serão os primeiros publicados.

Dados Internacionais de Catalogação na Publicação (CIP)
(Câmara Brasileira do Livro, SP, Brasil)

Girard, René
  A conversão da arte / René Girard; tradução Lília Ledon da Silva. – São Paulo:
É Realizações, 2011.

  Título original: La conversion de l'art.
  ISBN 978-85-8033-031-1

  1. Arte - Filosofia 2. Ensaios 3. Literatura - Estética I. Título.

11-06946   CDD-700.1

Índices para catálogo sistemático:
1. Arte: Ensaios   700.1

Este livro foi impresso pela Prol Editora Gráfica para É Realizações, em agosto de 2011.
Os tipos usados são da família Rotis Serif Std e Rotis Semi Sans Std. O papel do miolo é
pólem bold 90g, e o da capa, cartão supremo 300g.